托育机构从业人员
——— 指导用书 ———

托育机构
一日活动方案

主 编
茅红美　金荣慧

復旦大學 出版社

本书编委会

顾 问

华爱华

主 编

茅红美　金荣慧

编 委

（按姓氏笔画排列）

王 岫　张 刘　汪志超　忻 怡
张美霞　张 敏　陈 静　茅红美
金荣慧　崔希娟　潘佩娣

编者的话

高质量托育服务不仅是新时代国家和社会的需要，更是婴幼儿健康成长的需要。托育服务质量直接影响 0—3 岁婴幼儿当前及随后的身心健康发展，站在为人的一生发展奠基的角度以及在国家和社会发展的时代背景下，提升托育服务质量是托育事业发展的关键，也是托育机构得以生存和制胜的关键。托育行业走向高质量已成为必然趋势。

那么，什么是高质量？从哪些方面着手可以改善和提高托育服务质量呢？上海市托育服务指导中心汇聚了一群怀有满腔热情和责任使命的人，在 0—3 岁早期教养领域深耕研究 20 余年，我们始终坚守初心，凭借着坚定的信念和不懈的努力，一直致力于探索提升早期教养的质量，并积累了丰硕的成果和实践经验。我们坚信，高质量的托育服务要借助高质量的一日托育照护服务来实现，包括要有科学的保教理念和目标、安全及适宜发展的照护环境、科学合理的活动内容和作息安排、高质量互动和回应性照护、与社区和家庭的协作关系、高效的机构管理和运营、具有良好专业素养的人员队伍等。

然而，做到高质量并不是一件容易的事情。在走访调研托育机构、参与托育相关教研活动、观摩托班活动、与各类从业人员沟通交流等过程中，我们发现了很多问题。比如，"亟需系统化、本土化、科学好用的托育活动资源来解决普遍存在的小班课程下移和一味迎合家长需要的问题""一日活动的组织实施个性化不足，集体的、高结构型活动较多的情况较为普遍""一日作息安排还需要进一步开放，要更加灵活""照护过程与幼儿回应和互动质量有待提高""家园互动迫切需要有效沟通方法和策略的指导"等。这些问题反映了目前的托育服务尚缺乏科学理念和目标的引领、缺乏托育服务内容体系的支撑等，这也导致了托育服务的专业性和科学性不足、服务质量不高等一系列问题。

在这个过程中，我们感受到了从业人员们想要做好托育服务的愿望，也更深刻感受到了大家的迷茫和困惑。为了有效地解决这些问题，助力托育服务质量的提升，努力帮助从业者们解惑。我们在前沿的教育理论指导下，将优质经验转化为成果，编写了"托育机构从业人员指导用书"系列。本系列包括《托育机构日常管理实务》《托育机构一日活动操作指引》《托育机构一日活动方案》《托育机构与家庭协作》四册图书，围绕托育机构的管理、一日保教活动、家园共育三大业务领域，提供一套系统化、科学化、可操作的管理与保教方案，帮助托育从业者科学、高效、规范地开展托育服务和管理，实施科学的一日保教活动，提高托育服务的质量和效率，为婴幼儿奠定扎实的成长基石。

《托育机构日常管理实务》围绕托育服务相关法律法规、从业人员队伍建设、托育机构制度建设、日常保教工作管理等内容展开，对托育从业人员的师德规范、职业能力素养、一日保教管理的环节、内容与方法等进行了详细的解析，提供了可供迁移和借鉴的管理制度文本及配套的操作表单。该书旨在以高效、可行的方法保证托育服务的质量，使一日照护服务有法可依、有章可循，为从业人员提供可遵守的行为规范和操作方法。

《托育机构一日活动操作指引》围绕"生活活动""游戏活动""拓展类活动""一日活动规划与设计""与家庭协作""保育人员间的协作"等从业人员最关心的内容，提供反映尊重、个性化、回应等核心价值观的、好用易用的方法和支持工具，帮助托育人员端正理念，树立科学的儿童观、育儿观，掌握基本的科学保育的内容与方式方法。此外，还提供了配套的操作工具模板和样例，托育机构既可直接应用，也可进行改编，使用方法灵活。

《托育机构一日活动方案》凸显生活化和游戏化，围绕吃吃睡睡、唱唱跳跳、做做玩玩、听听说说、涂涂画画、拼拼搭搭六个模块编制活动资源，并为托育从业人员提供了月、周、日的保育计划参考样例，指导托育从业人员日常有目的地创设环境、观察和评价婴幼儿的行为，帮助托育从业人员开展日常高质量的教养和照护服务。

《托育机构与家庭协作》阐述了托育机构与家庭协作的重要性,并围绕帮助新家庭融入、招生工作与迎新程序、了解和尊重家庭的多样性、与家庭沟通交流等内容,结合丰富的实践案例,呈现与家庭有效沟通、合作的方法,详细介绍如何与家庭建立有效的协作关系。

这个"托育机构从业人员指导用书"系列是托育从业者的必备工具,是高质量托育的实践指南,也是提升托育服务质量的重要支架。

本书导读

本书共包括"活动资源库""月周保育计划参考样例""资源列表"三个主题。这三个主题是我们在日常走访调研中发现问题最多,从业人员需求最大,同时也是提升照护服务质量的最关键和最具操作性的内容。

第一章"活动资源库"践行"生活即教育""儿童为本"的理念,包含适合 2—3 岁幼儿的生活活动和游戏活动。生活活动旨在落实"吃吃睡睡"模块的目标要求,提供了支持幼儿来离园、餐点、睡眠、如厕等生活活动的照护方法,在一日生活各环节中促进婴幼儿养成良好的进餐、如厕等习惯,培养其自我服务能力的方法,同时也特别强调情感、认知、语言等的渗透。生活活动在设计上主要包括"价值""日常渗透""重点关注",这里,我们强调了生活活动应渗透在一日生活的各个环节中,并不是单独设计或组织一次与生活有关的活动。我们还提供了保育人员的回应话术,为保育人员进行回应式照护提供参考,有助于保育人员与婴幼儿建立良好关系。"重点关注"旨在提醒保育人员注意幼儿的个体差异,有针对性地实施保育活动。游戏活动包括"做做玩玩""听听说说""唱唱跳跳""涂涂画画""拼拼搭搭"五大模块,根据婴幼儿月龄特点进行编排、设计。每个活动包含"宝宝能""环境准备""观察要点""玩法""活动建议、时长、人数",保育人员在组织实施时可以在观察基础上,尊重幼儿原有的经验,开展有目的的指导活动,不断促进其已有能力和经验的提升与拓展。本书提供的游戏活动既可以用在幼儿自由游戏中,方便使用者开展游戏互动或插入式活动,同时也可以用在圆圈活动中。

第二章"月、周保育计划参考样例"是保育人员最关心、最缺乏的内容，也是最具挑战的部分。我们依据2—3岁幼儿的一般发展规律，综合考虑节庆、文化、季节等方面的因素，制定了每月教养重点，并将生活活动和游戏活动进行合理搭配，编制了"月、周保育计划"（以下简称"计划"）的参考样例。"计划"分为上下两个学期，每个月的内容由月教养内容概要、月计划、周内容安排三个部分构成。其中，"月计划""周内容安排"提供保育人员生活照料及游戏活动在每月、每周的重点关注及相关环境创设、内容安排参考，以及需要与家庭协作完成的保教内容。活动内容安排涵盖健康与运动、情绪与社会、感觉与认知、语言与沟通、习惯与品质五个方面，体现"做做玩玩""听听说说""唱唱跳跳""涂涂画画""拼拼搭搭"五个模块，遵循了模块的均衡性、活动内容的重复性等原则。"月周保育计划参考样例"虽然是将所有发展要点按照发展的大致顺序以及难易程度，较合理地分布到了各月、各周的计划表中，但我们深知，幼儿的发展虽然有一定的规律，对于每个个体而言，发展的顺序及速率各有不同。因此，这里呈现的"月周保育计划参考样例"是一种预设，保育人员可以此为蓝本，根据自己机构的文化、自己班级幼儿的发展特点、家庭的育儿需要等对计划表中的活动内容进行调整和优化。

第三章"资源列表"包括童谣歌词及动作参考、观察要点与观察契机建议表（样例）。童谣歌词及动作参考为保育人员提供了本书中出现的童谣和体操的歌词及动作参考，这些童谣适宜2—3岁幼儿，经典、朗朗上口，满足幼儿童谣唱游的需求。观察要点与观察契机建议表（样例）为保育人员在机构一日生活中落实对幼儿的观察提供借鉴。

目 录

第一部分　活动资源库 /1

生活活动 /2

SH-01	自主吃点心 /3	SH-16	热了擦汗、脱衣服 /18
SH-02	愿意自主进餐 /4	SH-17	自己抹香香 /19
SH-03	喜欢吃蔬菜 /5	SH-18	会漱口，会刷牙 /20
SH-04	样样东西都爱吃 /6	SH-19	愿意配合成人洗头理发 /21
SH-05	口渴了会喝水 /7	SH-20	愿意配合成人剪指甲 /22
SH-06	少喝饮料 /8	SH-21	打喷嚏时遮住口鼻 /23
SH-07	少吃零食 /9	SH-22	适应每日作息 /24
SH-08	自己擦脸/擦嘴巴 /10	SH-23	独立入睡 /25
SH-09	收拾自己的餐具 /11	SH-24	有规律的作息 /26
SH-10	会使用坐便器 /12	SH-25	解开纽扣 /27
SH-11	主动如厕 /13	SH-26	脱简单衣物 /28
SH-12	独立如厕 /14	SH-27	扣上衣服上的大纽扣 /29
SH-13	自己洗手 /15	SH-28	会穿简单的衣物 /30
SH-14	饭前便后会洗手 /16	SH-29	自己穿鞋 /31
SH-15	勤洗手讲卫生 /17	SH-30	自己穿裤子 /32

SH-31	自己穿袜子 / 33		SH-49	会进行日常生活对话 / 51
SH-32	折叠简单衣物 / 34		SH-50	主动表达需求 / 52
SH-33	建立依恋关系 / 35		SH-51	关注周围的宝宝 / 53
SH-34	亲近老师和同伴 / 36		SH-52	会说小伙伴的名字 / 54
SH-35	愿意参与活动 / 37		SH-53	和成人打招呼 / 55
SH-36	熟悉园所环境 / 38		SH-54	使用礼貌用语 / 56
SH-37	认识自己的标记 / 39		SH-55	学着轮流和等待 / 57
SH-38	认识自己的物品 / 40		SH-56	和同伴交换玩具 / 58
SH-39	将自己的物品放置在固定位置 / 41		SH-57	参与力所能及的家务劳动 / 59
SH-40	认识常用物品 / 42		SH-58	使用工具浇灌花草 / 60
SH-41	把物品放在固定的地方 / 43		SH-59	参与简单的洗晒 / 61
SH-42	自己收玩具 / 44		SH-60	尊重他人的劳动 / 62
SH-43	和老师一起收玩具 / 45		SH-61	不乱扔垃圾 / 63
SH-44	整理小书包 / 46		SH-62	了解基本规则 / 64
SH-45	听懂日常用语 / 47		SH-63	运动时有基本的自我保护意识 / 65
SH-46	能听懂并执行两个连续动作的指令 / 48		SH-64	远离常见危险 / 66
SH-47	听别人说话 / 49		SH-65	户外活动要防晒 / 67
SH-48	会说自己的名字 / 50		SH-66	爱护小眼睛 / 68

唱唱跳跳 / 69

CT-01	踮脚站立摘果子 / 70		CT-03	抓泡泡 / 72
CT-02	拍悬吊球 / 71		CT-04	搬大球走 / 73

CT-05	运纸砖造房子 / 74	CT-29	拉小车捡树叶 / 98
CT-06	追逐跑 / 75	CT-30	躲猫猫 / 99
CT-07	奔奔跑跑玩丝巾 / 76	CT-31	绕障碍"去郊游" / 100
CT-08	在彩虹伞下穿行 / 77	CT-32	开火车 / 101
CT-09	上下滑滑梯 / 78	CT-33	我是小司机 / 102
CT-10	跨越障碍 / 79	CT-34	许多小鱼游来了 / 103
CT-11	走平衡木 / 80	CT-35	吹泡泡 / 104
CT-12	单脚站立 / 81	CT-36	拉个圆圈走走 / 105
CT-13	用脚尖走路 / 82	CT-37	从头动到脚 / 106
CT-14	抛球 / 83	CT-38	照镜子 / 107
CT-15	抛落叶 / 84	CT-39	打气 / 108
CT-16	投报纸雪球 / 85	CT-40	小花猫 / 109
CT-17	投球比赛 / 86	CT-41	草地舞 / 110
CT-18	按停滚来的球 / 87	CT-42	小手小脚 / 111
CT-19	掷保龄球 / 88	CT-43	不要妈妈抱 / 112
CT-20	踢球 / 89	CT-44	小猫操 / 113
CT-21	听指令玩球 / 90	CT-45	模仿小动物走路 / 114
CT-22	听指令玩沙包 / 91	CT-46	太阳眯眯笑 / 115
CT-23	跳水洼 / 92	CT-47	器械操 / 116
CT-24	像小兔子一样跳起来 / 93	CT-48	点点碰碰 / 117
CT-25	连续跳圆圈 / 94	CT-49	头发肩膀膝盖脚 / 118
CT-26	跳跳踩踩玩落叶 / 95	CT-50	捏拢放开 / 119
CT-27	爬攀登架 / 96	CT-51	我有小手搓搓搓 / 120
CT-28	骑小车 / 97	CT-52	小星星 / 121

CT-53　全家爱宝宝　/ 122
CT-54　手指家庭　/ 123
CT-55　找朋友　/ 124
CT-56　两只小鸟　/ 125
CT-57　我爱我的小动物　/ 126
CT-58　小宝宝学动物　/ 127
CT-59　预备——起　/ 128
CT-60　小小演奏家　/ 129
CT-61　乐器演奏《我的好妈妈》　/ 130
CT-62　乐器演奏《新年好》　/ 131

做做玩玩　/ 133

ZW-01　自由玩沙　/ 134
ZW-02　湿沙造型　/ 135
ZW-03　摸摸猜猜水里有什么　/ 136
ZW-04　在雨天散步玩水　/ 137
ZW-05　玩冰块　/ 138
ZW-06　插放小珠钉　/ 139
ZW-07　插放吸管　/ 140
ZW-08　配对拧盖子　/ 141
ZW-09　玩动物拼图　/ 142
ZW-10　穿大珠　/ 143
ZW-11　夹食物吃　/ 144
ZW-12　用夹子夹捏　/ 145
ZW-13　剥橘子　/ 146
ZW-14　撕粘贴纸　/ 147
ZW-15　塞塞放放做福袋　/ 148
ZW-16　粘贴装饰小灯笼　/ 149
ZW-17　搓捏纸团做"汤圆"　/ 150
ZW-18　洗菜择菜做家务　/ 151
ZW-19　整理小衣柜　/ 152
ZW-20　切水果做三明治　/ 153
ZW-21　种植活动　/ 154
ZW-22　用锤子敲击　/ 155
ZW-23　使用工具捞球　/ 156
ZW-24　喂娃娃吃饭　/ 157
ZW-25　给娃娃洗澡　/ 158
ZW-26　给娃娃洗手　/ 159
ZW-27　照顾娃娃睡觉　/ 160
ZW-28　装扮妈妈　/ 161
ZW-29　小医生　/ 162
ZW-30　听指令找形状　/ 163
ZW-31　形状和颜色分类　/ 164
ZW-32　听听周围的声音　/ 165

ZW-33	和颜色宝宝做游戏 / 166	ZW-42	探索光影 / 175
ZW-34	颜色分类 / 167	ZW-43	认识花园里的事物 / 176
ZW-35	摸摸猜猜 / 168	ZW-44	用放大镜观察 / 177
ZW-36	找到相同的物品 / 169	ZW-45	蔬菜分一分 / 178
ZW-37	找找数字宝宝 / 170	ZW-46	看看找找玩配对 / 179
ZW-38	数字纸盘小汽车 / 171	ZW-47	表情配对 / 180
ZW-39	按数取物 / 172	ZW-48	观察金鱼和蝌蚪 / 181
ZW-40	手口一致点数 / 173	ZW-49	认识性别 / 182
ZW-41	比较高矮 / 174	ZW-50	整理小书包 / 183

听听说说 / 185

TS-01	认认说说活动区域 / 186	TS-12	说说同伴的名字 / 197
TS-02	认识活动区域标识物 / 187	TS-13	指认或说出"他们在做什么？" / 198
TS-03	认识老师 / 188		
TS-04	学习使用"这是我的……"句式 / 189	TS-14	运用动词，理解"先、后" / 199
		TS-15	边看边说"包饺子" / 200
TS-05	介绍自己的名字 / 190	TS-16	说说常见职业 / 201
TS-06	说说身体部位的名称和用途 / 191	TS-17	介绍家人 / 202
		TS-18	对话和时间有关的事情 / 203
TS-07	理解、仿说、运用动词 / 192	TS-19	回忆近期发生的事 / 204
TS-08	认认说说常见食材 / 193	TS-20	说说天气 / 205
TS-09	认认说说常见水果 / 194	TS-21	聊聊季节特征 / 206
TS-10	对话常见物品及用途 / 195	TS-22	了解节日（国庆节） / 207
TS-11	理解、使用人称代词 / 196		

TS-23	哼唱童谣《摇啊摇》 / 208			迷藏》 / 222
TS-24	问好歌 / 209		TS-38	水果捉迷藏 / 223
TS-25	找找同伴在哪里 / 210		TS-39	读图画书《我妈妈》 / 224
TS-26	在同伴面前念童谣 / 211		TS-40	读图画书《神奇的蓝色水桶》 / 225
TS-27	读图画书《挠痒痒》 / 212		TS-41	读图画书《好饿的毛毛虫》 / 226
TS-28	读图画书《大声回答"哎"》 / 213		TS-42	手偶表演《拔萝卜》 / 227
TS-29	读图画书《你好吗？》 / 214		TS-43	读图画书《小毯子哪儿去了》 / 228
TS-30	读图画书《我吃啦！》 / 215		TS-44	读图画书《汤姆走丢了》 / 229
TS-31	读图画书《拉粑粑》 / 216		TS-45	读图画书《我喜欢过年》 / 230
TS-32	读图画书《干杯！咕嘟咕嘟》 / 217		TS-46	读图画书《我的后面是谁呢》 / 231
TS-33	读图画书《克莱奥上学啦》 / 218		TS-47	听方位词找落叶 / 232
TS-34	读图画书《好朋友》 / 219		TS-48	我问你答方位词 / 233
TS-35	读图画书《蚂蚁和西瓜》 / 220		TS-49	听指令找、放动物卡片 / 234
TS-36	看看说说小蚂蚁 / 221		TS-50	听"新老师"读图画书 / 235
TS-37	读图画书《水果水果捉			

涂涂画画 / 237

TH-01	用蜡笔涂鸦 / 238		TH-05	拓印"小雪人" / 242
TH-02	说说画了什么 / 239		TH-06	拓印"毛毛虫" / 243
TH-03	感知色彩的变化 / 240		TH-07	拓印蝴蝶 / 244
TH-04	拓印"胡萝卜" / 241		TH-08	用海绵涂鸦 / 245

TH-09	用小手涂鸦　/ 246	TH-15	制作贺卡　/ 252
TH-10	用剃须泡画画　/ 247	TH-16	装饰爸爸的"衬衫"　/ 253
TH-11	在树叶上涂鸦　/ 248	TH-17	剪纸条,"放烟花"　/ 254
TH-12	用水画画　/ 249	TH-18	落叶拼贴　/ 255
TH-13	用泥巴做简单造型　/ 250	TH-19	制作信封手偶　/ 256
TH-14	玩泥巴,做"元宵"　/ 251	TH-20	欣赏艺术作品　/ 257

拼拼搭搭　/ 259

PD-01	积木垒高　/ 260	PD-10	插塑接长　/ 269
PD-02	纸砖垒高：够月亮　/ 261	PD-11	半圆形组合　/ 270
PD-03	一起盖房子　/ 262	PD-12	三角形组合　/ 271
PD-04	水果排排队　/ 263	PD-13	序列建构：美丽的山坡　/ 272
PD-05	玩具排整齐　/ 264	PD-14	搭建隧道：小蚂蚁的家　/ 273
PD-06	玩偶排队　/ 265	PD-15	插塑垒高：建筑工人盖楼房　/ 274
PD-07	铺小路　/ 266	PD-16	平面围合：游泳池　/ 275
PD-08	模仿架空：搭桥　/ 267	PD-17	平面建构：欢乐的儿童节　/ 276
PD-09	模仿搭"高架桥"　/ 268	PD-18	立体建构：我喜欢的幼儿园　/ 277

第二部分　月、周保育计划参考样例 / 279

9 月 / 280

9 月第一周内容安排　/ 285
9 月第二周内容安排　/ 287
9 月第三周内容安排　/ 289
9 月第四周内容安排　/ 291

10 月 / 293

10 月第二周内容安排　/ 298
10 月第三周内容安排　/ 300
10 月第四周内容安排　/ 302

11 月 / 304

11 月第一周内容安排　/ 309
11 月第二周内容安排　/ 311
11 月第三周内容安排　/ 313
11 月第四周内容安排　/ 315

12 月 / 317

12 月第一周内容安排　/ 322
12 月第二周内容安排　/ 324
12 月第三周内容安排　/ 326
12 月第四周内容安排　/ 328

1 月 / 330

1 月第一周内容安排　/ 335　　　　　　1 月第三周内容安排　/ 339
1 月第二周内容安排　/ 337　　　　　　1 月第四周内容安排　/ 341

2 月 / 343

2 月第一周内容安排　/ 348　　　　　　2 月第三周内容安排　/ 352
2 月第二周内容安排　/ 350

3 月 / 354

3 月第一周内容安排　/ 359　　　　　　3 月第三周内容安排　/ 363
3 月第二周内容安排　/ 361　　　　　　3 月第四周内容安排　/ 365

4 月 / 367

4 月第一周内容安排　/ 372　　　　　　4 月第三周内容安排　/ 376
4 月第二周内容安排　/ 374　　　　　　4 月第四周内容安排　/ 378

5 月 / 380

5 月第一周内容安排　/ 385　　　　　　5 月第二周内容安排　/ 387

5月第三周内容安排　／ 389　　　　　5月第四周内容安排　／ 391

6月　／ 393

6月第一周内容安排　／ 398　　　　　6月第三周内容安排　／ 402
6月第二周内容安排　／ 400　　　　　6月第四周内容安排　／ 404

第三部分　资源列表　／ 407

体操／童谣歌词及动作参考　／ 408
游戏活动图画书索引　／ 418
观察要点与观察契机建议表（样例）　／ 420

托育机构课程纲要　／ 419

第一部分 活动资源库

生活活动

SH-01 自主吃点心

价值
能自主吃点心，提升自我服务能力

日常渗透

- 在点心时间，关注宝宝是否会自己进食。可以请宝宝选择喜欢的点心放到自己餐盘中。然后，鼓励宝宝自己吃，可以用手拿着吃，也可以用餐具吃。

    ××，这个小饼干可好吃了，香喷喷的，自己拿着吃更香！

- 保育人员看到宝宝有自主进食的意愿或者行动时，要及时肯定和鼓励。

    你会拿着自己吃，有进步哦！

- 日常，多和宝宝玩给娃娃喂食的游戏，在游戏中提升自主进食的兴趣。如，保育人员抱着娃娃，模仿娃娃的口吻和宝宝对话。

    ××，我的肚子好饿呀！我想吃面包，你能喂给我吃吗？谢谢××！面包真好吃！

- 保育人员还可以结合阅读图画书等活动，激发宝宝自主吃点心的意愿。如，共读图画书《圆圆的真好吃》，和宝宝看看、说说画面上的美食。在日常的点心时间，模仿书中的句式和宝宝互动。

    牛奶饼干，看呀，圆圆的，很好吃哦！××快来尝一尝。

重点关注
新生/不会自主吃点心的宝宝

第一部分　活动资源库

SH-02　愿意自主进餐

价值
能自主进餐，提升自我服务能力

日常渗透

- 在用餐时间，关注宝宝是否会自主进餐，是否愿意吃、喜欢吃。如果宝宝不会／不愿自己吃，保教人员可以先询问宝宝，是否需要喂饭。也可以根据家长提供的信息，准备一些宝宝喜欢的食物。

- 观察宝宝使用勺子的情况，如果宝宝不会熟练地使用勺子，保育人员可以为宝宝提供便于使用的餐具，如，粗柄的叉子等，同时，允许宝宝抓食。也可以为宝宝先盛少量的餐食，当幼儿吃完碗里的食物时，再适当添加一些，让宝宝更有成就感。

宝贝，花椰菜、胡萝卜……这么多好吃的东西，你可以用勺子舀着吃！

哇，××，你吃了这么多，现在吃第二碗咯。

- 在游戏区域放置促进宝宝提升自主进餐能力的材料，比如勺子、碗、沙水材料等，给宝宝足够的机会自由游戏。

我用勺子把沙子舀起来，放进碗里。我要尝一尝我做的饭，（假装吃）啊，真好吃！

- 在习惯养成初期，当保育人员发现宝宝有自主进餐的意愿时，都要及时肯定和鼓励。还可以拍下宝宝自己进餐的照片，贴在宝宝容易看到的地方，以示鼓励。

宝贝看，你会自己吃饭了，而且吃得很好呢！

- 保育人员可以结合阅读图画书等活动，激发宝宝自主进餐的意愿。

温馨提示

- 在宝宝进入机构前，保育人员应向家庭了解宝宝在家的进食习惯，为个别宝宝提前做好物料的准备。

重点关注
新生／不会自主进餐的宝宝、不会使用勺子的宝宝

SH-03　喜欢吃蔬菜

价值
喜欢吃蔬菜，养成良好饮食习惯

日常渗透

- 在进餐时间，关注宝宝是否喜欢吃蔬菜。如果宝宝不喜欢某样蔬菜，可以先尝试提供不同烹饪方式的蔬菜，比如丸子、馄饨、蔬菜丁、沙拉等，鼓励宝宝尝试，逐步过渡。如果宝宝所有的蔬菜都不爱吃，保育人员可以与家长沟通，进一步了解情况。必要时，与家长共同协商调整目标和方法。

- 常带着宝宝了解蔬菜，提高对蔬菜的兴趣。比如，散步时，带宝宝观察自然角，认一认种了哪些蔬菜，观察蔬菜每天的生长变化，拍下它们的照片，引导宝宝了解蔬菜及其生长过程。

- 在游戏区域提供与蔬菜相关的图画书，如，《蔬菜蔬菜，切一切》《好喜欢吃蔬菜》及相关卡片等。经常和宝宝共读，读完后，问问宝宝爱吃什么蔬菜。

- 多和宝宝玩烹饪、喂娃娃吃饭的游戏，在游戏中认认蔬菜，激发宝宝对蔬菜的喜爱。

××，这是芹菜，你闻一闻，是什么味道？

你喜欢吃什么蔬菜？
找一找，书里有没有？

香香的菜烧好了。
啊——呜！卷心菜真好吃呀！

重点关注
新生 / 不爱吃蔬菜的宝宝

温馨提示

- 在宝宝进入机构前，保育人员应向家长了解宝宝的饮食习惯，为个别宝宝提前做好物料的准备。

SH-04　样样东西都爱吃

价值

喜欢食物，样样东西都爱吃，建立良好的饮食习惯

日常渗透

- 午餐开始前，和宝宝讨论当日的饮食，说说食物的名称、味道等，也可以请宝宝来介绍。

    今天早上你吃了什么？有没有吃鸡蛋呀？

- 进餐过程中，关注宝宝对食物的喜好，是否挑食、偏食，对个别有特殊偏好的宝宝做好记录，必要时，向家长进一步了解情况。

- 在卫生、安全的前提下，让宝宝参与或观察食物的制作过程，如，加工前后，向宝宝介绍食物的名称、质地、加工方法，引导宝宝感知、比较食物在烹饪前后的变化等。

- 在游戏区域提供有关食物的图画书，如《鸡蛋敲一敲》等。经常陪伴宝宝共读，当宝宝熟悉图画书的内容后，还可以根据宝宝的生活经验和宝宝聊一聊与食物相关的话题。

    ××，你吃过鸡蛋吗？鸡蛋是什么样的？

- 常和宝宝玩给娃娃煮菜、喂娃娃吃饭的游戏。如，鼓励宝宝用泥巴制作"食物"，假装喂给娃娃吃。对于偏食、挑食的宝宝，保育人员可以有选择地挑选食物主题进行游戏。

    捏一捏、搓一搓，瞧，长长的面条做好了！
    我们来喂给娃娃吃吧！啊——呜！娃娃说'真好吃呀'！

重点关注

新生 / 挑食 / 偏食的宝宝

温馨提示

- 在宝宝进入机构前，保育人员应向家庭了解宝宝的饮食习惯，对个别宝宝提前做好物料的准备。

SH-05　口渴了会喝水

价值
知道口渴时喝水，养成健康生活习惯

日常渗透

- 一日生活中，关注宝宝是否会主动喝水，关注宝宝的尿液颜色。如果尿液颜色是无色或浅黄色，说明宝宝体内不缺水。反之，保育人员应及时提示宝宝饮水。

    ××，小茶杯在叫你呢，它请你再去喝点水。

- 在游戏区域摆放与饮水相关的图画书，如，《干杯！咕嘟咕嘟》。经常陪伴宝宝共读，通过阅读鼓励喜欢喝水。

    宝宝，故事里的宝宝是怎么喝水的？我们也来学一学。哗啦啦，放入白开水。干杯！咕嘟——咕嘟——。

- 多和宝宝玩喂娃娃喝水等游戏，在游戏中增强宝宝口渴时要喝水的意识。如，保育人员拿着娃娃，假装口渴要喝水的游戏情节。

    我的嘴巴好干呀，口渴了怎么办？
    口渴时要喝水，咕嘟——咕嘟——真好喝呀！

重点关注
新生 / 不爱喝水的宝宝 / 未养成主动饮水习惯的宝宝

温馨提示

- 避免在进餐前大量饮水，以免充盈胃容量，冲淡胃酸，影响食欲和消化。

SH-06　少喝饮料

价值
养成良好饮食习惯

日常渗透

- 在语言阅读区，准备干净的小水杯、奶粉罐、饮料瓶，经常带着宝宝一起认认、看看，说说这些东西宝宝吃过吗，哪些东西吃了能帮助宝宝长高、长大，哪些会影响宝宝的身体健康。

- 一日生活中，关注宝宝的饮水情况。通过"和保育人员／卡通玩偶一起喝水""干杯"等方式，提高宝宝饮水的兴趣。如，保育人员操纵小兔子手偶，假装喝白开水的游戏情节。

- 多和宝宝玩给娃娃看病等游戏，在游戏中引导幼儿不喝饮料，口渴了喝白开水。如，保育人员扮演医生给娃娃看病、检查身体。

××，这是什么？你认识吗？你早餐吃的什么呀？有没有喝牛奶？牛奶能让你长高哦。

××，我们和小兔子一起喝水吧。

娃娃，你哪里不舒服呀？生病了，要多喝白开水，不能喝饮料。

重点关注
喜欢喝饮料的宝宝

SH-07　少吃零食

价值
养成健康饮食习惯

日常渗透

- 通过日常沟通，和宝宝聊聊平时都喜欢吃什么，是不是经常吃零食，了解宝宝吃零食的情况。
- 通过故事讲述、游戏等方式，引导宝宝知道哪些零食是健康的，多吃零食会影响身体健康等等。如，在医院、娃娃家等角色游戏中，保育人员假想和食物有关的情节，渗透"健康饮食"的观念。
- 也可以提前收集一些零食的包装，消毒干净后和宝宝玩分类游戏，帮助宝宝了解哪些食物是健康的，哪些是不健康、应该少吃的。

重点关注
新生 / 有吃零食习惯的宝宝

医生，你好呀！我肚子不舒服，能帮我看一看吗？

昨天我吃了很多薯片，薯片虽然好吃，但是对身体很不好。看来，以后要少吃或不吃。

SH-08　自己擦脸 / 擦嘴巴

价值

学习擦脸 / 擦嘴巴的方法，提升自我服务能力

日常渗透

- 餐点后、盥洗时等需要宝宝自己擦脸 / 擦嘴巴的环节中，保育人员观察宝宝是否会自己完成。如果宝宝不会，保育人员可以先用语言提示方法并鼓励宝宝尝试。宝宝擦完脸 / 嘴巴，提示他们把用过的小毛巾或者纸巾放到指定的地方。
- 常和宝宝玩给娃娃擦脸 / 擦嘴巴的游戏，在游戏中增加练习的机会。
- 在习惯养成初期，当宝宝主动用毛巾擦脸 / 擦嘴巴时，保育人员要及时肯定这样的行为。

××，你可以用这个来擦脸，先把小毛巾打开放在手心……

宝贝会自己用毛巾擦脸，小脸真干净。

重点关注

新生 / 不会自己擦嘴巴、擦脸的宝宝

SH-09　收拾自己的餐具

价值
学习自己收拾餐具，提升自我服务能力

日常渗透

- 在宝宝就餐结束时，保育人员提醒宝宝自己整理餐具，放到指定的地方。

- 当宝宝不知道如何做时，保育人员可以用行为示范，同时用语言描述，让宝宝掌握方法。

- 如果有宝宝不小心把餐具掉落在地上了，保育人员需要在接纳的同时，耐心地支持宝宝收拾整理。
- 日常多鼓励宝宝参与自我服务活动，参与玩具的整理，通过其他生活活动的练习，促进宝宝动手能力的发展。

宝贝，你吃好啦，请你把自己用的餐具放到那张桌子上，谢谢你。

这么多餐具，我们可以把小碗摞在一起，勺子放小碗里，两只手拿好，就可以一起拿走啦。

哦，餐具掉在地上了，我们一起来收拾干净。我们先把碗和勺子捡起来，然后去拿拖把……

重点关注
新生 / 不会自己收拾餐具的宝宝

SH-10　会使用坐便器

价值
知道并会使用坐便器（男孩用小便斗）

日常渗透
- 带着宝宝认识盥洗室的位置、设施和功能。

- 宝宝如厕时，观察每个宝宝的如厕方式，是否会正确使用座便器。尤其是男孩，是否会正确使用小便斗。如果宝宝不会，保育人员可以用语言提示宝宝操作步骤，鼓励他动手尝试。如果宝宝便意较急，保育人员可协助其完成并将步骤解释给宝宝听。

- 当有宝宝不习惯使用坐便器或小便斗时，保育人员需和家长进一步沟通，了解宝宝在家中的使用情况，并配合在家中帮助宝宝熟悉。让宝宝看到家人是如何使用的，来消除宝宝的担心和陌生心理。同时需要提醒家长，切忌着急，避免让宝宝感到紧张。

- 常和宝宝玩带娃娃如厕的游戏，在游戏中增加练习的机会。

重点关注
新生 / 不会使用坐便器或小便斗的宝宝

××，这里是盥洗室。
这是小便斗，是为男孩准备的。

宝宝，先把裤子脱下来。
是的，就是这样，慢慢来，你做得很好。

温馨提示
- 在宝宝进入机构前，保育人员应向家庭了解宝宝的排便习惯，如果宝宝在使用尿不湿，保育人员先了解家长的带养理念和需求，在顺应宝宝生理发展情况的基础上，加强与家长的沟通及合作，在如厕习惯的培养上尽量保持一致。

SH-11 主动如厕

价值

能主动表达大小便的需求,并且去卫生间如厕

日常渗透

- 如果宝宝还不会主动如厕,保育人员要多观察,留意宝宝发出的排便信号,如目光定住、脸涨红、动作突然停下等,及时带宝宝去卫生间如厕,并且注意保持态度温和,不急躁。
- 当宝宝会用肢体动作表达便意时,保育人员可以示范用规范的语言表达便意,示范说给宝宝听,并带宝宝进入盥洗室。
- 在习惯养成初期,对于主动表达大小便,并且愿意去卫生间如厕的宝宝,保育人员要及时肯定。
- 在游戏区域提供有关如厕的图画书,如:《拉粑粑》。经常陪伴宝宝共读,还可以在生活场景中用书中的句式和宝宝互动。

××要大便了,真好,来,我们坐到马桶上。

××,你要小便(大便)了,我们去厕所小便。

拉粑粑,拉粑粑,去厕所拉粑粑!

重点关注

新生/不会主动如厕的宝宝。

温馨提示

- 在宝宝进入托育机构前,保育人员应向家庭了解宝宝的排便习惯。
- 在宝宝大量饮水后的半小时,或长时间专注活动时,加强对宝宝主动如厕情况的观察,及时提醒幼儿如厕。

SH-12　独立如厕

价值

能自主如厕，并且独立完成如厕过程

日常渗透

- 保育人员观察宝宝如厕时每个步骤完成的情况，看到宝宝能够完成步骤时，及时肯定和鼓励宝宝。
- 当宝宝有些步骤不会时，保育人员可以做适当协助，如，提裤子时，让宝宝拉住自己的小内裤，保育人员同时拉住裤子的另一角，配合宝宝的动作拉上去。
- 常和宝宝玩带娃娃如厕的游戏，在游戏中熟练方法。
- 当宝宝有进步时，及时肯定宝宝的尝试。

重点关注

新生 / 不会独立如厕的宝宝

> 宝贝，刚才你自己拉下了裤子，真好。
> 现在上完厕所了，你可以试着自己把裤子拉上来。
>
> 你今天会自己提裤子了，穿得很好！

SH-13 自己洗手

价值
会自己洗手，提升自我服务能力

日常渗透
- 洗手时，观察宝宝是否会自己洗手。如果宝宝不会，保育人员可以向宝宝示范洗手的过程，或者引导宝宝观察洗手的步骤图示，鼓励宝宝自己尝试。
- 当宝宝自己洗手时，注意观察宝宝是否会先将衣袖卷起，水流的大小是否合适。保育人员根据情况及时提醒宝宝调整方法，同时结合动作示范与语言描述。
- 如果宝宝一边洗手一边玩水，保育人员可提示宝宝现在是洗手时间，请及时洗干净小手。同时，理解宝宝对玩水的需求，日常多提供玩水游戏的机会。
- 常和宝宝一起唱唱做做《洗手歌》，在游戏中熟练洗手步骤。

重点关注
新生 / 不会自己洗手的宝宝

××，我们来洗手咯。卷起小袖口，拧开水龙头……

宝宝，我们可以把水龙头关小一点，手放低一点，这样水就不会流出来了。

宝贝，我看到你在玩水。嗯，水很好玩，但是我们现在是在洗手，洗好手要去吃饭了。一会儿下午起床后，我们可以一起去户外玩水。

温馨提示
- 童谣《洗手歌》的歌词见第三部分"资源列表"。

SH-14　饭前便后会洗手

价值

养成饭前便前便后洗手的习惯

日常渗透

- 每次饭前、便后，保育人员观察宝宝们是否会主动洗手，对于主动洗手的行为及时肯定。
- 对于还未养成主动洗手习惯的宝宝，保育人员可以通过语言进行提醒。
- 在休息或者活动转换时，保育人员可以和宝宝一起说说和洗手相关的话题或者儿歌。

重点关注

新生 / 未养成饭前便后洗手习惯的宝宝

宝贝，你知道饭前便后要洗手，真棒！

宝贝，马上要吃饭了，手上有好多细菌。我们先把小手洗干净，这样身体才会健康。

温馨提示

- 童谣《洗手歌》的歌词见第三部分"资源列表"。

SH-15 勤洗手讲卫生

价值
养成吃东西前、手脏时洗手的卫生习惯；理解先、后顺序

日常渗透

- 在宝宝餐前、便后或手脏时，关注宝宝是否会主动洗手。保育人员可以耐心陪伴在宝宝身边，等待宝宝独立完成。如果宝宝不会，保育人员可以用语言提示宝宝或主动示范给宝宝看。

  ××，吃东西前先要做什么？
  吃东西前，先洗手。

- 当宝宝如厕时，保育人员可以询问宝宝如厕的顺序。

- 可以给宝宝拍一些生活活动的照片，如进餐、洗手、如厕等，并将照片打印出来放置在语言阅读区。经常和宝宝看看、说说照片上的宝宝在做什么，问问宝宝什么时候需要洗手，或请宝宝排一排照片的顺序。

  ××，我们先小便，还是先洗手？

- 常和宝宝玩给娃娃洗手的游戏，通过游戏协助宝宝巩固卫生习惯。

  哎呀，娃娃的小手好脏呀。
  ××，这可怎么办呢？
  你来给娃娃洗手吧。

重点关注
新生 / 未养成洗手习惯的宝宝

SH-16　热了擦汗、脱衣服

价值

知道热了擦汗、脱衣服，提升自我服务意识

日常渗透

- 在运动前或日常气温较高时，关注宝宝的衣着是否适宜。如果穿得过多，及时提醒宝宝脱下衣物并关注宝宝是否可以独立完成。如果宝宝不会，保育人员可以先用语言提示宝宝脱衣方法，同时给予适当协助。如，引导宝宝双手配合捏住衣袖，将手臂从衣袖里伸出。

- 运动过程中，经常摸摸宝宝的头部后背是否出汗，是否需要增减衣物。如果宝宝易出汗，可为宝宝垫上汗巾，并注意在运动过程中及时更换。

- 当宝宝出汗时，关注宝宝是否会用毛巾或手帕擦拭。如果不会，保育人员及时提示并鼓励宝宝自己尝试，用动作示范擦拭的方法和部位。等宝宝擦完后，保育人员再协助整理。

- 多和宝宝玩给娃娃脱衣、擦汗等游戏，在游戏中增加练习的机会，帮助宝宝熟练掌握脱衣、擦汗的方法。

××，先找找衣袖在哪里？你找到袖子了，现在用一只小手捏住它，再让另一只手伸出来。

××，我们垫上汗巾，等出汗了再换一条，这样不容易生病。

××，我们把小毛巾打开，放在手上。然后，先把额头上的汗擦一擦，接着，再擦一擦脖子。

重点关注

新生 / 易出汗 / 运动量较大 / 体弱的宝宝

SH-17　自己抹香香

价值
练习自己抹香香，提升自我服务意识

日常渗透

- 每次需要抹香香时，关注宝宝是否会自己打开瓶盖并涂抹。如果宝宝不会，保育人员可以用语言提示宝宝方法，或用动作示范给宝宝看。
- 在习惯养成初期，对于主动动手尝试、学习的宝宝，保育人员需要给予及时的肯定。

重点关注
新生 / 不会自己抹香香的宝宝

宝贝，我们把香香在掌心抹开，然后像擦脸一样，涂在脸上。

啊，我闻到了，你的小脸真香，抹完香香，皮肤滑滑的，真舒服！

温馨提示

- 在寒冷的季节，尤其要做好宝宝的皮肤护理。保育人员事先和家长协商，确认适合给宝宝使用的护肤品以及使用的量。

第一部分　活动资源库

SH-18　会漱口，会刷牙

价值

学习漱口、刷牙的方法，养成良好的口腔卫生习惯

日常渗透

- 在餐点结束后，关注宝宝是否有漱口或刷牙的习惯。如果宝宝还未养成习惯，保育人员可用语言提示宝宝。

  ××，吃完饭，记得漱口哦，这样牙齿会更健康。

- 当宝宝不知道如何漱口或刷牙时，保育人员可以用行为示范，同时用语言描述，让宝宝学习方法。

  我们用小杯子接一些水，然后含一大口，咕噜咕噜，然后吐出来。

- 常和宝宝玩给娃娃漱口、刷牙的游戏，在游戏中增加练习的机会。

- 在游戏区域提供有关刷牙的图画书，如《刷牙啦！》等。经常陪伴宝宝共读，在生活场景中用书中的句式和宝宝互动。

  ××，吃完饭，来刷牙……刷呀刷，刷呀刷。刷完牙，鼓起嘴巴漱漱口……咕噜，咕噜，噗——哗啦啦！

- 当宝宝会主动漱口或刷牙时，保育人员记得及时肯定宝宝。

  你会自己刷牙啦，我看到你的牙齿白白的，真干净！

重点关注

新生 / 不会漱口或刷牙的宝宝

SH-19　愿意配合成人洗头理发

价值
愿意配合成人洗头理发，养成清洁卫生习惯

日常渗透

- 自由游戏时，和宝宝一起看洗头、理发的图片，和宝宝聊聊照片里的宝宝在干什么？鼓励宝宝说说自己洗头、理发的经历。

- 在语言阅读区摆放与洗头、理发相关的图画书，如《这样洗头最开心》。陪伴宝宝共读图画书，提问宝宝，故事里的动物是怎么洗头的，请宝宝来学一学。

- 多和宝宝玩给娃娃洗头、理发等游戏，通过情境模拟，让宝宝喜欢洗头、理发。

××，你在家的时候，是谁给你洗头发呀？
你喜欢洗头发吗？

故事里的大狮子是怎么洗头发的？你来学学看。
像这样，像这样。
冲冲水，搓泡泡，擦一擦，梳一梳。哇，宝宝变得好漂亮！

宝宝，娃娃的头发好长呀，我们来给娃娃理发吧。
咔嚓——咔嚓！咔嚓——咔嚓！娃娃的新发型真好看！

重点关注
新生 / 不喜欢洗头、理发的宝宝

SH-20　愿意配合成人剪指甲

价值

愿意配合成人剪指甲，培养良好卫生习惯

日常渗透

- 来园时，检查宝宝的手指甲是否整洁、干净。
- 如果宝宝的指甲较长，保育人员及时给宝宝修剪指甲。
- 如果宝宝经常不剪指甲，保育人员可以和家长沟通了解情况，共同协商培养宝宝良好卫生习惯的方法。
- 经常和宝宝玩给娃娃剪指甲的游戏，在游戏中通过日常情境的再现，引导宝宝乐意配合成人剪指甲。

××，我们来剪指甲吧，这样细菌就不会跑到指甲缝里了。你看，这些黑黑的都是脏东西，里面可能住着小虫子。

××，娃娃的指甲好长呀，你来帮娃娃剪指甲吧。

重点关注

新生 / 不愿意配合成人剪指甲的宝宝

SH-21　打喷嚏时遮住口鼻

价值
学习打喷嚏的方法，培养良好卫生习惯

日常渗透

- 关注宝宝打喷嚏时的卫生习惯，是否会遮住口鼻。如果不会，保育人员可以示范正确的方法，带着宝宝学一学，并及时提醒宝宝洗手、及时擦净鼻涕。

- 在游戏区域提供相关的图画书，如《小猪害我打喷嚏》。经常和宝宝共读，带着宝宝学一学小象打喷嚏时的样子，说说书中的情节。

- 经常和宝宝玩娃娃打喷嚏、给娃娃擦鼻涕等角色扮演游戏，在游戏情境中练习正确的方法。

重点关注
新生 / 当宝宝打喷嚏时 / 鼻部过敏的宝宝

××，打喷嚏时，手臂弯曲，用衣服遮住嘴巴和鼻子。

小象为什么会打喷嚏？
小象是怎么打喷嚏的？
打喷嚏时要怎么做？我们一起学学看。

啊啊啊阿嚏——
××，娃娃不会打喷嚏，你快来教教娃娃吧。

温馨提示

- 如果宝宝经常打喷嚏，及时与家长沟通了解原因，确认宝宝是否有过敏等情况。

SH-22　适应每日作息

价值
逐步熟悉园内作息规律，对每日规律性的活动或作息产生期待

日常渗透
- 一日环节中，关注宝宝的情绪、对作息的适应情况。在每次环节转换前，都预先告知宝宝即将发生的事情，给宝宝足够的心理准备时间。对于不太适应的宝宝，尤其需要做好提示和重点关注，必要时，保育人员应多一些陪伴。
- 可以用宝宝喜欢的音乐提示宝宝，让宝宝一听到音乐，就自然进入固定的作息环节。
- 宝宝初入园时，在不同的作息环节中，为宝宝拍摄照片，将它们打印出来张贴在活动室的矮墙上。经常和宝宝一起看看、说说照片上是谁、在做什么，或者给这些照片按照先后顺序排排队，以协助宝宝熟悉作息。
- 可以通过日常聊天的方式，和宝宝一起回忆一天发生的事情，让宝宝更加熟悉一日作息。

重点关注
新生 / 没有养成稳定作息习惯的宝宝

宝贝们，我们再玩一会儿，就要洗手、吃午饭啦。

××，你听，收玩具的音乐响了，我们要收玩具了。收好玩具，我们去餐厅吃饭。

温馨提示
- 在宝宝进入托育机构前，保育人员应向家长了解宝宝在家的作息规律，如果发现家长的做法缺乏科学性、不利于宝宝的健康，保育人员可以和家长协商调整方法，在入园前逐步调整。

SH-23 独立入睡

价值
养成健康入睡习惯

日常渗透

- 午睡时,关注宝宝是否能自己找到小床、自己上床入睡,是否需要哄陪。
- 如果宝宝找不到自己的小床,保育人员可以提示宝宝,看看自己的标签在哪里,并耐心等待宝宝找到自己的小床。必要时,也可以带着宝宝一起找。
- 如果宝宝因为分离焦虑、缺乏安全感而不肯入睡,保育人员可以陪伴在宝宝身旁给予安抚,帮助宝宝放松。
- 如果宝宝睡觉时习惯有依恋物,保育人员可以先对依恋物做好安全检查,然后把它放在枕头旁边让宝宝看到,不要强行拿走。

重点关注
新生 / 不会独立入睡的宝宝

××,看看哪个小床上有你的标签呀?这里有吗?那里呢?你可以去那里再看看。

宝宝现在可以闭上眼睛睡觉了,对,就是这样,我会陪着你,不要担心。

温馨提示

- 在宝宝进入机构前,保育人员应向家长了解宝宝在家的睡眠习惯,做好个别照护。
- 做好睡前的安全检查,睡眠过程中,关注宝宝是否有踢被、蒙头、睡不着、尿床、发热等状况发生。

SH-24　有规律的作息

价值

对每日规律性的活动或作息产生期待，形成秩序感

日常渗透

- 留意宝宝的来园时间及白天的睡眠时长，如果宝宝的到园时间总是比较晚，可以向家长了解宝宝在家中的作息时间是否科学合理、有规律。

- 在游戏区域摆放与作息相关的图画书，如《睡觉啦》《该起床了吧》等。经常陪伴宝宝共读图画书，学学画面上动物们睡觉或起床的样子，问问宝宝晚上睡前做些什么。

- 准备一份简易的一日作息表，给表上的每个环节匹配上宝宝的照片，并将作息表张贴在矮墙上。常和宝宝看看、说说作息表上的内容，说说事件发生的先后顺序，找找正在做和将要做的事。

重点关注

新生 / 无法适应机构一日作息的宝宝

××，小动物们是怎么起床的？我们一起来学一学。

晚上睡觉前，你会做些什么？

温馨提示

- 在宝宝进入机构前，保育人员应向家长了解宝宝在家的作息规律，如果发现家长的做法缺乏科学性、不利于宝宝的健康，保育人员可以和家长协商调整方案，在入园前逐步调整。

- 在宝宝进入托育机构初期，多向家长了解宝宝离园后的作息情况。

SH-25　解开纽扣

价值

学习自己解开纽扣，获得自我成就感

日常渗透

- 在入园、午睡等需要脱衣服的环节中，保育人员关注宝宝是否会自己解开纽扣。如果宝宝不会，保育人员可以先提示方法，鼓励宝宝自己尝试。
- 必要时，保育人员可给宝宝做示范，或者用语言加适当协助的方式和宝宝一起解开纽扣。
- 在娃娃家游戏区，提供娃娃及替换的开衫，常和宝宝玩给娃娃洗澡、脱衣服的游戏，在游戏中增加宝宝练习的机会。

××，试试自己解开纽扣，别着急，慢慢来。

××，你可以一只手拿住纽扣，另一只手拿住扣眼，把纽扣从扣眼中穿过去，这样纽扣就解开啦！

重点关注

新生 / 不会自己解开纽扣的宝宝

温馨提示

- 建议家长，尽量给宝宝穿便于穿脱的衣服，如开衫、纽扣较大的衣衫。

SH-26　脱简单衣物

价值

学习自己脱开衫，获得自我成就感

日常渗透

- 入园、入睡等需要脱下衣物时，保育人员关注宝宝是否会自己脱。如果宝宝不会，先用语言提示方法并鼓励宝宝自己尝试。
- 必要时，保育人员可给宝宝做示范，或者用语言引导加适当辅助的方式协助宝宝完成。
- 在娃娃家游戏区，提供娃娃及替换的开衫、鞋袜，常和宝宝玩给娃娃洗澡、脱衣服的游戏，在游戏中增加宝宝练习的机会。

重点关注

新生 / 不会自己脱开衫的宝宝

宝贝，你自己把外套脱下来吧！加油，你可以的！

宝贝，先用一只手拉住衣袖，然后另一只手慢慢伸出来。

××，鞋子的搭扣在这里，试一试，把它拉下来。

温馨提示

- 建议家长，尽量给宝宝穿便于其自己穿脱的衣服，如开衫。

SH-27 扣上衣服上的大纽扣

价值
学习扣扣子，获得自我成就感

日常渗透

- 在午睡起床、离园等宝宝需要穿衣的环节，观察宝宝是否会扣上衣服上的大纽扣。如果宝宝不会，可以先用语言提示宝宝并鼓励宝宝自己尝试。
- 如果宝宝无法独立完成，保育人员可以协助宝宝，如，先扣上半颗纽扣，让宝宝继续完成剩下的部分。
- 经常和宝宝玩给娃娃穿衣服、扣扣子的游戏，在游戏中增加练习机会。
- 在游戏区域准备与穿脱衣服习惯培养相关的图画书，如《换衣服》等。常陪伴宝宝共读，和宝宝模仿书中人物是怎么穿脱衣服的。

××，一只小手拿起纽扣，另一只手拿起洞洞，试试看，纽扣可以钻进洞洞吗？

××，纽扣宝宝钻洞洞啦，快来帮忙呀，把纽扣宝宝拉出来。

重点关注
新生 / 不会自己穿衣服的宝宝

温馨提示

- 午睡起床，宝宝自己穿开衫时，确保室内温度适宜且宝宝已穿着一定的衣物，避免着凉。

SH-28　会穿简单的衣物

价值

学习穿简单衣物，获得自我成就感

日常渗透

- 在户外运动结束、起床、离园等宝宝需要穿衣的环节，观察宝宝是否愿意并能自己穿上。如果宝宝不会，保育人员可以鼓励宝宝多尝试。

- 如果宝宝无法独立完成，保育人员可以协助宝宝，如，引导宝宝找找袖洞在哪里；替宝宝拿住衣服，以便宝宝将胳膊伸进去等。

- 经常和宝宝共读与穿衣相关的图画书，如《衣服衣服捉迷藏》《换衣服》等。读完后，可以和宝宝聊聊穿衣的步骤或者发起穿脱小开衫的游戏。

- 玩装扮游戏时，保育人员发起哄娃娃睡觉、穿衣起床的游戏情节，和宝宝一起给娃娃穿衣服，熟练掌握穿衣的步骤。

××，找找衣服的袖子在哪里？试试看，把小手伸进去，就像钻山洞一样。

小动物和优优换上衣服了吗？它们是怎么穿的？你来学学看。

重点关注

新生 / 不会自己穿衣服的宝宝

温馨提示

- 在宝宝练习自己穿开衫时，确保室内温度适宜，且已穿着一定的衣物，避免着凉。

SH-29　自己穿鞋

价值
学习自己穿鞋，提升自我服务意识

日常渗透

- 午睡起床或更换鞋子时，仔细观察宝宝是否会自主穿鞋，如果宝宝不会，及时给予宝宝示范，或者适当协助。
- 当有宝宝不愿意自己穿鞋时，保育人员一方面需要更加耐心地支持宝宝，先从协助穿鞋开始。同时需和家长进一步沟通，了解宝宝在家中的情况，请家长配合在家中给宝宝机会自己动手，进行自我服务。
- 常和宝宝玩给娃娃穿鞋的游戏，在游戏中增加练习的机会。
- 在习惯养成初期，对于愿意自己尝试的宝宝，保育人员要及时肯定。

重点关注
新生 / 不会自己穿鞋的宝宝

宝贝，我觉得你可以自己穿上鞋子，试试看，把这里拉一下。你看，你自己穿好了，真棒！

SH-30　自己穿裤子

价值
学习自己穿裤子，获得自我成就感

日常渗透

- 在起床或更换裤子时，观察宝宝是否愿意并能自己穿上裤子。
- 如果宝宝不会，保育人员可以鼓励并协助宝宝尝试。如，引导宝宝找找裤腰、裤腿在哪里；协助宝宝把脚伸进裤腿，鼓励宝宝自己往上提。
- 在游戏区域提供相关的图画书，如，《我会穿短裤啦》《阿立会穿裤子了》等，常和宝宝共读，和宝宝学一学书中的主人公是怎么穿裤子的。
- 玩装扮游戏时，保育人员发起给娃娃洗澡、穿衣裤的游戏情节，和宝宝一起给娃娃穿衣服、裤子，熟练穿着的步骤。

重点关注
新生 / 不会穿裤子的宝宝

××，大洞洞是裤腰，小手先抓抓牢。
现在，把小脚伸进去，小脚钻洞洞咯。

小老鼠会自己穿短裤吗？
小动物是怎么穿的？你也来学学看。

温馨提示

- 在宝宝练习自己穿裤子时，确保室内温度适宜，且已穿着一定的衣物，避免着凉。
- 注意宝宝的腹部要保暖，尤其是寒冷的季节，及时协助宝宝将上衣束进裤子里。

SH-31　自己穿袜子

价值
学习自己穿袜子，提升自我服务能力

日常渗透

- 在起床或其他需要穿袜子的环节，关注宝宝是否会自己穿上。如果宝宝不会，保育人员可以鼓励及协助宝宝完成。如，引导宝宝找找袜筒在哪里；协助宝宝把小脚伸进袜子，鼓励宝宝自己往上拉等。

- 常和宝宝玩给娃娃脱衣、洗澡、穿袜子的游戏，在游戏中熟练相关技能。如：如果宝宝穿不上，保育人员可以协助宝宝，如，把袜子套到娃娃脚上、请宝宝继续穿好等。

- 和宝宝用袜子玩游戏，增加宝宝摆弄袜子的机会。如，和宝宝辨认袜子的各部位，给袜子配对，请宝宝把相同的袜子找出来；或将袜子套在手上，玩手偶游戏，互相打招呼；运动时，尝试在袜子里塞入纸团，玩扔袜子球的游戏等。

××，找找袜子的"嘴巴"在哪里？在这里。
小脚钻洞洞咯，试试看，把小脚伸进去。

××，我们来给娃娃洗澡吧。娃娃洗得真干净，小脸和身体擦擦干，现在娃娃要穿衣服啦。衣服、裤子都穿好了，还有什么没有穿？
你来给娃娃穿袜子吧。

重点关注
新生 / 不会自己穿袜子的宝宝

SH-32　折叠简单衣物

价值
学习折叠简单衣物，获得自我成就感

日常渗透

- 在来园、入睡、户外活动等环节中，关注宝宝是否会折叠脱下的衣物。如果宝宝不会，保育人员可以示范，并协助他们完成。如，教养人员示范叠好衣服的一只袖子，然后鼓励宝宝叠好另一只。

  宝宝，试试看把另一只袖子折过来。瞧，你会自己叠衣服了。

- 多和宝宝玩哄娃娃睡觉、整理娃娃衣物的游戏，在游戏中锻炼宝宝的动手能力。

  ××，我们来哄娃娃睡觉吧。娃娃脱下的衣服放在哪里呢？折叠好，放在小抽屉里。你来帮一帮娃娃吧。

- 餐点时间，关注宝宝用小毛巾擦完嘴之后，是否会将其叠好、放好。如果宝宝未这样做，保育人员可以用语言或动作示范的方式提示宝宝。

  ××，小毛巾用完请叠好。先拿起毛巾的两个角，然后，边对边、角对角，折过去。瞧，毛巾变小了。

重点关注
新生 / 不会折叠衣物的宝宝

SH-33　建立依恋关系

价值
与保育人员建立依恋关系

日常渗透

- 来园接待时，多观察宝宝的情绪状态。保育人员可以面带微笑、动作温柔地和宝宝打招呼。边和宝宝问好，边带着宝宝和家长道别。如果宝宝表现出紧张或哭闹，保育人员可以用宝宝喜欢的玩具、手偶等吸引宝宝，缓解其不安情绪。
- 一日生活中，关注宝宝的情绪和活动情况。如果宝宝因与家人分离而哭泣，保育人员需耐心地接纳和包容，可以轻抚宝宝的背部，说出宝宝所思所想，疏解情绪。
- 在游戏时，多准备宝宝喜欢、熟悉的玩具材料，陪宝宝玩他们感兴趣的游戏，或允许他们玩自带的玩具。
- 在游戏区域提供家庭相册，以及与入园、情绪情感相关的图画书，如《克莱奥上学啦》《谁哭了》《抱一抱》等。经常陪伴宝宝共读，阅读结束时，抱抱宝宝，舒缓宝宝的情绪。

重点关注
新生／有分离焦虑的宝宝

> 宝宝，早上好！我是××老师，欢迎你！
> 我们跟妈妈说再见！
>
> 哦，好想妈妈呀，妈妈什么时候才来接我呀！这个地方这么陌生，谁都不认识，你有点紧张，是吗？
>
> 咦，这里有一辆小汽车，轮子还可以拆下来呢，太好玩了！你要不要玩一下？

温馨提示

- 餐点和睡眠时间给予更多关注，观察宝宝的食欲及精神状态，是否有失落、发呆、萎靡不振的情况。

第一部分　活动资源库

SH-34　亲近老师和同伴

价值
喜欢和保育人员在一起，喜欢和同伴一起玩

日常渗透

- 一日活动中，关注宝宝与保育人员、同伴的相处方式。如，是否愿意和保育人员说话，是否会害怕和保育人员、同伴在一起等。
- 每天来、离园时可以设置一些简单的见面和告别仪式，让宝宝感受到保育人员对自己的爱。比如，每天早晨保育人员在门口迎接宝宝的时候，请宝宝选择一种问好的方式，可以拥抱、握手、做鬼脸、击掌……
- 保育人员要细心观察每个宝宝，了解他们的心理特点、需求、喜好，通过日常活动来回应和满足他们。比如，对于病后返园的宝宝，保育人员可以利用自由活动时间，把宝宝抱在怀里，聊聊生病的事情，讲讲自己以前生病的故事，帮助宝宝疏解情绪。
- 当宝宝自由活动的时候，可以多带着宝宝观察同伴，说说这是谁、他在干什么。在宝宝面前示范如何加入同伴的游戏，或者邀请同伴共同游戏。
- 在游戏区域提供与同伴交往相关的图画书，如《好朋友》。经常陪伴宝宝共读，阅读结束时，和宝宝说说故事中的情节，模仿小动物之间的对话。

××，我知道你前几天生病了，在医院住了几天，肯定发生了一些事情吧，你愿意和我说说吗？

×× 你好，我和你们一起玩好吗？

这个玩具两个人玩也很好玩呢，你们两个要不要试试？

重点关注
新生 / 与他人缺少亲近感的宝宝

SH-35　愿意参与活动

价值
愿意参与游戏活动

日常渗透

- 在自由游戏和圆圈活动的时候,关注宝宝是否喜欢和愿意参与。
- 在自由游戏时,保育人员可以在宝宝面前示范玩其感兴趣的玩具,吸引宝宝参与。
- 在自由游戏时,如果宝宝喜欢观察同伴的游戏但不敢尝试,保育人员可以带着宝宝一起观察,描述同伴的游戏方式,邀请他尝试。
- 在圆圈活动时,如果宝宝仍想继续玩喜欢的玩具,在确保其安全的前提下,可以让宝宝继续自己的游戏(安静类)。如果因为害羞、胆怯不愿参加,保育人员可以陪伴在宝宝身边,引导宝宝在一旁观察同伴的游戏,慢慢融入。
- 在圆圈活动中,如果宝宝只是观察而不参与,保育人员需要耐心等待,给予宝宝充分的观察时间,避免急于要求宝宝参与。

重点关注
新生 / 需要特殊照护的宝宝

小汽车真好玩,可以像这样"嗖"的一下开出去。你也来试一试吧!

××在画画,他用颜料在纸上抹来抹去,哇!看上去好好玩!我们也来学一学吧!

你还不想离他们太近,是吧?我可以陪你在这里,远远地看看他们在做什么。

SH-36　熟悉园所环境

价值
逐步适应园所环境

日常渗透

- 保育人员带宝宝走一走、看一看各个活动区域，主动向宝宝介绍每个区域的名称、功能、注意事项等，通过细节描述帮助宝宝加深印象。

- 在宝宝进行饮水、进餐、如厕、睡眠等活动时，多向宝宝介绍相关物品的使用方法、所处位置、个人物品（尤其是睡觉时候用到的依恋物）的标识及放置位置，满足宝宝对这些东西的触碰或探索需求。

重点关注
新生

现在我们来到了运动的地方，这里有滑梯、有球……很多可以玩的东西。

如果你口渴了，可以到这里来拿水杯喝水。

××，这是喝水的地方，这是你的杯子，上面有一个小动物图案，你看到这个图案就知道这个是你的杯子。

SH-37　认识自己的标记

价值
认识自己的标记，促进自我意识发展

日常渗透

- 提前为新生做好个人标记，如，在衣物储物柜、小床等家具上贴上宝宝的头像。在来园接待、饮水、睡眠等生活环节时，引导宝宝辨认自己的标记。如，请宝宝在储物柜上找找自己的照片在哪里，请宝宝将带来的物品放置在储物柜里。

- 也可以请宝宝选择自己喜欢的标记，如动物或者卡通形象等，并带着宝宝在需要辨认的个人物品上贴上已选择的图案作为标记。

- 每次需要宝宝辨认自己的标记时，保育人员不要催促宝宝，也不要替宝宝选择，而是给宝宝足够的时间去观察、选择自己的物品。

- 还可以结合绘本阅读、图片辨认等活动，帮助宝宝熟悉自己的标记。

重点关注
新生／不认识自己标记的宝宝

你的照片在哪里？你找到了吗？这是你的照片，你的小背包请放在这里。

××，你喜欢哪个标记呀？我会把这个标记贴在你的杯子上，还有你的床头，这样你一看到这个标记，就知道这是属于你的东西啦！

××，你看一下，哪个是你的杯子呀？

SH-38　认识自己的物品

价值
能辨认自己的物品，促进自我意识发展

日常渗透

- 在日常活动、离园等需要取用自己物品的环节，保育人员关注宝宝是否能辨认自己的物品。如果宝宝不会，保育人员可以请宝宝在使用自己物品的时候，仔细观察物品的特点以及细节。如，

- 常和宝宝玩辨认物品的游戏。将宝宝的物品与其他小朋友的物品混放一起，请宝宝把自己的物品找出来。

- 每次遇到需要辨认自己的物品时，保育人员不要催促宝宝，也不要替宝宝选择，而是给宝宝足够的时间去思考、辨认和选择。

- 在游戏区域提供与物有权相关的图画书，如《这是我的》。经常陪伴宝宝共读，理解物品的归属关系。

> ××，这是你的书包，是一个红色的书包，上面还有一个小熊的图案，看看这只小熊是什么颜色的？
>
> 哪样东西是你的？
> 这是谁的小书包？

重点关注
新生 / 不认识自己物品的宝宝

SH-39　将自己的物品放置在固定位置

价值
养成把自己的物品放在固定的位置的习惯

日常渗透

- 在来园、脱衣等需要宝宝放置自己物品的时候，观察宝宝是否会将自己的物品放置在固定的位置。如果宝宝不会，保育人员可以引导宝宝观察位置上的标记，或者引导宝宝理解标记与物品摆放之间的关系：

- 每次遇到需要摆放自己物品时，保育人员不要催促宝宝，也不要替宝宝选择，而是给宝宝足够的时间去观察、选择自己的物品。

- 在习惯养成初期，当宝宝放对位置时，保育人员要及时肯定宝宝的行为。

重点关注
新生 / 还不会把自己的东西物归原处的宝宝

> 宝贝，找找你的标记在哪里？这是××的照片，××把他的小书包放在这里了。这是宝宝的标记，你的小书包应该放在哪里呢？
>
> 宝宝会将自己的东西放好了，真好！

SH-40　认识常用物品

价值
认识活动室内常用的物品，促进认知发展

日常渗透
- 保育人员可以向宝宝们介绍常用物品、新添置的游戏材料，让宝宝了解物品的名称和功能。
- 通过给宝宝布置"小任务"的方式，请宝宝协助拿取，以了解这些物品所处的位置。
- 结合绘本阅读、图片辨认、猜猜摸摸等活动，帮助宝宝熟悉这些物品。

宝贝们，你们看，这是我们活动室里新添置的涂鸦工具，它叫'海绵刷'。

××，请把碎纸扔到垃圾桶里，它在柜子旁边，谢谢！

重点关注
新生

SH-41　把物品放在固定的地方

价值
养成把物品放在固定的地方的习惯

日常渗透

- 在日常活动中，关注宝宝使用物品后是否会归位。如果宝宝不会，保育人员可以及时引导宝宝放回原处。也可以带着宝宝找一找收纳的标记。
- 当宝宝拿取物品时，保育人员可以先提醒一下宝宝留意物品摆放的位置。
- 常和宝宝玩捉迷藏的游戏，找找哪些玩具不见了，它们躲在哪里，找到后请宝宝将它们送回原处。

重点关注
新生 / 使用物品后不会归位的宝宝

宝宝，这个玩具玩好了吗？玩好了，我们要放回去。你看看应该放在哪里？

××，你看一下这个东西是从哪里拿的，这里有标记，你用好记得放回来哦。

SH-42　自己收玩具

价值
养成主动收玩具的习惯

日常渗透

- 在自由游戏时间，关注宝宝玩具玩好后是否会主动收纳。

- 如果宝宝不会，保育人员可以先示范方法，再递给宝宝一个玩具，引导他一起参与。

  我们把积木收起来，放到这个篮子里。
  这块积木请你来放。
  ××，这个你还玩吗？不玩的话，请把它收好。谢谢你！

- 保育人员日常可以多在宝宝面前示范收纳玩具，给宝宝做好示范和榜样。

  我用好这个拼图了，现在要把它放回去。这样，其他宝宝想玩的时候就能找到了。

- 在游戏区域摆放与物品收纳有关的图画书，如《收起来》。经常陪伴宝宝共读图画书，在真实的生活情境中，用图画书中的语言和宝宝互动。

  你不玩玩具了，那就让我们送它回家嘛。

重点关注
新生 / 未养成收玩具习惯的宝宝

SH-43　和老师一起收玩具

价值
养成收玩具的好习惯，感受合作的快乐

日常渗透

- 在圆圈、自由活动等活动结束时，保育人员向宝宝发出邀请，如，可以用语言或音乐信号提示宝宝。一起收拾玩具。
- 关注宝宝是否愿意和老师一起收玩具。如果宝宝不会，保育人员可以进一步提示宝宝，给宝宝具体的"收纳任务"。
- 当宝宝收拾完自己的玩具后，可以引导他协助同伴收纳。

- 日常，多带宝宝一起辨认区域内的物品摆放标识，和宝宝一起，根据标记将物品摆放到相应位置。
- 可结合图画书、生活环节等，多让宝宝体会整理物品的好处和习惯。

重点关注
新生 / 不会收玩具的宝宝

宝贝们，游戏结束了，快来帮忙收玩具吧。

××，地上有许多沙包，请你帮我把沙包放进篮子里。谢谢！

宝宝，你看，×× 正在搬垫子。请你帮帮他吧。

这个标记告诉宝宝，这是积木的家。我们把积木放在这里吧。

SH-44　整理小书包

价值
养成整理自己物品的习惯，获得自我成就感

日常渗透
- 来园时，请宝宝将自己的小书包摆放到固定位置，并问问宝宝书包里装的是什么。如果宝宝不知道，可以请宝宝将背包打开看一看、说一说。
- 离园前，请宝宝整理自己的小书包，保育人员观察宝宝是否会将自己的物品放进包里。如果宝宝不会，保育人员可以用语言提示或动作示范的方式，协助宝宝完成。
- 日常，可以请宝宝辨认、介绍自己的小书包，说说包里装了什么东西，它们有什么用途。

重点关注
新生 / 未养成收纳习惯的宝宝

××，你的小书包里有什么呀？

这是你带来的东西吗？
现在你要回家了，我们把它们放进书包里，带回家。

××，哪个是你的小书包？
你的包是什么颜色的？
小书包里装了什么？
书包里有小手帕，小手帕是用来做什么的？

SH-45　听懂日常用语

价值
理解、积累日常的生活用语

日常渗透

- 每次和宝宝说话时，保育人员注意观察宝宝的表情和反应，判断宝宝是否能够理解日常用语，必要时可以多重复几遍。

- 如果宝宝听不懂，保育人员可以边说边配合动作示范将指令的内容做给宝宝看，帮助其理解。

（边示范搬起椅子放到桌边，边说）
××,请你把椅子搬到桌子旁边。

- 日常散步、整理等时间，保育人员经常向宝宝描述正在发生的事，增加宝宝听和理解的机会。说话时，注意放慢语速，运用丰富生动的语言，包括各种形容词、动词、连词、感叹词等，帮助宝宝积累词汇。

今天中午的水果是橘子。你吃过橘子吗？酸酸的、甜甜的，好多汁。

重点关注
新生 / 语言理解以及表达能力较弱的宝宝

温馨提示

- 如果宝宝快 3 岁了，不明白简单的指令或对同伴不感兴趣，应引起警惕，及时与家长沟通。

SH-46　能听懂并执行两个连续动作的指令

价值
理解两个以上连续动作的指令

日常渗透

- 在生活情境中，保育人员给宝宝两个或两个以上连续动作的指令，请宝宝协助做事。随后，观察宝宝对指令的理解情况，是否会执行。如果宝宝不会，保育人员可降低指令难度，逐一发出动作的指令。也可以边示范动作，边将指令重复说给宝宝听，帮助宝宝理解。
- 日常，保育人员经常将自己正在做的事解释给宝宝听，增加宝宝聆听、理解语言，以及观察成人做事的机会。
- 在日常游戏和生活中，多给宝宝提供玩童谣游戏、阅读图画书等活动，多和宝宝对话，提升语言理解和表达能力。同时，鼓励宝宝自己的事情自己做，锻炼宝宝手部动作的发展。

××，请把胶棒放进盒子里，然后搬一把小椅子过来。
××，请把娃娃抱过来。

（边将椅子搬到宝宝身边，边说）
我把椅子搬过来，坐在你身边，陪你一起做游戏。

重点关注
新生 / 不能听懂并执行两个连续动作指令的宝宝

SH-47 听别人说话

价值

知道听别人说话，培养倾听习惯

日常渗透

- 经常和宝宝个别交谈，关注宝宝是否能聆听，是否能看着说话的人。如果宝宝不会，保育人员可以拉着宝宝的小手并轻唤宝宝名字，等宝宝看向保育人员时，再进行对话。

- 在圆圈活动中，观察宝宝是否会倾听别人说话。如果宝宝不会，可以将宝宝的座位安排在靠近保育人员处，当宝宝注意力转移时，保育人员通过轻触宝宝的小手、肩膀的方式，提示宝宝倾听。

- 当保育人员／同伴说完后，请宝宝简单复述。

- 常请宝宝听指令做事，练习有意识地倾听。

重点关注

新生／缺乏倾听意识的宝宝

××，×× 小朋友最喜欢吃什么水果呀？

××，请把小椅子搬过来。
××，请把外套穿好，然后背上小书包。

温馨提示

- 如果宝宝快 3 岁了，不明白简单的指令或对同伴不感兴趣，应引起警惕，及时与家庭沟通。

第一部分　活动资源库

SH-48　会说自己的名字

价值
知道并且能够表达自己的名字

日常渗透

- 来园、休息等时间利用玩偶和宝宝玩介绍自己名字的游戏，如果宝宝不会说，保育人员可以示范说给宝宝听，然后请宝宝模仿。
- 引导宝宝认一认自己的标签，保育人员可以有意识地问问宝宝，请他说说自己的名字。
- 每天利用来、离园时间玩点名游戏，或者和宝宝玩模拟打电话的游戏，提问宝宝姓名，让宝宝熟悉自己的名字。同时，也让宝宝相互之间熟悉同伴的名字。

重点关注
新生 / 不会说自己名字的宝宝

宝宝的名字叫×××，宝宝说说看。

这张照片上是谁呀？哦，是你呀。你叫什么名字？

SH-49　会进行日常生活对话

价值
学习理解、表达简单的生活对话

日常渗透

- 来园、游戏、休息、散步等时间，常围绕生活事件发起和宝宝的对话，关注宝宝是否愿意且会进行简单表达。如，问问宝宝今天是谁送他来的、请他介绍衣服上的饰物、说说刚才玩了什么玩具、是否想要喝水等。
- 如果宝宝不会，或者只会用手势、动作来表达，保育人员可以在理解宝宝意思的基础上替宝宝回答，示范正确的语言表述方式，让宝宝多听、多理解。
- 常和宝宝共读图画书，尤其是习惯养成类图书，并在真实的生活场景中，运用书中的句式和宝宝互动、对话。

××，今天谁送你来的呀？
你是坐车来的，还是走路来的？

重点关注
新生 / 不会自己表达需求的宝宝

SH-50　主动表达需求

价值
学习主动表达需求

日常渗透

- 日常，多关注宝宝出现某些需要时是否会主动表达。如果宝宝没有明确表达或者只会用动作、手势表示，保育人员可以示范说给宝宝听，并鼓励宝宝尝试。

- 当宝宝想要表达，却表达不清楚的时候，保育人员需要理解宝宝的想法，然后用清晰、简单的说法表达出来，给宝宝做示范，让宝宝能听到正确的表述方式，但不要求马上模仿。

- 当宝宝开始主动表达自己的需求时，保育人员要及时肯定这种行为。

- 生活中，让宝宝有更多聆听保育人员说话或一起对话的机会，也可以在游戏区提供一些和表达需要有关的图画书。

宝贝，你是不是想要玩这个玩具？那你可以跟我说："老师，我想玩这个玩具，你可以帮我拿一下吗？"

哦，我听到了，你是想说"我想要和你一起玩"，是吗？

宝宝说得很清楚，我一听就明白了。

重点关注
新生 / 不会主动表达需求的宝宝

SH-51 关注周围的宝宝

价值
能关注同伴，提升观察力

日常渗透

- 关注宝宝是否会关注到班里的同伴，如，是否对同伴有观察的兴趣、同伴哭闹的时候是否会留意等。

- 如果宝宝不太关注同伴，保育人员可以利用不同的生活时机引导宝宝观察，如，当同伴在游戏或进行生活活动时，以及偶发的哭闹行为时。

  > 你看，××在玩小汽车，他把小汽车在轨道上开来开去。

- 日常创设一些同伴共同使用公共物品的机会，让宝宝注意到彼此的行为以及自己与他人的关系。

  > 你看，当你把这个颜料盘拿到自己身边时，××就够不到了。所以，我们需要把这个颜料盘放在中间的位置，方便大家一起使用。

- 也可以创设一些需要宝宝共同配合完成的简单任务，如传递物品、分发材料等。或者当某个宝宝遇到困难时，请其他宝宝一起想办法，看看是否有人愿意帮忙，以此来培养宝宝关注同伴的意识。

- 保育人员可以特别设置一些小游戏，增加宝宝之间相互观察、相互关心的机会。如，请宝宝们找到和自己穿着一样颜色衣服的同伴。

  > 宝宝找一找，今天哪个小朋友的衣服上有小熊？

重点关注
新生／对同伴缺乏关注的宝宝

SH-52　会说小伙伴的名字

价值

熟悉同伴的名字，能有意识地观察同伴

日常渗透

- 来园、离园时间，经常引导宝宝关注同伴，说说同伴的名字。
- 看到某个宝宝想要去找同伴表达的时候，提醒宝宝先叫对方的名字，引起对方注意，然后再表达。
- 保育人员日常和宝宝说话时，常叫宝宝的名字，让每个宝宝都有机会听到别人的名字。
- 圆圈活动时，常和宝宝念唱点名问候童谣。

××，他是谁？他叫什么名字？

××，你可以先叫××小朋友的名字，等他看到你了，你再说。

×××，×××，我们喜欢你。
×××，×××，我们喜欢你。

重点关注

新生 / 对同伴缺乏关注的宝宝

SH-53 和成人打招呼

价值

养成良好的社交礼仪习惯

日常渗透

- 在来、离园期间，关注宝宝是否会与保育人员、家长等打招呼。如果不会，保育人员可以先和宝宝打招呼，然后鼓励宝宝回应。

　　××，早上好！

- 可以用宝宝喜欢的手偶和宝宝打招呼，激发宝宝模仿的兴趣。

- 在游戏区域摆放与社交礼仪相关的图画书，如《你好》。经常陪伴宝宝共读图画书，在真实的生活情境中，用图画书中的语言和宝宝互动。

　　×× 来了，敲敲门，你好！

- 保育人员之间以及保育人员和家长之间，也主动相互打招呼，给宝宝做好示范。

- 根据宝宝的情况，允许宝宝用自己喜欢的方式和成人打招呼，如挥手、拥抱等。

重点关注

新生 / 不会或不愿意打招呼的宝宝

SH-54　使用礼貌用语

价值
养成使用礼貌用语的意识和习惯

日常渗透

- 日常，在宝宝接受物品等需要使用礼貌用语回应的时候，关注宝宝是否会使用礼貌用语。如果宝宝不会，保育人员可以即时示范说给宝宝听，然后鼓励宝宝学说。

- 保育人员经常在宝宝面前示范礼貌用语的使用方法，让宝宝在真实的生活情境中理解和体验。如，宝宝帮保育人员做事时，保育人员应主动说"谢谢"；保育人员不小心碰掉了宝宝的玩具，应立即说"对不起"，等等。

- 在习惯养成初期，当听到宝宝主动说礼貌用语时，及时肯定宝宝的这种行为。

- 在游戏区域中提供和礼貌用语有关的图画书，如《你好》等，常和宝宝共读。

重点关注
新生／不会使用礼貌用语的宝宝

××，××小朋友给你小汽车的时候，你可以说"谢谢"！
××，你不小心把颜料弄到××小朋友的手臂上了，要说'对不起'哦！

我听到你说"谢谢"了，真有礼貌。

SH-55　学着轮流和等待

价值

在成人提示下,理解并遵守"轮流"等规则

日常渗透

- 在玩滑滑梯、使用物品等人多时,提示宝宝需要轮流、等待,并关注宝宝是否能遵守规则。如果宝宝做不到,保育人员需要耐心地提醒宝宝。
- 当宝宝们都想同时使用某样材料的时候,保育人员可以提出一些解决的方法,让宝宝们选择。
- 为了便于宝宝记忆和理解规则,可以在相关物品旁边贴上规则图示,并且和宝宝们一起认识这些规则的图示。
- 当宝宝在成人提示下,能遵守轮流、等待规则时,保育人员需要及时肯定这种行为。
- 在游戏区域提供一些关于简单规则的图画书,常和宝宝共读。

重点关注

新生 / 在成人提示下,不会遵守轮流、等待等规则的宝宝

××,请你等一等。我知道你很喜欢玩滑滑梯,等前面的小朋友滑下去后,就轮到你啦。

××,你想玩××小朋友手上的小汽车是吗?可是,××小朋友正在玩,他也很喜欢这辆小汽车。你可以去问问他,是不是可以借给你玩一下,你也可以等他玩好了再来。

想一想,你要怎么做?

温馨提示

- 适当的等待、轮流可以让宝宝积累与同伴相处的经验。但保育人员在安排一日活动时,应根据宝宝的人数、活动需求来创设活动空间、提供材料数量,避免因材料缺失造成的经常性或长时间的消极等待。

SH-56 和同伴交换玩具

价值
体验和同伴交换玩具

日常渗透

- 当宝宝之间出现争抢物品的矛盾时，保育人员先耐心等待和观察支持宝宝自己想办法解决问题。如果宝宝无法解决，保育人员可以建议宝宝使用"交换玩具"的策略，并留意宝宝是否愿意。

- 如果交换不成功，保育人员需要及时关注两位宝宝的感受，并及时肯定宝宝积极的尝试。

- 保育人员可以在节日活动中组织一些游戏，创设宝宝们相互交换物品的机会。或者通过一些图画书故事，让宝宝了解交换的策略以及交换的乐趣。

现在，你们俩都想玩这个玩具，可是玩具只有一个。××，你可以试试把手上的玩具给××小朋友，问问他是否愿意交换。

××，你尝试了交换的方法，真的太棒了！这次没换成，有点小伤心。我们再试试其他的办法。

重点关注
新生／还不会交换玩具的宝宝

温馨提示

- 和同伴交换物品是在宝宝自主自愿的基础上进行的，是宝宝与同伴相处的方式之一，保育人员应避免强行要求宝宝接纳。

SH-57　参与力所能及的家务劳动

价值

愿意和成人一起完成一些简单的劳动

日常渗透

- 保育人员特意创设一些机会,让宝宝能够参与到班级的劳动中,并关注宝宝是否会参与。如,设定"值日生制度",每天由不同的宝宝来负责帮助老师布置餐桌、扫地、擦桌子等。当活动室里出现一些情况,需要打扫、整理时,保育人员也可以利用这些时机,让周围的宝宝参与进来。

- 如果宝宝不会,保育人员可以在宝宝面前示范方法,并将方法和过程描述给宝宝听。

- 当宝宝想要参与,但不知道如何做好时,保育人员需要耐心地加以引导。

- 当宝宝开始主动参与劳动时,保育人员需要及时表达肯定和感谢。

××,请你帮我去拿小拖把,我们一起把这里擦干净,谢谢你!

地板湿了,我用拖把拖一下,先拖这里,然后拖旁边。最后再检查一下,哪里还有水渍呢?嗯,都拖干净了。

谢谢你愿意帮忙,你可以帮我拿着这个,我们一起把它抬起来,搬到这里,谢谢!

重点关注

新生 / 不会参与简单劳动的宝宝

SH-58　使用工具浇灌花草

价值
参与劳动，获得成就感；练习使用工具

日常渗透
- 日常，多引导宝宝观察成人是如何照料花草的。
- 带着宝宝参与简单的种植活动，请宝宝将种子埋入土里，或用水培植一些植物。种植后，将它们摆放在宝宝日常能看到的地方，每天观察它们的变化。
- 在自然角里，准备小水壶、抹布等便于宝宝使用的养护工具。在来园、休息等时间，请宝宝照护班级、园内的植物，给它们浇水。关注宝宝是否愿意并会使用工具，如果宝宝不会，保育人员可以用语言提示或将方法示范给宝宝看。如，用水壶浇水，弄洒时示范用抹布擦拭等。
- 在游戏区域摆放与植物有关的图画书，如《向日葵》《苹果与蝴蝶》等。经常陪伴宝宝共读，引导宝宝观察画面，说说植物的生长过程。

> 宝宝，花匠阿姨在做什么呀？
> 阿姨正在给小树苗浇水。
> 小树苗喝了水会越长越高。

> 小种子刚刚长出来什么样？最后变成什么了？

重点关注
新生 / 还不会照护花草的宝宝

SH-59　参与简单的洗晒

价值
参与简单的家务，获得自我成就感

日常渗透

- 在每周固定的打扫、洗晒环节中，请宝宝一起参与力所能及的步骤，如，擦拭桌椅、小床、拖地板等。

- 当宝宝的手帕、袜子等生活小物件弄脏时，请宝宝自己清洗、晾晒。保育人员可以陪伴在宝宝身边，关注宝宝是否能独立完成、是否需要协助。如果宝宝不会，保育人员可以通过语言提示或动作示范，引导宝宝学习洗手帕的方法、步骤。

  > 宝宝，小手帕脏了，你来洗一洗吧。
  > 我们先把小手帕放在水里打湿。

- 在涂鸦、玩沙等游戏后，观察宝宝是否会主动参与材料的清洗、晾晒。如果宝宝不会，保育人员可以通过语言提示或动作示范，引导宝宝学习清洗和晾晒材料的方法、步骤，或者引导宝宝观察、模仿身边同伴的行为。

  > 宝宝看，豆豆在做什么？
  > 豆豆画完画，正在水池里洗笔刷。宝宝也试试。

- 日常，保育人员晾晒洗干净的物品时，请宝宝协助，如，请宝宝用夹子将小毛巾晾晒到架子上。

重点关注
新生 / 不会进行简单洗晒的宝宝

温馨提示

- 劳动结束时，及时提示宝宝洗干净小手。

SH-60　尊重他人的劳动

价值
懂得尊重别人的劳动，珍惜劳动成果

日常渗透

- 在日常生活情境中，保育人员经常将自己及园内其他人的劳动过程解释给宝宝听，告诉宝宝这些事和宝宝的关系，让宝宝感受到成人对自己的照护。

- 日常生活中，关注宝宝是否会对别人给予的帮助道谢。如果不会，保育人员可以即时示范说给宝宝听，并鼓励宝宝模仿。

- 游戏环节时，常带着宝宝欣赏同伴的艺术或建构等作品。

- 经常和宝宝玩扮演家人、医生、建筑工人等常见角色，模仿他们的工作，体验劳动过程。

重点关注
新生 / 不会说礼貌用语、不关注同伴的宝宝

老师正在帮助宝宝擦汗，这样宝宝就不会感冒了。

厨房的阿姨正在给宝宝煮饭，让宝宝肚子饿的时候能吃上美味的饭菜。

你看，这是××搭的楼房。这是窗户，这是门，房子里还住着小狗。

咳——咳——咳，我好像感冒了，宝宝快来当医生，给我看病吧。

SH-61 不乱扔垃圾

价值
养成不乱扔垃圾的卫生习惯

日常渗透

- 在活动室的固定位置摆放垃圾桶、小托盘、小纸篓等放置垃圾的容器，并关注宝宝是否会使用。
- 如果宝宝不会收拾垃圾，保育人员可以示范并带着宝宝一起收拾。
- 当保育人员看到有宝宝乱扔垃圾时，及时引导宝宝找到垃圾桶的位置，并将垃圾扔进去。
- 在习惯养成初期，看到宝宝主动将垃圾扔到正确的地方时，保育人员需要及时肯定。

重点关注
新生 / 乱扔垃圾 / 未建立习惯的宝宝

宝贝们，垃圾桶在这里，你们可以把垃圾扔在这里面。

××，请你把垃圾捡起来，我们把它扔到垃圾桶里。

宝贝把垃圾扔进垃圾桶啦，我们的活动室更加干净了。

SH-62　了解基本规则

价值
建立遵守基本规则的意识

日常渗透

- 在一日活动的环节中,保育人员提示宝宝日常活动的基本规则,认一认与规则相关的标识。如,在地毯区域游戏时先脱鞋,鞋子脱下后放在区域入口处的小脚印上;晨检人多时需等待,等待时站在间隔标签上;上下楼梯靠右走等。
- 日常,关注宝宝遵守规则的情况。当看到有宝宝不能自觉遵守规则时,保育人员需要耐心地提醒宝宝。
- 当宝宝能够主动遵守规则时,保育人员需要及时肯定这种行为。
- 将与规则相关的标识制作成图卡,摆放在游戏区域,也可以提供一些关于简单规则的图画书,常和宝宝共读,帮助宝宝熟悉和了解这些规则。

重点关注
新生 / 不会遵守规则的宝宝

> 宝贝,我知道你着急上去玩,但记得上地垫要脱掉鞋子哦,这里有标识,脱下的鞋子可以放在这里。

SH-63　运动时有基本的自我保护意识

价值
建立基本的自我保护意识

日常渗透

- 运动前，检查宝宝的衣、裤、鞋子是否适合运动。如果需要，及时提醒并关注宝宝是否会自己完成衣物更换。如果宝宝不会，保育人员鼓励宝宝尝试，并提供协助。如，协助宝宝松开拉链扣，提示宝宝脱下开衫等。

  > 宝宝，我们先把拉链口松开，像这样。然后，换上小背心。

- 运动过程中，关注宝宝是否会自我保护。如，运动时会避让障碍、同伴，不拿着硬质器械奔跑，不做危险动作等。

- 当宝宝的行为可能给自己或同伴带来伤害时，保育人员应及时制止，告知宝宝危险性，并用语言提示或动作示范让宝宝知道恰当的方法。如，当宝宝拿着呼啦圈在人群中甩来甩去时，保育人员应先叫停宝宝的行为，然后示范其他恰当的玩法。如，将呼啦圈放在地上玩跳跃游戏等。

  > 宝宝，这个呼啦圈甩来甩去会碰到小朋友，会弄疼小朋友。来，我们把呼啦圈放在地上，玩小兔跳的游戏吧。哇，1个洞洞，2个洞洞……宝宝快来试试。

重点关注
新生 / 安全意识较弱的宝宝

温馨提示

- 关注体弱、有呼吸道疾病等宝宝的运动量，可以提示这些宝宝提前休息，或带着他们进行低运动量的活动，如散步等。

SH-64　远离常见危险

价值
了解基本的安全常识，经过提醒后，知道并远离一些常见的危险

日常渗透

- 经常和宝宝看看、说说外出时常见的安全标识和与规则相关的图片，关注宝宝对它们的理解。如红灯停、绿灯行；过马路走横道线；出门时要和大人手拉手、不在扶梯边玩耍等。

    宝宝，这是什么？
    这是红绿灯呀。
    红灯亮的时候，行人可以过马路吗？

- 在上下楼梯、外出散步等生活环节时，如果发现宝宝有拉、拽、推、挤等行为时及时提醒宝宝停止危险的动作，并告诉宝宝安全的做法。

- 在游戏区域摆放与安全规则相关的图画书，如《小蚂蚁怕烫》《汤姆走丢了》等，经常陪伴宝宝共读图画书，读完后和宝宝聊聊书中有关安全的内容。

    ××，小蚂蚁怎么了？
    那个嘘嘘叫的东西是什么？
    还有哪些东西宝宝也不能摸？

- 还可以自编一些与危险有关的小故事，通过操作手偶、玩偶等，将安全教育故事演给宝宝看，帮助宝宝理解。

重点关注
新生 / 安全意识较弱的宝宝

SH-65 户外活动要防晒

价值
了解基本的防晒方法，建立初步自我保护意识

日常渗透

- 紫外线较强烈的日子，在宝宝户外活动之前，提示宝宝找到并戴上自己的小帽子。
- 也可以提示宝宝穿上防晒服，或提前 20—30 分钟提示并协助宝宝涂抹防晒霜。
- 户外活动时，关注宝宝的活动区域，如果阳光较强烈且宝宝已停留较长时间，及时提示宝宝到树荫下、遮阳伞下游戏。
- 经常和宝宝玩假装给娃娃涂抹防晒霜的游戏，通过游戏情节，引导宝宝知道夏天出门的防晒方法。

重点关注

新生 / 皮肤易过敏宝宝

宝宝，我们要到户外去了。出门前要做什么？
你的帽子在哪里？请把它戴上。

宝宝，我们到树荫下做游戏吧，那里很凉快哦。

××，娃娃要出门了，外面太阳好晒呀，出门前娃娃要做什么呢？
你来帮忙给娃娃涂防晒霜吧。还要戴上帽子和墨镜哦。

温馨提示

- 保育人员事先和家长协商，确认适合给宝宝使用的产品以及使用的量。
- 涂抹防晒霜时，避开宝宝的口鼻眼等部位。
- 避免在紫外线强烈的时间段带宝宝去户外。

SH-66　爱护小眼睛

价值
知道爱护眼睛；培养健康卫生习惯

日常渗透

- 当宝宝自主在语言阅读区活动时，关注宝宝的阅读姿势及眼睛与图画书的距离、游戏时长等。如果不合适，保育人员及时纠正，提示宝宝正确的姿势和距离，或引导宝宝参与其他游戏。

- 带着宝宝阅读时，关注宝宝的座位是否合适，尤其当人数较多时，关注两侧宝宝是否可以看清图画书的画面，避免引起斜视。

- 户外游戏（尤其是玩沙）过程中或结束时，关注宝宝的用眼卫生，避免宝宝用脏手揉眼睛，及时提醒宝宝洗手。

- 经常和宝宝玩爱护眼睛有关的小游戏，通过游戏情节引导宝宝爱护眼睛，了解简单的护眼方法。如，保育人员拿着玩偶，演绎躺着看书等不良阅读姿势，请宝宝来纠正。

重点关注
进行户外 / 玩沙游戏的宝宝

宝宝，这里有小沙发，你可以坐在沙发上看书。

娃娃喜欢躺在小床上看书，哎哟哟，娃娃说："我的眼睛好疼呀，宝宝快来帮帮我。"
宝宝，娃娃怎么了？
看书的时候应该躺下来还是坐坐好呀？宝宝来告诉娃娃吧。

唱唱跳跳

CT-01　踮脚站立摘果子

宝宝能
踮脚站立，取到高处物品；手口一致地数 1—5

环境准备
准备仿真水果（每个宝宝 5 个），将它们固定在宝宝踮脚抬臂可取的位置。

玩法
邀请宝宝一起玩"摘果子"的游戏，示范踮脚摘下"果子"，并鼓励宝宝尝试。摘完后，和宝宝一起数一数摘了几个。

> 那里有好多水果，我们一起去摘果子吧。
> 向上伸手，够得着吗？够不着可以踮起脚。
> 哇，你摘了很多，我们数一数一共有几个？

- 可以给宝宝准备小提篮放置摘下的"果子"，也可以将"果子"悬空挂在绳子上，增加游戏的难度。

活动建议：室内外　　**时长**：3—5 分钟　　**人数**：1—5 人

观察要点
- 是否对踮脚取物、点数的游戏感兴趣？
- 在游戏过程中有哪些行为表现？
- 是否可以踮脚取到物品？动作熟练吗？会手口一致地数 1—5 吗？

温馨提示
- 确保挂物品的高度适中，根据参加活动的宝宝身高及时调整。
- 悬挂的物品分散一些，给每位宝宝预留足够的活动空间，避免碰撞。

CT-02　拍悬吊球

宝宝能

踮脚站立，取到高处物品；原地双足并跳

环境准备

在平坦宽敞的场地上悬挂几个轻质球，球的高度适宜宝宝踮脚抬臂可以碰到或者跳起来可以碰到。

玩法

- 邀请宝宝一起来玩拍悬吊球的游戏。示范踮脚或跳起拍打小球，引起宝宝观察、模仿的兴趣。

    你看，这里挂了好多球，瞧！我拍到它们了！

    试试看，把脚踮起来，或者，跳起来！

    那边还有高一点的，你要不要再试试？

- 过程中，可以根据宝宝的能力，鼓励其挑战拍到不同高度的球。

活动建议：室内外　　**时长**：3—5 分钟　　**人数**：1—5 人

观察要点

- 是否对踮脚、跳跃拍球游戏感兴趣？
- 在游戏过程中有哪些行为表现？
- 是否能踮脚拍到球？会原地双足并跳吗？

温馨提示

- 悬挂的高度根据宝宝的身高和能力情况有所差异；
- 悬挂的位置分散一些，给每位宝宝预留足够的活动空间，避免宝宝相互碰撞。

CT-03 抓泡泡

宝宝能

踮脚站立，取到高处物品；奔跑

环境准备

宽敞、平整，且软硬适中的场地、吹泡泡玩具（成人用）。

玩法

- 保育人员在活动场地吹出一些泡泡，吸引宝宝来抓。

  宝宝看，好多泡泡呀，快来抓泡泡吧！

  试试踮起脚，抓到那个高高的泡泡。

  跑的时候注意旁边有没有其他宝宝，不要撞到哦。

- 可以在活动场地四周以及不同方向吹泡泡，以吸引宝宝灵活地移动身体跑一跑、抓一抓。还可以往高处吹，鼓励宝宝踮起脚去够一够。

活动建议：户外　　**时长**：3—5 分钟　　**人数**：1—7 人

观察要点

- 对抓泡泡的游戏是否感兴趣？
- 在游戏过程中有哪些行为表现？
- 可以踮起脚抓泡泡吗？是否会灵活地奔跑？

温馨提示

- 吹泡泡的时候注意让泡泡覆盖更多的场地，避免宝宝过于集中，发生碰撞。
- 留意体弱儿的身体情况，及时提醒其休息。

CT-04 搬大球走

宝宝能
持重物走；按停滚动的球

环境准备
直径 60 厘米左右的充气球（每人一个）；宽敞、适合运动的场地。

玩法
- 和宝宝一起玩滚球、推球的游戏。过程中，鼓励宝宝按停滚来的球，再尝试抱着球走一走。

  你准备好了吗？我要把球滚过来啦！你看看能不能接到哦！

  我会抱着球走，你会吗？快试试！哇，你也可以，你的力气真大呀！

- 游戏结束时，请宝宝一起收拾，请宝宝把球搬运到一起收纳好。

活动建议：室内外　　**时长**：3—5 分钟　　**人数**：1—4 人

观察要点
- 对滚大球、抱球走的游戏是否感兴趣？
- 在游戏过程中有哪些行为表现？
- 是否会抱着球走？是否会按停滚动的球？

温馨提示
- 和宝宝互动滚球、推球时，保持适当的力量避免撞倒宝宝。
- 关注体弱儿的运动量；及时为出汗的宝宝擦汗，或鼓励宝宝自己擦汗。

CT-05　运纸砖造房子

宝宝能

倒走或侧着走；独自绕过障碍物

环境准备

小推车（根据参与的人数，每人一辆），可放入推车里的物品（如：纸砖，30块左右；玩偶，每人1—2个，等等），在场地中间放置一些中大型障碍物（如纸箱、轮胎等），让宝宝可以绕行。

观察要点

- 对运送、垒高的游戏感兴趣吗？
- 在游戏过程中有哪些行为表现？
- 会倒走或侧着走吗？是否能独自绕过障碍物？

玩法

- 和宝宝一起推小车玩，边示范用小车运送纸砖搭建楼房，边讲解游戏玩法。

  先把地上的纸砖装进箱子里，推着送到这里。当心不要碰到障碍物哦，我们要给娃娃盖一座高高的房子。

  对，就是这样，一块一块向上垒。

- 之后，可以鼓励宝宝带着拖拉小车等玩具绕过用纸砖搭建起来的一栋栋"房子"，玩开小汽车游戏。

温馨提示

- 放置的障碍物应醒目，数量避免过多。
- 提示宝宝，推车时注意避让同伴。

活动建议：室内外　　**时长**：3—5分钟　　**人数**：1—4人

CT-06 追逐跑

宝宝能
奔跑；记住并遵从一些简单的规则

环境准备
软性玩具材料，如软球、沙包、可捏响的动物玩具等（每人1个）；空旷、平坦、适宜奔跑的户外场地或室内场地。

玩法
- 邀请宝宝一起玩追逐跑游戏，将玩具放在距离3—5米远的地方，看谁最先跑去拿到。当宝宝跑去捡起玩具时，告知宝宝游戏结果。

  宝宝，沙包就放在那边草地上，看看你和我谁先拿到。可以跑啦！你跑得真快，拿到沙包啦！

- 可以让宝宝先跑，保育人员在后面追。也可以保育人员跑在宝宝前面，让宝宝追赶自己。

活动建议： 室内外　　**时长：** 3—5分钟　　**人数：** 1—5人

观察要点
- 对追逐游戏是否感兴趣？
- 在游戏过程中有哪些行为表现？
- 是否会灵活地奔跑？是否能记住并遵从游戏规则？

温馨提示
- 注意场地的平整和宽阔，避免跑动中摔倒。
- 保育人员注意调整自身跑动的方向，引导宝宝往空的地方跑，避免与同伴碰撞。
- 关注体弱儿的运动量；及时为出汗的宝宝擦汗，或鼓励宝宝自己擦汗。

CT-07　奔奔跑跑玩丝巾

宝宝能
奔跑

环境准备
各色丝巾（每人1条）；空旷、平坦、适宜奔跑的户外场地或室内场地。

玩法
- 在户外和宝宝一起玩，将丝巾给宝宝，鼓励他舞动丝巾，让丝巾飘扬起来。然后，示范拿着丝巾跑起来，吸引宝宝观察丝巾飘动的样子，鼓励宝宝尝试跑动，看丝巾是否也可以飞扬起来。

  宝宝看，当我跑起来，丝巾会飘起来哦。

  宝宝，你也来试试看吧！

  跑的时候注意不要撞到别的宝宝哦。

活动建议：室内外　　**时长**：3—5分钟　　**人数**：1—7人

观察要点
- 对丝巾、奔跑游戏是否感兴趣？
- 在游戏过程中有哪些行为表现？
- 是否会灵活地奔跑？

温馨提示
- 注意场地的平整和宽阔，避免宝宝间的碰撞。
- 关注体弱儿的运动量；及时为出汗的宝宝擦汗，或鼓励宝宝自己擦汗。

CT-08　在彩虹伞下穿行

宝宝能

记住并遵守一些简单的规则

环境准备

彩虹伞（1个，可用大块的布代替），宽敞、平整且适合跑动的场地。

玩法

- 将彩虹伞打开，吸引宝宝过来。向宝宝说明游戏规则：当听到唱数时，宝宝可以在彩虹伞下穿行、跳起来够一够彩虹伞等，感受伞下的"彩色天空"。当数到10时，彩虹伞慢慢落下，宝宝需要快点跑出彩虹伞，不要被彩虹伞罩住。

宝宝，彩虹伞飞起来的时候，可以钻进来。

彩虹伞落下来的时候，记得跑出去，不要被彩虹伞罩住哦！

1、2……10，彩虹伞落下来喽！

活动建议：室内外　　**时长**：3—5分钟　　**人数**：1—7人

观察要点

- 对彩虹伞游戏是否感兴趣？
- 在游戏过程中有哪些行为表现？
- 是否能记住并遵守一些简单的规则？

温馨提示

- 注意场地的平整和宽阔，避免幼儿间的碰撞。
- 提醒宝宝往空的地方钻跑，注意避让同伴。
- 关注体弱儿的运动量；及时为出汗的宝宝擦汗，或鼓励宝宝自己擦汗。

CT-09 上下滑滑梯

宝宝能

自己上下楼梯；在成人提示下，记住并遵守简单的规则

环境准备

带楼梯的滑滑梯，平整、安全、开阔的室内外活动场地。

观察要点

- 喜欢玩滑滑梯吗？
- 在游戏过程中有哪些行为表现？
- 能自己上下楼梯吗？是否会记住并遵守简单的规则？

玩法

- 邀请宝宝来玩滑滑梯，并提示简单的规则。如，上下楼梯，前面有别的宝宝时需要等一等；滑下时，当滑梯下有别的宝宝未离开时，也要等一等。

  宝宝，坐下来滑会更安全。

  看，滑梯下有别的宝宝，我们等他离开了，再滑下去。

  谢谢你一直等在这里，现在该轮到你上滑梯了。

- 可利用楼梯、台阶等生活中的机会帮助宝宝锻炼上下楼梯的能力。

温馨提示

- 确保至少有一位保育人员在滑梯处照护。
- 户外游戏需做好防蚊、防晒，避免着凉等，根据宝宝的状态及时调整游戏的时长和强度。

活动建议：室内外　　**时长**：3—5 分钟　　**人数**：1—5 人

CT-10 跨越障碍

宝宝能

独自越过障碍物

环境准备

高、宽约 15—20 厘米、长为 1.5 米的平衡木围成一个封闭的区域，将一些皮球放置其中，再准备 1—2 个皮球收纳筐。

玩法

- 和宝宝一起玩捡球游戏。示范跨过平衡木，捡起里面的球，然后，小心地跨过平衡木走出来，将球放置在收纳筐中。

  我先来玩吧，我先跨过平衡木，然后捡起球，抱着球慢慢地跨过平衡木走出来，把小球送回"家"！

  你跨过障碍拿到皮球啦！

活动建议：室户外　　**时长**：3—5 分钟　　**人数**：1—4 人

观察要点

- 对捡球、送球的游戏感兴趣吗？
- 在游戏过程中有哪些行为表现？
- 跨越时能独自越过障碍物吗？

温馨提示

- 支持宝宝游戏，根据宝宝的需要可以调整障碍物的数量和高度。
- 鼓励宝宝大胆尝试的同时，注意给予适当保护。

CT-11 走平衡木

宝宝能

走较宽的平衡木；在成人提示下渐渐理解"轮流"等规则

环境准备

宽约 25 厘米、高 10 厘米左右的平衡木。将平衡木放置在平坦的室内区域或者户外草地上。

玩法

- 示范在平衡木上行走，并邀请宝宝一起试一试。

  宝宝，这里有一座小桥，我先来走一走吧！

  两只脚交替走，一步一步慢慢走。

  宝宝，没关系，这次掉下来了，我们可以再试一次！

- 还可以增加一些软性材质的小玩具，如玩偶、软球等，玩运东西的游戏，启发宝宝带着物件走平衡木，增加趣味性和挑战性。

活动建议：室内外　　**时长**：3—5 分钟　　**人数**：1—4 人

观察要点

- 对走平衡木的游戏是否感兴趣？
- 在游戏过程中有哪些行为表现？
- 是否会走较宽的平衡木？能理解并遵守轮流的规则吗？

温馨提示

- 保育人员保护宝宝的时候，注意保持适当的距离，尽量让宝宝独立完成，同时又能保障宝宝的安全。

CT-12 单脚站立

宝宝能

模仿不扶物品单足站立1—2秒钟

环境准备

用彩色厚海绵纸剪出大小约6—8厘米的图案,可以是小脚印或其他形状标记,将它们摆放在宽敞平整区域,每个脚印之间间隔1米左右。

玩法

- 告诉宝宝将要进行的游戏。示范单脚站在彩色小脚印上,保持1—2秒后,继续踩另一个小脚印。示范后,鼓励宝宝尝试。

  宝宝看,这是谁的小脚印?让我来踩一踩。

  我看到了,你想要把腿抬起来,但是有点不稳,没关系的,这样就很好,可以抬低一点,慢慢来。

活动建议:室内外　　**时长**:3—5分钟　　**人数**:1—4人

观察要点

- 对踩小脚印的游戏是否感兴趣?
- 在游戏过程中有哪些行为表现?
- 是否会不扶物单足站立1—2秒钟?站立时能短暂保持身体平衡吗?

温馨提示

- 注意把场地附近的坚硬物品移开,以免磕碰。
- 可以在可支撑物旁(如扶栏、矮墙等)放一些小脚印,这样,对于还不会单脚站立的宝宝来说,可以先从扶物单脚站立开始尝试。

CT-13 用脚尖走路

宝宝能
模仿用脚尖走路；记住并遵守一些简单的规则

环境准备
活动场地平坦、开放，地面贴一条长达 2 米以上的彩色宽胶带，胶带的尽头可以是皮球、沙包等好玩的软性材质的玩具。

玩法
- 和宝宝一起在胶带上走一走、踩一踩。然后，示范踮着脚尖沿着直线走，并鼓励宝宝模仿这个动作。

  我要踮起脚，用脚尖在胶带上向前走。走到胶带的这头啦！我可以拿到小熊啦！

  现在，宝宝们也来试试，踮起脚，用脚尖走路。对啦！你也走到尽头，拿到玩具了！真棒！

活动建议： 室内外　　**时长：** 3—5 分钟　　**人数：** 1—4 人

观察要点
- 对用脚尖走路的游戏感兴趣吗？
- 在游戏过程中有哪些行为表现？
- 是否能模仿踮着脚尖走路？是否能记住并遵守游戏规则？

温馨提示
- 如果宝宝还不熟练，不要急于求成，也不要训练或强制宝宝游戏，可以将游戏区域保留，鼓励宝宝常玩，慢慢地宝宝就会进步。

CT-14 抛球

宝宝能

朝目标抛球

环境准备

直径 15—25 厘米的球（至少每人 1 个），在平坦的室内区域或者户外草地上设立一些目标物，可以是无盖的大纸箱、大整理箱、废旧汽车轮胎等。

玩法

- 在和宝宝一起玩球时，发起这个游戏。鼓励他把球抛给保育人员，或者抛进目标物里。

  宝宝，你拿到一个球，快把球抛给我。哈，我接到了！哇，扔得越来越准了。

活动建议：户外　　**时长**：3—5 分钟　　**人数**：1—5 人

观察要点

- 对抛球游戏感兴趣吗？
- 在游戏过程中有哪些行为表现？
- 是否可以朝着目标抛球？动作是否有力？

温馨提示

- 根据宝宝的人数和场地特点摆放目标物，避免与其他户外活动之间相互干扰。

CT-15 抛落叶

宝宝能

双手配合抛物；踮脚站立

环境准备

铺着落叶的平坦、宽敞的户外草地。

玩法

- 在散步或户外活动时发起这个游戏。示范捧起一些树叶，踮脚用力抛向空中，模仿下雨的样子。然后，鼓励宝宝试试。
  瞧，好多落叶呀，我们可以用这些落叶来玩下雨的游戏！两只小手一起捧起很多落叶，1、2、3！哇，下雨啦！抛的时候双臂用力向上扔。

活动建议：室内外　　**时长**：3—5分钟　　**人数**：1—7人

观察要点

- 对抛落叶的游戏是否感兴趣？
- 在游戏过程中有哪些表达和表现？
- 是否会双手配合抛物？是否会踮脚站立？

温馨提示

- 如果是向家庭征集的落叶，在游戏前进行清洗、消毒、晾干、压平。
- 玩好落叶需要充分清洗小手，提醒宝宝不要用脏手触碰眼、口、鼻。

CT-16　投报纸雪球

宝宝能
朝目标扔球；用捏、团、揉等方式玩纸

环境准备
平坦的室内区域或者户外草地，设置1—2个目标物，可以是大纸箱、整理箱、敞口的篮子等。准备一些报纸、广告纸（数量能够满足每个宝宝团揉1—2个报纸球）、胶带。

观察要点
- 对玩报纸是否感兴趣？
- 在游戏过程中有哪些行为表现？
- 是否会朝目标扔球？会用捏、团、揉等方式玩纸吗？

玩法
- 告诉宝宝将要进行的游戏。示范将报纸团揉成纸球并用胶带固定。然后，鼓励宝宝也来做一个。完成后，和宝宝一起玩朝目标投掷的游戏。

  我先把报纸打开，然后团一团，揉一揉，再用胶带把它缠起来。哈哈！

  如果你需要用胶带固定，可以告诉我，我们一起来做。

  雪球做好了，我们来玩投球游戏吧，把球扔进箱子里！

活动建议：室内外　　**时长**：5—8分钟　　**人数**：1—5人

温馨提示
- 报纸有油墨，结束时保育人员和宝宝们都要充分清洗双手。

CT-17 投球比赛

宝宝能

朝目标扔球；记住并遵守简单的游戏规则

环境准备

直径20—25厘米的皮球（至少每人1个）；在平坦的室内区域或者户外草地，设置一条投球线。在距离投球线约2米处放置一个或多个目标物，可以是大纸箱等。

玩法

- 在和宝宝一起玩球时，发起这个游戏。示范发出投球指令并将球投向目标物。然后，鼓励宝宝尝试。

  宝宝，我们一起来一次投球比赛吧！

  把球举高，准备好，等数到3再扔哦：1——2——3，扔！

  宝宝也来试一试！准备好了吗？

活动建议：室内外　　**时长**：3—8分钟　　**人数**：1—7人

观察要点

- 对投球游戏感兴趣吗？
- 在游戏过程中有哪些行为表现？
- 是否会朝目标扔球？能记住并遵守简单的游戏规则吗？

温馨提示

- 注意提醒同时投球的宝宝保持间距，避免宝宝之间相互干扰。

CT-18 按停滚来的球

宝宝能
按停滚来的球；朝目标滚球；在成人提示下渐渐理解"轮流"等规则

环境准备
至少 2 人 1 个皮球，宽敞、平整且适合运动的场地。

观察要点
- 对滚球游戏感兴趣吗？
- 在游戏过程中有哪些行为表现？
- 是否会按停滚来的球？会朝目标滚球吗？是否会轮流滚球？

玩法
- 在宝宝自由玩球时发起这个游戏。保育人员先将球滚给宝宝，请宝宝按停滚动的球，再将球滚回来。保育人员接到球后，再滚给宝宝，如此反复游戏。

  现在，我要把球滚给你，你要接住它哦。准备好了吗？

  啊，球滚走啦，没关系，去把球捡回来吧，我们继续玩。

- 当宝宝熟悉游戏规则后，可以适当加速或变换方向，增加游戏的难度和趣味性。

活动建议： 室内外　　**时长：** 3—5 分钟　　**人数：** 1—3 人

温馨提示
- 刚开始时，保育人员可以让球滚得慢一点或站得离宝宝近一些。

CT-19 掷保龄球

宝宝能

朝目标滚球或掷球；在成人提示下渐渐理解"轮流"等规则

环境准备

皮球（至少每人1个），玩具保龄球瓶10个（可自制，矿泉水瓶内装一些沙子，使其能稳定立住）；宽敞、平整且适合运动的场地，设置一条掷球线。

玩法

- 在和宝宝玩球时发起这个游戏。示范将保龄球瓶摆成一堆，在距离保龄球瓶1米左右处，推球或掷球击倒瓶子。然后，鼓励宝宝尝试。

  我们一起来玩掷保龄球的游戏。

  我们先把瓶子摆整齐，然后站在这条线的后面，对准这些瓶子，把球用力推或掷过去，击倒瓶子。哇，快数数，我们击倒了几个瓶子？

- 当宝宝掷完球之后，带着他一起将保龄球瓶摆好，然后继续玩掷球推瓶的游戏。

活动建议：室内外　　**时长**：3—5分钟　　**人数**：1—4人

观察要点

- 对掷保龄球游戏感兴趣吗？
- 在游戏过程中有哪些行为表现？
- 是否能朝着目标滚球或掷球？能理解并遵守轮流的规则吗？

温馨提示

- 掷球前，提示宝宝看看周围有没有同伴，如果有，提示其避让。

CT-20 踢球

宝宝能
朝着目标踢球

环境准备
直径20—25厘米的足球（至少每人1个）；在平坦的室内区域或者户外草地上设立1—2个靶子或球门，可以是无盖的大纸箱、大整理箱、废旧汽车轮胎等。

玩法
- 在和宝宝一起玩球时，发起踢球的游戏。示范将球踢向球门，随后，鼓励宝宝尝试。
  宝宝，我们来玩球咯！
  我来试一次，用脚大力踢，往球门里踢。
  咦，没踢进去，没关系，我们多踢几次！
- 根据宝宝的能力调整踢球的距离，还可以把球轻轻踢给宝宝，体会互动玩球的快乐。

活动建议：室内外　　**时长**：3—5分钟　　**人数**：1—4人

观察要点
- 对踢球游戏感兴趣吗？
- 在游戏过程中有哪些行为表现？
- 能否会朝目标踢球？动作是否熟练、有力？

温馨提示
- 球门或靶子的创设只是为了增加乐趣，而非训练宝宝必须踢进球门。
- 引导宝宝注意周围宝宝的游戏位置，避免将球踢到别的宝宝身上。

CT-21 听指令玩球

宝宝能

听懂并遵守简单的游戏规则；奔跑；朝目标扔球或踢球

环境准备

不同质地、大小的球（每人至少1个）；平坦、开放的活动场地。

玩法

- 和宝宝一起自由玩球。随后，向宝宝发出游戏指令，比如，踢球、朝目标扔球、滚球等。

  球滚到远处去啦，宝宝，快去追球！

  这一回，我们看看谁扔得最远。看到那个圈圈了吗？看谁能把球扔进去。哇，宝宝扔得好远！

活动建议：室内外　　**时长**：3—5分钟　　**人数**：1—7人

观察要点

- 对听指令玩球的游戏感兴趣吗？
- 在游戏过程中有哪些行为表现？
- 是否会灵活地奔跑？是否会朝目标扔球或踢球？

温馨提示

- 引导宝宝往空的地方扔球或踢球。
- 根据每个宝宝的情况，通过游戏指令引导他练习动作。
- 关注体弱儿，提醒其及时休息。

CT-22　听指令玩沙包

宝宝能

理解并遵守简单的游戏规则；朝目标扔球；双脚向前跳

环境准备

沙包（至少每人1个），放置在平坦的室内区域或者户外草地上，并在场地上设几个目标物，可以是废旧轮胎、无盖的大纸箱或呼啦圈。

观察要点

- 对沙包感兴趣吗？
- 在游戏过程中有哪些行为表现？
- 是否理解并遵守简单的游戏规则？会朝目标扔沙包吗？是否会用双脚向前跳？

玩法

- 在宝宝自由玩沙包时发起这个游戏。示范发出游戏指令，并根据指令玩沙包。比如，投掷沙包；将沙包放在头顶上、肩膀上等，在平地行走且沙包不掉落；将沙包作为障碍物，从沙包的一侧跳到另一侧等。

　　把沙包扔进轮胎的洞洞里，准备好了吗？预备——开始！哇，你们扔得越来越准了。

　　现在，我们把沙包放到身体上，不能用小手碰沙包哦。可以放在头顶上、肩膀上。然后走一走，当心不要让沙包掉下来哟。

温馨提示

- 及时提醒宝宝看准方向，避免投掷到别人身上。
- 游戏之前仔细检查沙包，避免沙包里的东西泄漏出来。

活动建议： 户内外　　**时长：** 3—5分钟　　**人数：** 1—7人

CT-23 跳水洼

宝宝能

原地双足并跳；喜欢玩水

环境准备

雨衣和雨鞋（每人1套），户外有小水洼的场地或草地，干净的毛巾（每人1条）。

观察要点

- 对跳水洼游戏感兴趣吗？
- 在游戏过程中有哪些行为表现？
- 是否会原地双足并跳？

玩法

- 雨后或小雨的天气，请宝宝穿上雨鞋和雨衣去户外走一走。看见水洼时，鼓励宝宝去跳一跳、踩一踩，自由地踩水洼。

  雨停了，我们去外面走一走吧。

  先把雨鞋和雨衣穿上，需要帮忙的话，可以请我或者旁边的宝宝帮忙哦。

  我来跳一下，哇，水溅得好高呀！

活动建议：室外　　**时长**：5—8分钟　　**人数**：1—5人

温馨提示

- 可以利用雨后的时间进行这样的游戏。
- 踩水洼时引导宝宝站得分散一些，避免拥挤。
- 结束时，及时带宝宝擦洗干净、更换衣服。

CT-24　像小兔子一样跳起来

宝宝能

原地双足并跳，双脚向前连续跳

环境准备

宽敞平整且适合跑动的场地，气泡膜一卷，铃鼓1个。将气泡膜固定在场地中间。

观察要点

- 对气泡膜感兴趣吗？
- 在游戏过程中有哪些行为表现？
- 是否会原地双足并跳？能双脚向前连续跳吗？

玩法

- 请宝宝脱了鞋袜，光脚在气泡膜上踩踩、跳跳，使之发出连续的噼啪声响。然后，保育人员拿出小鼓，告知宝宝游戏规则：鼓声响起，宝宝自由连续跳跃；鼓声停止，宝宝保持原地不动。

  宝宝跳跳跳，像只兔子一样跳跳跳！

  我有小鼓响咚咚，听到鼓声，小兔子们就跳跳跳；鼓声停止，小兔子们就停下来，在草地里休息一会儿。

  那棵大树是小兔子的家，我们一起跳回家吧！

温馨提示

- 气泡膜在使用前，做好安全检查和卫生消毒。
- 注意提醒宝宝之间保持间距，避免宝宝发生碰撞。

活动建议：室外　　**时长**：3—5分钟　　**人数**：1—4人

CT-25 连续跳圆圈

宝宝能
双脚向前连续跳；能说出常见颜色

环境准备
彩色圆圈（2组，每组3—4个），每组排成一列，摆放在宽敞、平整且适合奔跑的场地。

玩法
- 和宝宝一起来跳圆圈。示范连续跳过一列圆圈。然后，鼓励宝宝尝试，和宝宝说说跳的圆圈是什么颜色。

  1——2——3——4，一个一个向前跳。你也来试试吧！

  你跳的圆圈是什么颜色？

  前面还有宝宝没跳过去，我们等一等哦。
- 可以根据宝宝的能力调整圆圈的数量。

活动建议：室外　　**时长**：3—5分钟　　**人数**：1—4人

观察要点
- 对跳圆圈游戏是否感兴趣？
- 在游戏过程中有哪些行为表现？
- 是否可以双脚连续向前跳？会说出常见的颜色吗？

温馨提示
- 注意提醒宝宝之间保持间距，避免宝宝发生碰撞。

CT-26　跳跳踩踩玩落叶

宝宝能
原地双足并跳,双脚向前连续跳;辨别生活中和自然界的各种声音

环境准备
户外有落叶的、平坦、宽敞的户外草地。

玩法
- 在户外活动或带宝宝散步时,发起这个游戏。来到游戏场地后,引导宝宝注意到地上的落叶,示范在落叶上跳一跳、踩一踩。然后,鼓励宝宝模仿,启发宝宝听一听、说一说落叶发出的声音。

  哇,好多落叶呀!我们一起去踩落叶吧。

  跳一跳、踩一踩。

  听,这是什么声音?

  啾啾啾——这是谁的声音?是小鸟在叫。

活动建议:室外　　**时长**:3—5分钟　　**人数**:1—7人

观察要点
- 对踩落叶的游戏感兴趣吗?
- 在游戏过程中有哪些表达和表现?
- 是否会原地双足并跳?会双脚连续向前跳吗?能辨别生活中和自然界的各种声音吗?

温馨提示
- 可以在有落叶的秋冬季节玩这个游戏。
- 踩落叶时引导宝宝分散一些,避免拥挤。

CT-27 爬攀登架

宝宝能
爬低矮的攀登架；在成人提示下渐渐理解"轮流"等规则

环境准备
低矮的攀爬架，注意周围地面的安全性，可设置在地毯、草地旁，或者在攀爬架四周铺上软垫。

观察要点
- 是否对攀爬游戏感兴趣？
- 在游戏过程中有哪些行为表现？
- 是否能攀爬上去？在成人提示下，是否能遵守轮流的规则？

玩法
- 邀请宝宝玩攀爬架，鼓励宝宝手脚并用往上爬，过程中提示注意轮流和等待。

  慢慢来！马上就要到达顶部了。哇，你爬得好高呀！

  两只手都要抓牢，站稳后再拉上面的位置，拉好之后再迈下一步哦。

  不着急哦，等前面的宝宝上去你再上。
- 也可以在攀登架的顶端放几个宝宝喜爱的软球或玩偶，逗引宝宝爬上去拿。

活动建议：室内外　　**时长**：3—5分钟　　**人数**：1—3人

温馨提示
- 关注宝宝的身体姿态，做好安全保护。
- 如果宝宝不会协调四肢，保育人员可以适当的引导或者示范。

CT-28 骑小车

宝宝能

骑三轮车；理解并遵守简单的游戏规则

环境准备

三轮童车（每人一辆），7—8个动物玩偶，玩具收纳盒1个，开阔、平整的车道或区域。三轮车停放在场地一侧，将玩具散落在游戏区域。

玩法

- 在宝宝自由骑小车时发起这个游戏，启发宝宝骑车去找玩具，找到后把玩具放在车斗里，送玩具回家。

  我们骑小车送动物宝宝回家吧。

  先去找一找动物宝宝在哪里？看，在这里！现在，把它们放进车斗里，然后骑车送回家喽。

活动建议：室内外　　**时长**：3—5分钟　　**人数**：1—4人

观察要点

- 对骑三轮车感兴趣吗？
- 在游戏过程中有哪些行为表现？
- 会骑三轮车吗？动作是否协调？是否能理解并遵守简单的游戏规则？

温馨提示

- 结束时，请宝宝把小车送回停车库指定位置并摆放好。

CT-29　拉小车捡树叶

宝宝能

熟练地蹲下捡物；在成人提示下，记住并遵守简单的规则；喜欢倒东西和装东西的活动

环境准备

自制鞋盒拉车（在鞋盒一侧打孔，穿上长度便于宝宝拖拉的绳子，打上结固定）每人1辆，用于装落叶的大箱子1个；有落叶且平坦、宽敞的户外草地。

玩法

- 用自制小车吸引宝宝的兴趣，示范将树叶捡进小车，然后拖着小车将落叶运送到指定区域，倒入大纸箱。

  宝宝，这里有一些小车，我可以拉着小车走，嘀嘀嘀——小车开来啦！

  现在，我要去拉着小车去捡落叶！我把捡到的落叶放进小车里，然后，继续找一找哪里还有落叶。

  你捡到了好多落叶呀。

活动建议：室外　　　**时长**：3—5分钟　　　**人数**：1—7人

观察要点

- 对捡物的游戏是否感兴趣？
- 在游戏过程中有哪些行为表现？
- 是否喜欢装倒东西？是否可以记住并遵守规则？

温馨提示

- 游戏结束后，及时请宝宝把手洗干净。

CT-30 躲猫猫

宝宝能

唱数 1—10；记住并遵守简单的游戏规则

环境准备

宽敞的室内区域或者户外草地，可以用来隐蔽的设施，如滑梯、桌椅、柜子等。

观察要点

- 对躲猫猫游戏感兴趣吗？
- 在游戏过程中有哪些行为表现？
- 能唱数 1—10 吗？是否能记住并遵守游戏规则？

玩法

- 告诉宝宝将要进行的游戏。向宝宝介绍游戏规则，保育人员闭上眼睛，从 1 数到 10，其间宝宝们躲藏起来。数到 10 后，保育人员睁开眼睛，找找宝宝藏在哪里了。

  宝宝，我们一起玩"躲猫猫"的游戏吧。

  一会，×老师闭上眼睛，从 1 数到 10。宝宝们赶紧躲起来。等×老师数到 10，就会来找宝宝。

  游戏开始啦，1，2，3……宝宝，快快藏好哦。

温馨提示

- 过程中关注宝宝的走位，提醒宝宝行走时注意避让同伴。
- 数数时，留意宝宝躲藏的位置，做好安全照护。
- 关注体弱儿的运动量。

活动建议：室内外 **时长**：3—5 分钟 **人数**：1—7 人

CT-31 绕障碍"去郊游"

宝宝能
绕过障碍物

环境准备
音乐《去郊游》，在平整的场地上设立障碍物，可以是滑梯、大纸箱等大型器械。如果在室内进行游戏，也可以用大型家具替代。

观察要点
- 对绕物走的游戏感兴趣吗？
- 在游戏过程中有哪些行为表现？
- 是否能绕过障碍物？是否喜欢和其他人一起游戏？

玩法
- 告诉宝宝将要进行的游戏。播放音乐，鼓励宝宝跟着保育人员，排成一列"去郊游"。过程中，带着宝宝一起绕过障碍物。

  听，音乐响起来了，哇，我绕过大山、翻越山坡……郊游太好玩啦！

  我们一个跟着一个慢慢走。

  小心，这里有大山，需要绕过去。

- 也可以增加"山洞"等障碍物，和宝宝一起钻一钻。

活动建议：室内外　　**时长**：3—5分钟　　**人数**：1—5人

温馨提示
- 放置的障碍物应醒目，且数量避免过多。
- 如果几位宝宝同时参与游戏，过程中，注意控制好宝宝之间的距离，避免过于拥挤或有宝宝掉队。

CT-32 开火车

宝宝能

在成人提示下,记住并遵守简单的规则;绕过障碍物;在提醒下可以轮流等待

环境准备

音乐《开火车》,在平坦的室内区域或者户外草地上设置一个障碍物,可以是滑梯或家具。

玩法

- 告诉宝宝将要进行的游戏,播放音乐,保育人员扮演火车司机,跟随音乐假装"开火车",在场地内绕障碍物走,每绕一圈回来就带几个宝宝"上车"。

  轰隆隆隆,轰隆隆隆,火车开来了!

  ××请上车。一个挨着一个排好队,我们要出发啦。

  我们把手搭在前面宝宝的肩膀上。

  当心,前面遇到一座"大山",火车要转弯咯!

活动建议:室内外   **时长**:3—5分钟   **人数**:1—7人

观察要点

- 对开火车的游戏感兴趣?
- 在游戏过程中有哪些行为表现?
- 是否能记住并遵守简单的规则?能绕过障碍物吗?在提醒下是否可以轮流等待?

温馨提示

- 注意场地的平整和开阔,避免幼儿间发生碰撞。
- 注意关注所有宝宝,不宜让宝宝等待时间过长。

CT-33 我是小司机

宝宝能

在成人提示下,记住并遵守简单的规则;独自绕过障碍物

环境准备

音乐《小司机》,自制红绿信号灯1套(准备两个纸盘,分别刷上红色、绿色);方向盘(每人1个),可以是纸盘、呼啦圈或者其他物品;平坦的室内区域或者户外草地。

玩法

- 告诉宝宝将要进行的游戏。出示信号灯给宝宝看,说说它们的作用。请宝宝来做小司机,拿着"方向盘"模拟开车。音乐开始后保育人员控制红绿灯,提醒小司机根据信号灯开车,红灯停,绿灯行。

  这是交通信号灯,红灯停、绿灯行,小司机需要根据交通信号灯来开车。

  宝宝,拿好方向盘,一起出发咯!

  现在是红灯!现在变绿灯啦!

  遇到其他的小司机,请注意避让,记得转弯哦。

活动建议:室内外 **时长**:3—5分钟 **人数**:1—7人

观察要点

- 对假装开小汽车的游戏感兴趣吗?
- 在游戏过程中有哪些行为表现?
- 是否可以记住并遵守规则?开车时,遇到同伴能避让、绕过吗?

温馨提示

- 当小司机能遵守信号、避让同伴时,保育人员可以及时肯定,以再次加强宝宝对规则的理解。

CT-34　许多小鱼游来了

宝宝能
记住并遵从一些简单的规则；绕过障碍物

环境准备
音乐《许多小鱼游来了》，平坦的室内区域或者户外草地。

玩法
- 告诉宝宝将要进行的游戏。两位保育人员面对面，双手拉起形成一个"渔网"，请宝宝假装成"小鱼"，跟随童谣在"渔网"下假装游来游去。当唱到"把它捉住"时，"渔网"落下"收网"，看看哪条"小鱼"被抓住了。

  宝宝做"小鱼"，我和××老师做"渔网"，"小鱼"可以在渔网底下游过去。当听到"把它捉住"的时候"渔网"会落下来，看看会抓住哪条小鱼。

  小鱼朝一个方向前进，这样不容易撞到。
- 根据宝宝的情况，反复游戏。

活动建议：室内外　　**时长**：3—5 分钟　　**人数**：1—7 人

观察要点
- 对这个游戏感兴趣吗？
- 在游戏过程中有哪些行为表现？
- 是否可以记住并遵守规则？能绕过障碍物吗？

温馨提示
- 根据宝宝的高矮不同，适当调整"渔网"的高低，确保宝宝可以弯腰通过。
- 童谣《许多小鱼游来了》的歌词及动作参考见 P408 资源列表。

CT-35 吹泡泡

宝宝能
倒走或者侧着走；原地双足并跳；喜欢和别的孩子一起玩

环境准备
音乐《吹泡泡》，平坦的室内区域或者户外草地。

玩法
- 和宝宝一起手拉手围成一个圆圈。边念童谣边做动作，鼓励宝宝跟随并模仿：向圆心走、向后退、蹲下、站稳、双脚原地双足并跳。
  宝宝，我们来拉个圆圈，玩"吹泡泡"的游戏吧！
  吹泡泡，吹泡泡，吹了一个大泡泡。（向后退）
  泡泡变小了！快快向中间走。（向圆心走）
  哇，泡泡变大了。向后走的时候，慢一点哟，当心。（向后退）
  泡泡爆掉了，我们再来吹一个！（双脚原地双足并脚）

活动建议：室内外　　**时长**：3—5分钟　　**人数**：1—7人

观察要点
- 对这个游戏感兴趣吗？是否愿意和别的宝宝一起手拉手？
- 在游戏过程中有哪些行为表现？
- 是否能倒走或者侧走？是否能原地双足并跳？

温馨提示
- 保育人员需要关注每个宝宝的动作情况，及时调整动作速度。
- 童谣《吹泡泡》的歌词及动作参考见P408资源列表。

CT-36 拉个圆圈走走

宝宝能

侧着走、蹲下、站稳；喜欢和别的宝宝一起玩。

环境准备

音乐《拉个圆圈走走》，平坦的室内区域或者户外草地。

玩法

- 和宝宝一起手拉手围成一个圆圈。边念童谣边做动作，鼓励宝宝跟随并模仿：按顺或逆时针方向绕圆侧走、蹲下、站稳、双足并跳。

  宝宝，我们来玩"拉个圆圈走走"的游戏吧！

  "拉个圆圈走走……"我们一起侧着走。

  注意看旁边的宝宝，慢慢走。

- 根据宝宝情况，可反复游戏。也可以改变绕圈行走的方向、步伐速度等。

活动建议：室内外　　**时长**：3—5分钟　　**人数**：1—7人

观察要点

- 对这个游戏感兴趣吗？是否愿意和别的宝宝一起手拉手？
- 在游戏过程中有什么行为表现？
- 是否能够侧着走？能跟随音乐、童谣做动作？

温馨提示

- 保育人员需要关注每个宝宝的动作情况，及时调整动作速度。
- 童谣《拉个圆圈走走》的歌词及动作参考见P408资源列表。

CT-37 从头动到脚

宝宝能
模仿转头、耸肩、摆动胳膊、拍手、捶胸、扭屁股等动作

环境准备
图画书《从头动到脚》，平坦的室内区域或者户外草地。

玩法
- 和宝宝面对面站好，告诉宝宝将要进行的游戏。逐页翻阅图画书《从头动到脚》，用书中的句式和宝宝对话，鼓励宝宝模仿书中每个角色的动作。

  我是企鹅，我会转头。你会吗？这个我会。

  宝宝也会转头，你是怎么做的？哦，就是这样，把脖子转一转。

活动建议：室内外　　**时长**：3—5分钟　　**人数**：1—7人

观察要点
- 对这个游戏感兴趣吗？
- 在游戏过程中有哪些行为表现？
- 是否能模仿转头、耸肩、摆动胳膊、拍手、捶胸、扭屁股等动作？

温馨提示
- 这个活动在熟悉图画书《从头动到脚》之后进行。
- 当宝宝做动作的时候，保育人员注意观察整体情况，控制好时间节奏，并做好保护和提醒。

CT-38　照镜子

宝宝能

模仿做弯腰、点头、扩胸、双足并跳等动作

环境准备

音乐《照镜子》，平坦的室内区域或者户外草地。

玩法

- 和宝宝面对面站好，告诉宝宝将要进行的游戏。播放童谣，边跟念童谣边示范做动作，以吸引宝宝观察。然后，重复播放童谣1—2遍，邀请宝宝跟随音乐模仿保育人员一起做动作。

  宝宝，我们要一起玩"照镜子"的游戏啦！

  你照镜子吗？你点点头，镜子里的宝宝是不是也会点头呢？

  这一次，请宝宝和我一起做。

活动建议：室内外　　**时长**：3—5分钟　　**人数**：1—7人

观察要点

- 对这个游戏感兴趣吗？
- 在游戏过程中有哪些行为表现？
- 是否能模仿做弯腰、点头、扩胸、双足并跳等动作？

温馨提示

- 关注宝宝们站立时的间距，协助调整位置，以免大幅度的动作影响到旁边的同伴。
- 最初，宝宝可能会乐于观察而不做动作，这是宝宝理解和学习的重要过程，保育人员应给予充分的理解和等待。
- 童谣《照镜子》的歌词及动作参考见P409资源列表。

CT-39 打气

宝宝能

模仿做伸臂、绕腕、弯腰、屈肘、双足并跳等动作

环境准备

音乐《打气》，平坦的室内区域或者户外草地。

玩法

- 和宝宝面对面站好，告诉宝宝将要进行的游戏。播放童谣，边跟念童谣边示范做动作，以吸引宝宝观察。然后，重复播放童谣 1—2 遍，邀请宝宝跟随音乐模仿保育人员一起做动作。

  宝宝，我们要一起玩"打气"的游戏啦！

  宝宝看，我会拉绳、打气、兔跳哦。

  这一次，请宝宝和我一起做。

活动建议：室内外　　**时长**：3—5 分钟　　**人数**：1—7 人

观察要点

- 对这个游戏感兴趣吗？
- 在游戏过程中有哪些行为表现？
- 是否会模仿做伸臂、绕腕、弯腰、屈肘、双足并跳等动作？

温馨提示

- 关注宝宝站立时的间距，协助调整位置，以免大幅度的动作影响到旁边的同伴。
- 最初，宝宝可能会乐于观察而不做动作，这是宝宝理解和学习的重要过程，保育人员应给予充分的理解和等待。
- 童谣《打气》的歌词及动作参考见 P409 资源列表。

CT-40　小花猫

宝宝能

模仿做扩胸、伸展、转身等动作

环境准备

音乐《小花猫》，平坦的室内区域或者户外草地。

玩法

- 和宝宝面对面站好，告诉宝宝将要进行的游戏。播放童谣，边跟念童谣边示范做动作，以吸引宝宝观察。然后，重复播放童谣1—2遍，邀请宝宝跟随音乐模仿保育人员一起做动作。

  宝宝，我们要一起玩"小花猫"的游戏啦！

  小花猫每天早上会做些什么事呀？我来做给宝宝看一看。

  宝宝跳得真好，我们再来一次吧！

活动建议：室内外　　**时长**：3—5分钟　　**人数**：1—7人

观察要点

- 对这个游戏感兴趣吗？
- 在游戏过程中有哪些行为表现？
- 是否能模仿做扩胸、伸展、转身等动作？

温馨提示

- 关注宝宝们站立时的间距，协助调整位置，以免大幅度的动作影响到旁边的同伴。
- 最初，宝宝可能会乐于观察而不做动作，这是宝宝理解和学习的重要过程，保育人员应给予充分的理解和等待。
- 童谣《小花猫》的歌词及动作参考见P409资源列表。

CT-41　草地舞

宝宝能

模仿做伸手、下蹲、踮脚站立、转圈、站卧位转换等动作

环境准备

音乐《草地舞》，平坦的室内区域或者户外草地。

玩法

- 和宝宝面对面站好，告诉宝宝将要进行的游戏。播放童谣，边跟念童谣边示范做动作，以吸引宝宝观察。然后，重复播放童谣1—2遍，邀请宝宝跟随音乐模仿保育人员一起跳。

  向上够天空！哇，我们把脚踮起来，你能摸到天空吗，加油！倒下的时候慢一些哦。

  宝宝跳得真好，我们再来一次吧！

活动建议：室内外　　**时长**：3—5分钟　　**人数**：1—7人

观察要点

- 对这个游戏感兴趣吗？
- 在游戏过程中有哪些行为表现？
- 是否能模仿做伸手、下蹲、踮脚站立、转圈、站卧位转换等动作？

温馨提示

- 关注宝宝们站立时的间距，协助调整位置，以免大幅度的动作影响到旁边的同伴。
- 童谣《草地舞》的歌词及动作参考见P409资源列表。

CT-42 小手小脚

宝宝能
模仿做单脚站立、拍手、转手、踏步、双足并跳等动作

环境准备
音乐《小手小脚》，平坦的室内区域或者户外草地。

玩法
- 和宝宝面对面站好，告诉宝宝将要进行的游戏。播放童谣，边跟念童谣边示范做动作，以吸引宝宝观察。然后，重复播放童谣1—2遍，邀请宝宝跟随音乐模仿保育人员一起做动作。
  我的小手拍一拍，我的小手抱一抱。
  这一次，请宝宝和我一起做。

活动建议：室内外　　**时长**：3—5分钟　　**人数**：1—7人

观察要点
- 对这个游戏感兴趣吗？
- 在游戏过程中有哪些行为表现？
- 是否能模仿做单脚站立、拍手、转手、踏步、双足并跳等动作？

温馨提示
- 最初，宝宝可能会乐于观察而不做动作，这是宝宝理解和学习的重要过程，保育人员应给予充分的理解和等待。
- 童谣《小手小脚》的歌词及动作参考见P410资源列表。

CT-43　不要妈妈抱

宝宝能
模仿做踮脚站立等动作

环境准备
音乐《不要妈妈抱》，平坦的室内区域或者户外草地。

玩法

- 和宝宝面对面站好，告诉宝宝将要进行的游戏。播放童谣，边跟念童谣边示范做动作，以吸引宝宝观察。然后，重复播放童谣1—2遍，邀请宝宝跟随音乐模仿保育人员一起跳。
  宝宝，我们来跳玩"不要妈妈抱"游戏吧。
  小鸟自己飞，小猫自己跑，我也来学一学。
- 当宝宝熟悉游戏后，保育人员可变化念唱歌词的速度或增加新动作。

活动建议：室内外　　**时长**：3—5分钟　　**人数**：1—7人

观察要点

- 对这个游戏感兴趣吗？
- 在游戏过程中有哪些行为表现？
- 是否能模仿做踮脚站立等动作？

温馨提示

- 最初，宝宝可能会乐于观察而不做动作，这是宝宝理解和学习的重要过程，保育人员应给予充分的理解和等待。
- 童谣《不要妈妈抱》的歌词及动作参考见P410资源列表。

CT-44　小猫操

宝宝能
模仿做下蹲、站立、双足并跳、转身等动作

环境准备
音乐《小猫操》，平坦的室内区域或者户外草地。

玩法
- 和宝宝面对面站好，告诉宝宝将要进行的游戏。播放童谣，边跟念童谣边示范做动作，以吸引宝宝观察。然后，重复播放童谣1—2遍，邀请宝宝跟随音乐模仿保育人员一起做动作。
  宝宝，我们要一起玩"小猫操"的游戏啦！
  小猫会蹲在地上吃小鱼，小猫还会做哪些事？我先做给宝宝看一看。

活动建议：室内外　　**时长**：3—5分钟　　**人数**：1—7人

观察要点
- 对这个游戏感兴趣吗？
- 在游戏过程中有哪些行为表现？
- 是否能模仿做下蹲、站立、双足并跳、转身等动作？

温馨提示
- 最初，宝宝可能会乐于观察而不做动作，这是宝宝理解和学习的重要过程，保育人员应给予充分的理解和等待。
- 童谣《小猫操》的歌词及动作参考见P410—411资源列表。

CT-45　模仿小动物走路

宝宝能
模仿做原地双足跳、踮脚走路等动作

环境准备
音乐《模仿小动物走路》，平坦的室内区域或者户外草地。

玩法
- 和宝宝面对面站好，告诉宝宝将要进行的游戏。播放童谣，边跟念童谣边示范做动作，以吸引宝宝观察。然后，重复播放童谣1—2遍，邀请宝宝跟随音乐模仿保育人员一起做动作。
  宝宝，我们要一起玩"模仿小动物走路"的游戏啦！
  小兔子走路跳跳跳，小鸭子是怎么走路的呢？宝宝可要看仔细哦。

活动建议：室内外　　**时长**：3—5分钟　　**人数**：1—7人

观察要点
- 对这个游戏感兴趣吗？
- 在游戏过程中有哪些行为表现？
- 是否能模仿做原地双足跳、踮脚走路等动作？

温馨提示
- 最初，宝宝可能会乐于观察而不做动作，这是宝宝理解和学习的重要过程，保育人员应给予充分的理解和等待。
- 童谣《模仿小动物走路》的歌词及动作参考见P411资源列表。

CT-46 太阳眯眯笑

宝宝能

模仿做伸展、踏步、踮脚站立、双足并跳、下蹲等动作

环境准备

音乐《太阳眯眯笑》，平坦的室内区域或者户外草地。

玩法

- 和宝宝面对面站好，告诉宝宝将要进行的游戏。播放童谣，边跟念童谣边示范做动作，以吸引宝宝观察。然后，重复播放童谣1—2遍，邀请宝宝跟随音乐模仿保育人员一起做动作。

  宝宝，我们要一起玩"太阳眯眯笑"的游戏啦！

  学小鸟飞，学小兔跳，宝宝还会学什么动物呢？

活动建议：室内外　　**时长**：3—5分钟　　**人数**：1—7人

观察要点

- 对这个游戏感兴趣吗？
- 在游戏过程中有哪些行为表现？
- 是否能模仿做伸展、踏步、踮脚站立、双足并跳、下蹲等动作？

温馨提示

- 最初，宝宝可能会乐于观察而不做动作，这是宝宝理解和学习的重要过程，保育人员应给予充分的理解和等待。
- 童谣《太阳眯眯笑》的歌词及动作参考见P411资源列表。

CT-47　器械操

宝宝能
模仿做举手臂、伸手、踮脚站立等动作

环境准备
节奏感较强的音乐；适合宝宝抓握的轻质器械，如：摇铃（每人两个，也可将豆子等材料放在瓶子里自制成乐器，并注意将瓶口封牢固）；平坦的室内区域或者户外草地。

玩法
- 和宝宝一起认识一下使用的器械，说说名字，感知一下它的声音、使用方式等。然后，和宝宝面对面站好，告诉宝宝将要进行的游戏。播放童谣，示范跟随音乐做动作，以吸引宝宝观察。然后，再重复播放童谣1—2遍，请宝宝拿上器械一起做。

  嗯，摇一摇，它会发出声音，它叫摇铃。你想试试吗？
  小摇铃还会跟着音乐跳舞呢，宝宝你看。（播放音乐，示范动作）

活动建议：室内外　　**时长**：3—5分钟　　**人数**：1—7人

观察要点
- 对器械操感兴趣吗？
- 在游戏过程中有哪些行为表现？
- 是否会模仿做举手臂、伸手、踮脚站立等动作？

温馨提示
- 关注宝宝们站立时的间距，协助调整位置，以免大幅度的动作影响到旁边的同伴。
- 最初，宝宝可能会乐于观察而不做动作，这是宝宝理解和学习的重要过程，保育人员应给予充分的理解和等待。
- 器械操的动作参考见P411—412资源列表。

CT-48 点点碰碰

宝宝能
知道一些身体部位的名称、功能；唱简单的歌曲、节奏和手指童谣

环境准备
音乐《点点碰碰》，铺有软垫、地毯的地面或草地。

玩法

- 和宝宝面对面坐好，告诉宝宝将要进行的游戏。先慢慢念唱，示范做配合歌词的动作，触碰不同的身体部位，以吸引宝宝观察。过程中可以向宝宝提问，请宝宝说出身体各部位的名称、功能。然后，重复哼唱童谣 1—2 遍，邀请宝宝一起唱和做。

点点点，点点点，点点你的小鼻子！点一点，宝宝的鼻子在哪里？鼻子有什么作用？

活动建议：室内外　　**时长**：3—5 分钟　　**人数**：1—7 人

观察要点

- 对童谣游戏感兴趣吗？
- 在唱唱、跳跳的过程中有哪些表达和表现？
- 是否知道一些身体部位的名称、功能？是否会跟唱童谣？

温馨提示

- 最初，一些宝宝会乐于观察而不做动作，这是宝宝理解和学习的重要过程，保育人员应给予充分的理解和等待。
- 相比动作和节奏的准确性，自由的表达和愉悦的情绪体验更重要。
- 童谣《点点碰碰》的歌词及动作参考见 P412 资源列表。

第一部分　活动资源库

CT-49　头发肩膀膝盖脚

宝宝能

唱简单的歌曲、节奏和手指童谣；指认身体基本部位

环境准备

音乐《头发肩膀膝盖脚》，铺有软垫、地毯的地面或草地。

玩法

- 和宝宝面对面坐好。先玩听口令指认身体部位的游戏，请宝宝听口令拍拍自己的身体部位。然后，播放音乐2—3遍，边唱边示范按照歌词做摸头发、肩膀、膝盖、脚的动作，以吸引宝宝观察、跟做。

  宝宝，请你摸摸头；然后，拍拍肩；接着，摸膝盖，再碰碰脚。接着，我们跟着音乐玩"头发肩膀膝盖脚"的游戏。

- 音乐可以从慢变快，宝宝能够随乐加快动作。

活动建议：室内　　**时长**：3—5分钟　　**人数**：1—7人

观察要点

- 对童谣游戏感兴趣吗？
- 在唱唱、跳跳的过程中有哪些表达和表现？
- 是否会跟唱童谣？会指认身体基本部位吗？

温馨提示

- 最初，一些宝宝会乐于观察而不做动作，这是宝宝理解和学习的重要过程，保育人员应给予充分的理解和等待。
- 相比动作和节奏的准确性，自由的表达和愉悦的情绪体验更重要。
- 童谣《头发肩膀膝盖脚》的歌词及动作参考见P412资源列表。

CT-50 捏拢放开

宝宝能
唱简单的歌曲、节奏和手指童谣；模仿做捏拢、放开、拍手等动作

环境准备
音乐《捏拢放开》，铺有软垫、地毯的地面或草地。

玩法
- 和宝宝面对面坐好，告诉宝宝将要进行的游戏。先慢慢念唱一遍童谣并示范做配合歌词的动作，以吸引宝宝观察。然后，播放童谣1—2遍，邀请宝宝一起唱和做。

  我们一起来玩"捏拢放开"的游戏啦。

  我先来做一次，请你看看我的小手会做哪些动作？开始咯！

  宝宝，这次我们一起来唱一唱、做一做吧。

活动建议：室内外　　**时长**：3—5分钟　　**人数**：1—7人

观察要点
- 对童谣游戏感兴趣吗？
- 在唱唱、跳跳的过程中有哪些表达和表现？
- 是否会跟唱童谣？会模仿做捏拢、放开、拍手等动作吗？

温馨提示
- 最初，一些宝宝会乐于观察而不做动作，这是宝宝理解和学习的重要过程，保育人员应给予充分的理解和等待。
- 相比动作和节奏的准确性，自由的表达和愉悦的情绪体验更重要。
- 童谣《捏拢放开》的歌词及动作参考见P412资源列表。

CT-51　我有小手搓搓搓

宝宝能

唱简单的歌曲和手指童谣，做简单的节奏律动；模仿做拍手、摇手、搓手等动作

环境准备

音乐《我有小手搓搓搓》，铺有软垫、地毯的地面或草地。

玩法

- 和宝宝面对面坐好，告诉宝宝将要进行的游戏。先慢慢念唱一遍童谣并示范做配合歌词的动作，以吸引宝宝观察。然后，播放童谣1—2遍，邀请宝宝一起唱和做。

  我们一起来玩"我有小手搓搓搓"的游戏吧。

  我先来做一次，请你看看我的小手会做哪些动作？开始咯！

  宝宝，这次我们一起来唱一唱、做一做吧。

- 待宝宝熟悉了童谣之后，可以将更多生活中常见的动作，编创到童谣中，和宝宝边玩边做。

活动建议：室内外　　**时长**：3—5分钟　　**人数**：1—7人

观察要点

- 对童谣游戏感兴趣吗？
- 在唱唱、跳跳的过程中有哪些表达和表现？
- 是否会跟唱童谣？是否会模仿做拍手、摇手、搓等动作？

温馨提示

- 对待只是观察而不做动作的宝宝，保育人员应给予充分的理解和等待。
- 相比动作和节奏的准确性，自由的表达和愉悦的情绪体验更重要。
- 童谣《我有小手搓搓搓》的歌词及动作参考见P413资源列表。

CT-52　小星星

宝宝能
唱简单的歌曲和手指童谣,做简单的节奏律动;模仿做拍手、手腕转动、手掌开合等动作

环境准备
音乐《小星星》,铺有软垫、地毯的地面或草地。

玩法
- 和宝宝面对面坐好,告诉宝宝将要进行的游戏。先慢慢念唱一遍童谣并示范做配合歌词的动作,以吸引宝宝观察。然后,播放童谣1—2遍,邀请宝宝一起唱和做。

  宝宝,我们来唱唱玩玩"小星星"吧。

  我先给宝宝表演一次。快看看,我会跟着音乐做哪些动作呢?

- 还可以请宝宝用自己喜欢的小乐器给童谣伴奏。

活动建议:室内外　　**时长**:3—5分钟　　**人数**:1—7人

观察要点
- 对童谣游戏感兴趣吗?
- 在唱唱、跳跳的过程中有哪些表达和表现?
- 是否会跟唱童谣?会模仿做拍手、手腕转动、手掌开合等动作吗?

温馨提示
- 对于只是观察而不做动作的宝宝,保育人员应给予充分的理解和等待。
- 相比动作和节奏的准确性,自由的表达和愉悦的情绪体验更重要。
- 童谣《小星星》的歌词及动作参考见P413资源列表。

CT-53　全家爱宝宝

宝宝能

唱简单的歌曲和手指童谣，做简单的节奏律动；模仿拍手、抱胸等动作

环境准备

音乐《全家爱宝宝》，铺有软垫、地毯的地面或草地。

玩法

- 和宝宝坐在一起，先和宝宝聊聊家里都有谁，是如何照顾宝宝的。结合宝宝的讲述，慢慢念唱一遍童谣并示范做配合歌词的动作，以吸引宝宝观察。然后，唱念童谣1—2遍，邀请宝宝一起唱和做。

　　宝宝，你的家里都有谁？他们是怎么照顾你的？

　　妈妈每天照顾宝宝，陪宝宝做游戏。妈妈好，妈妈好，妈妈爱宝宝！

　　我们一起来唱一唱、做一做吧！

活动建议：室内外　　**时长**：3—5分钟　　**人数**：1—7人

观察要点

- 对童谣游戏感兴趣吗？
- 在唱唱、跳跳的过程中有哪些表达和表现？
- 是否会跟唱童谣？会模仿拍手、抱胸等动作吗？

温馨提示

- 用易懂的语句描述出家人照顾宝宝的细节，营造充满爱意的活动氛围，引导宝宝回忆并记忆歌词。
- 对于只是观察而不做动作的宝宝，保育人员应给予充分的理解和等待。
- 童谣《全家爱宝宝》的歌词及动作参考见P414资源列表。

CT-54　手指家庭

宝宝能
唱简单的歌曲和手指童谣，做简单的节奏律动；模仿做开车、打球等动作

环境准备
音乐《手指家庭》，铺有软垫、地毯的地面或草地。

玩法
- 和宝宝面对面坐好，告诉宝宝将要进行的游戏。先慢慢念唱一遍童谣并示范做配合歌词的动作，以吸引宝宝观察。然后，播放童谣1—2遍，邀请宝宝一起唱和做。

  我们一起来玩"手指家庭"的游戏。

  大拇指是爸爸，食指是妈妈。除了爸爸妈妈，家里有谁呢？我先来表演给宝宝看看吧。

- 还可以在宝宝手指上画上五官或戴上指偶，边唱边玩。

活动建议：室内外　　**时长**：3—5分钟　　**人数**：1—7人

观察要点
- 对童谣游戏感兴趣吗？
- 在唱唱、跳跳的过程中有哪些表达和表现？
- 是否会跟唱童谣？会模仿做开车、打球等动作吗？

温馨提示
- 最初，一些宝宝会乐于观察而不做动作，这是宝宝理解和学习的重要过程，保育人员应给予充分的理解和等待。
- 童谣《手指家庭》的歌词及动作参考见P414资源列表。

CT-55 找朋友

宝宝能
唱简单的歌曲和手指童谣，做简单的节奏律动；模仿做拥抱、握手等动作

环境准备
音乐《找朋友》，宽敞、平整且适合运动的场地。

玩法
- 和宝宝面对面坐好，告诉宝宝将要进行的游戏。先慢慢念唱一遍童谣并示范做配合歌词的动作，以吸引宝宝观察。然后，播放童谣1—2遍，邀请宝宝一起唱和做。当唱到"你是我的好朋友"时，音乐暂停，保育人员为好朋友们拍照。

  宝宝，我们来玩"找朋友"的游戏吧！

  我们可以和好朋友在一起拉拉手、抱一抱，再做个特别的动作，让老师把照片拍下来做纪念。

  音乐停，你和你的好朋友做好动作了吗？

  音乐继续播放啦！

- 当宝宝熟悉游戏后，保育人员变化活动环境，在园中各个游戏场所为宝宝和好朋友拍照留念。

活动建议：室内外　　**时长**：3—5分钟　　**人数**：1—7人

观察要点
- 对童谣游戏感兴趣吗？
- 在唱唱、跳跳的过程中有哪些表达和表现？
- 是否会跟唱童谣？会模仿做拥抱、握手等动作吗？

温馨提示
- 保育人员可以协助宝宝找到好朋友，拍照留念；也可和孩子一起拍照。
- 童谣《找朋友》的歌词及动作参考见 P414 资源列表。

CT-56　两只小鸟

宝宝能

唱简单的歌曲和手指童谣，做简单的节奏律动；模仿伸手等动作；5以内的按数取物

环境准备

音乐《两只小鸟》，动物指偶（每人2个），铺有软垫、地毯的地面或草地。

玩法

- 请宝宝自选两个指偶，看看、说说指偶的名称，并尝试操纵指偶。然后边唱边示范用指偶配合歌词做动作，以吸引宝宝观察、模仿。示范后，播放音乐，邀请宝宝一起表演。

  请你选择两个喜欢的指偶。

  你拿的是什么指偶？你可以让它动起来吗？

  看看两只小鸟飞到哪里去了？开始咯！

活动建议：室内外　　**时长**：3—5分钟　　**人数**：1—7人

观察要点

- 对童谣游戏感兴趣吗？
- 在唱唱、跳跳的过程中有哪些表达和表现？
- 是否会跟唱童谣？会模仿伸手等动作吗？会5以内的按数取物吗？

温馨提示

- 对于只是观察而不做动作的宝宝，保育人员应给予充分的理解和等待。
- 相比动作和节奏的准确性，自由的表达和愉悦的情绪体验更重要。
- 童谣《两只小鸟》的歌词及动作参考见P415资源列表。

CT-57　我爱我的小动物

宝宝能

唱简单的歌曲和手指童谣，做简单的节奏律动；模仿摸脸等动作

环境准备

动物的叫声音频（小猫、小羊、小鸡、小鸭），音乐《我爱我的小动物》，铺有软垫、地毯的地面或草地。

玩法

- 和宝宝面对面坐好，先玩听声音分辨动物的游戏。逐一播放动物的叫声，请宝宝猜猜是谁，学一学它的叫声。等所有的动物都猜完后，慢慢念唱童谣并示范做配合歌词的动作，以吸引宝宝观察。示范后，播放童谣1—2遍，邀请宝宝一起唱和做。

  听一听，这是什么动物的叫声？哦，是小羊。

  小羊是怎么叫的？宝宝学一学。

  这一次，我来播放音乐，请宝宝跟着我唱一唱、做一做。

活动建议：室内外　　**时长**：3—5分钟　　**人数**：1—7人

观察要点

- 对童谣游戏感兴趣吗？
- 在唱唱、跳跳的过程中有哪些表达和表现？
- 是否会跟唱童谣？会模仿摸脸等动作吗？

温馨提示

- 最初，一些宝宝会乐于观察而不做动作，这是宝宝理解和学习的重要过程，保育人员应给予充分的理解和等待。
- 童谣《我爱我的小动物》的歌词及动作参考见P415资源列表。

CT-58　小宝宝学动物

宝宝能
唱简单的歌曲和手指童谣，做简单的节奏律动；模仿摸脸等手部动作

环境准备
铺有软垫、地毯的地面或草地。

玩法
- 和宝宝面对面坐好，告诉宝宝将要进行的游戏。先慢慢念唱一遍童谣并示范做配合歌词的动作，以吸引宝宝观察。然后，播放音乐1—2遍，邀请宝宝一起唱和做。
  我们一起来玩"小宝宝学动物"的游戏啦。
  看看我模仿了哪些小动物？开始咯！
  宝宝，我们一起来唱一唱、做一做吧。
- 可以视情况替换或增加其他动物，如：宝宝学小鸟，啾啾、啾啾、啾啾。

活动建议：室内外　　**时长**：3—5分钟　　**人数**：1—7人

观察要点
- 对童谣游戏感兴趣吗？
- 在唱唱、跳跳的过程中有哪些表达和表现？
- 是否会跟唱童谣？会模仿抚摸等手部动作吗？

温馨提示
- 最初，一些宝宝会乐于观察而不做动作，这是宝宝理解和学习的重要过程，保育人员应给予充分的理解和等待。
- 相比动作和节奏的准确性，自由的表达和愉悦的情绪体验更重要。
- 童谣《小宝宝学动物》的歌词及动作参考见P415资源列表。

CT-59 预备——起

宝宝能

唱简单的歌曲和手指童谣，做简单的节奏律动；辨别自然和生活中的声音

环境准备

动物的声音音频（小猫、小狗、小鸭、小羊的叫声），铺有软垫、地毯的地面或草地。

玩法

- 和宝宝面对面坐好，先玩听声音分辨动物的游戏。逐一播放动物的叫声，请宝宝猜猜是谁，学一学它的叫声和走路的样子。等所有的动物都猜完后，慢慢念唱一遍童谣并示范做配合歌词的动作，以吸引宝宝观察。示范后，播放童谣1—2遍，邀请宝宝一起唱和做。

  听一听，这是什么动物的叫声？哦，是小猫。

  小猫是怎么叫的？宝宝学一学。

  它又是怎么走路的呢？

  看看我模仿了哪些小动物？开始咯！

活动建议：室内外　　**时长**：3—5分钟　　**人数**：1—7人

观察要点

- 对猜声音、模仿动物的游戏感兴趣吗？
- 在唱唱、跳跳的过程中有哪些表达和表现？
- 是否会跟唱童谣？能辨别动物的声音吗？

温馨提示

- 保育人员在示范动作和叫声时，可以着重突出走路动作的轻重和动物叫声的长短，帮助宝宝辨析。
- 童谣《预备——起》的歌词及动作参考见P415资源列表。

CT-60 小小演奏家

宝宝能

辨别生活中和自然界的各种声音；玩简单的乐器

环境准备

宝宝熟悉的乐曲或童谣 1—2 首，自制小乐器每人一个（如，在瓶子里装入大米、豆子等摇晃后可发声的小物件；鼓槌和金属小锅子等）。

玩法

- 用各种自制小乐器吸引宝宝，请宝宝自选乐器，听一听、说一说这些乐器是什么发出的声音。然后，播放音乐，示范跟随节奏演奏，并邀请宝宝跟着一起参与。

  我们来听听都是什么东西发出的声音？

  请你选择一个自己喜欢的小乐器。

  我们一起跟着音乐的节奏演奏吧。

活动建议：室内外　　**时长**：3—5 分钟　　**人数**：1—5 人

观察要点

- 对自制乐器感兴趣吗？
- 在游戏过程中有哪些表达和表现？
- 能辨别自制乐器发出的声音吗？是否会玩简单的乐器？

温馨提示

- 自制小乐器可以提前让宝宝们亲自参与制作完成。
- 如果瓶子里的物件过于细小，注意提前将瓶口封牢。

CT-61 乐器演奏《我的好妈妈》

宝宝能

玩简单的乐器

环境准备

音乐播放器，音乐《我的好妈妈》，小乐器（每人一个/组），铺有软垫、地毯的地面或草地。

观察要点

- 对乐器演奏感兴趣吗？
- 在游戏过程中有哪些表达和表现？
- 是否会玩简单的乐器？

玩法

- 用各种小乐器吸引宝宝，请宝宝自选乐器，听听、说说乐器的名字、发出的声音。然后，边哼唱童谣边示范用乐器给童谣伴奏，以吸引宝宝观察、模仿。示范后，播放音乐，邀请宝宝一起参与。
  请你选择一个喜欢的小乐器。
  你拿的是什么乐器？它发出的声音是什么样的？
  这一次，我们一起来跟着音乐来演奏吧！
- 可以自编动作，比如双手举高等动作，边唱边表演。

活动建议：室内外　　**时长**：3—5分钟　　**人数**：1—7人

温馨提示

- 最初，一些宝宝会乐于观察而不做动作，这是宝宝理解和学习的重要过程，保育人员应给予充分的理解和等待。
- 相比节奏的准确性，自由的表达和愉悦的情绪体验更重要。
- 童谣《我的好妈妈》的歌词及动作参考见P416资源列表。

CT-62 乐器演奏《新年好》

宝宝能

玩简单的乐器

环境准备

音乐播放器，音乐《新年好》，小乐器（每人一个/组），铺有软垫、地毯的地面或草地。

玩法

- 用各种小乐器吸引宝宝，请宝宝自选乐器，听听、说说乐器的名字、发出的声音。然后，边哼唱童谣边示范用乐器给童谣伴奏，以吸引宝宝观察、模仿。示范后，播放音乐，邀请宝宝一起参与。

  请你选择一个喜欢的小乐器。

  摇一摇，敲一敲。

  它发出的声音是什么样的？

  我们跟着音乐演奏起来吧。

- 待宝宝熟悉歌词和伴奏方法后，可以和宝宝一起哼唱这首歌曲。

活动建议：室内外　　**时长**：3—5分钟　　**人数**：1—7人

观察要点

- 对乐器演奏感兴趣吗？
- 在游戏过程中有哪些表达和表现？
- 是否会玩简单的乐器？

温馨提示

- 这个活动可以在新年期间进行。
- 最初，一些宝宝会乐于观察而不做动作，这是宝宝理解和学习的重要过程，保育人员应给予充分的理解和等待。
- 相比动作和节奏的准确性，自由的表达和愉悦的情绪体验更重要。
- 童谣《新年好》的歌词及动作参考见 P416 资源列表。

做做玩玩

ZW-01　自由玩沙

宝宝能
使用简单工具；喜欢玩沙玩水；能专注地玩一会儿

环境准备
户外沙池或室内沙箱里放入各种玩沙工具，如：小铲子、漏斗，小桶、矿泉水瓶；放置娃娃家的灶台厨具，娃娃；扫帚等清洁工具。

观察要点
- 对沙子、工具感兴趣吗？
- 自己玩的过程中，有哪些表达和表现？
- 会熟练地使用工具装装倒倒吗？喜欢玩沙、玩水吗？能专注地玩一会儿吗？

玩法
- 和宝宝一起坐在沙箱旁边玩沙子，鼓励宝宝使用铲子等工具把沙子装进小桶或漏斗、小锅等，反复倒进倒出，或者请宝宝端着装好沙子的小锅去烧饭等。

  娃娃肚子饿了，我们给它做点米饭。

  我们再给宝宝倒点果汁。

- 经常在沙池里更新一些玩具，如动物模型、卵石砂砾、贝壳、树叶等，结合宝宝感兴趣的话题进行游戏。

活动建议：室内外　　**时长**：3—5 分钟　　**人数**：1—5 人

温馨提示
- 提前告知宝宝玩沙的基本规则，如不可以扬沙子等。
- 室内玩沙，为方便整理和安全，可在沙箱下面铺上防滑垫。

ZW-02　湿沙造型

宝宝能
使用简单工具；感知因果关系

环境准备
各种造型模具、玩沙工具以及小水桶；提前为宝宝准备一桶水。在室外沙池旁放置反穿衣、水鞋等。在室内设置沙箱时，需准备反穿衣、拖把、防滑垫、扫帚、簸箕等物品。

观察要点
- 对沙水、各种玩沙工具感兴趣吗？
- 自己玩的过程中，有哪些表达和表现？
- 能熟练地使用玩沙工具吗？是否对干沙、湿沙的变化等现象感到好奇？

玩法
- 在宝宝自由地玩沙后，可用小水桶接一点水注入沙子中，请宝宝观察沙子的色彩、质地变化，鼓励宝宝摸摸、看看、说说沙子的变化等。然后，示范将湿沙装进模具再倒扣出来，鼓励宝宝模仿。

    我们一起来做个小实验吧，猜猜沙子里加水会有什么变化？
    我的沙子上印出了一个海星，你们也来试试看。

温馨提示
- 选择合适的天气，并给宝宝穿耐脏、防水的衣服和鞋子。

活动建议：室内外　　**时长**：3—5分钟　　**人数**：1—5人

ZW-03　摸摸猜猜水里有什么

宝宝能
喜欢玩水；仅凭触觉辨识熟悉的物品

环境准备
准备拖把等清洁工具和宝宝反穿衣；在宝宝浴盆里装三分之一水，在水中放入儿童专用泡泡沐浴液和仿真海洋动物、宝宝熟悉的生活物件（如瓶盖等），另配备玩水工具。

玩法

- 邀请宝宝来到浴盆边，协助他们穿上反穿衣。将泡泡沐浴液倒入水中，并搅拌出泡泡，吸引宝宝观察、触摸和表达。随后，鼓励宝宝摸摸、猜猜、说说藏在泡泡水中的玩具是什么。

  宝宝，我们和小动物在水里玩捉迷藏游戏吧！

  这是泡泡沐浴液，把它倒到水中，不断搅拌后会发生什么呢？我们来看一看，你也来试着搅拌一下。

  摸摸看，水里有什么？

活动建议：室外　　**时长**：3—5分钟　　**人数**：1—7人

观察要点

- 是否喜欢玩水？
- 自己玩的过程中，有哪些表达和表现？
- 喜欢玩水吗？能通过触觉来辨识物品吗？

温馨提示

- 选择宝宝熟悉或有兴趣的动物和生活物品。
- 结束后检查宝宝衣服是否打湿，打湿衣服则需及时更换。
- 宝宝大多喜欢玩水，因此在一开始就要和宝宝确认游戏时间，一般时长在20分钟以内为宜。

ZW-04　在雨天散步玩水

宝宝能
喜欢玩水；记住并遵从一些简单的规则

环境准备
将儿童雨衣、雨伞、雨鞋分别放在衣架、伞架和鞋架上。

玩法
- 选择下小雨的天气，和宝宝一起穿好雨衣、雨鞋到户外雨中散步。听听雨声，伸手感受雨落在脸上（手上）的感觉，观察雨落在水面或地上、物体表面的样子，并用语言来描述。如果地面有坑洼积水的地方，可以和宝宝踩踩小水坑等。

  我听见下雨的声音了，哗啦啦哗啦啦，宝宝听一听。
  小手伸出来，看小雨落在手上，凉凉的，你感受到了吗？
  看，雨落在台阶上了，都是水花。

活动建议：室外　　**时长**：3—5分钟　　**人数**：1—7人

观察要点
- 对下雨天的户外活动感兴趣吗？
- 在雨中游戏时有哪些表达和表现？
- 能记住并遵从简单的规则吗？

温馨提示
- 活动中，保育人员要充分运用描述性语言与宝宝对话。
- 根据宝宝的身体情况，确定是否参加该游戏以及游戏时长，保证宝宝的健康。
- 平时，可带着宝宝阅读和雨有关的图画书，如《下雨天》等。

ZW-05 玩冰块

宝宝能

对事物的属性有更多的认知；喜欢玩水

环境准备

将冰块放在小碗或透明带盖的瓶子里（可将仿真小水果冻在冰块里），同时放一些冰块在感官桌里，并配有勺子、小碗等。在游戏区域旁放边置反穿衣、拖把、防滑垫等。

玩法

- 和宝宝一起观察冰块的形状，鼓励宝宝抓住冰块，和宝宝一起说说摸冰块的感觉，鼓励宝宝用"冷、滑、硬"等词描述冰块的属性，一起观察冰块的变化，找找藏在冰块里的秘密。

  宝宝，冰块摸上去有什么感觉呢，它是热的还是冷的？

  你能想办法把藏在冰块里的宝贝弄出来吗？

- 还可以往装冰块的瓶子里注入温水，和宝宝一起观察冰的融化现象，也可以准备一些食用色素，和宝宝一起制作彩色冰块等。

活动建议：室内外　　**时长**：3—5 分钟　　**人数**：1—5 人

观察要点

- 对冰块感兴趣吗？
- 自己玩的过程中，有哪些表达和表现？
- 能用"冷、热"等词汇描述冰块的属性吗？

温馨提示

- 选择温暖、适宜的天气和宝宝进行这个游戏。
- 有的宝宝可能会很想把冰块吃下去，出于卫生考虑，可以准备少量可以食用的、小块碎冰，让幼儿尝尝，满足他们的好奇心。

ZW-06 插放小珠钉

宝宝能
手指捏小东西并能把它放进小的开口中；说出常见物品的多种颜色；按数取物

环境准备
选择一个安静的地毯区域，将钉板玩具放在地毯上；准备若干指偶或毛绒玩具放在旁边。

玩法
- 邀请宝宝坐在钉板玩具前，鼓励宝宝插放小珠钉。待宝宝熟练后，可以请宝宝按照颜色或数量要求进行插放。

  兔子妈妈要出门给小兔子们采蘑菇吃，我们在草地上多种点蘑菇。

  小兔子爱吃红色的蘑菇，我们把红色的都种进去吧

  请你再种三个蘑菇，1、2、3。
- 还可以和宝宝玩轮流插放的游戏。

活动建议：室内外　　**时长**：2—3分钟　　**人数**：1—3人

观察要点
- 对钉板玩具感兴趣吗？
- 自己玩的过程中，表现出哪些探索行为？
- 会手指捏小物品插放吗？是否能说出珠钉的颜色？会按数取物吗？

温馨提示
- 宝宝在摆弄珠钉时，务必在保育人员的视线范围内。请宝宝在玩好后及时将玩具收好、归位。

ZW-07 插放吸管

宝宝能
手指捏小东西,并能放进小的开口中;会对物品进行初步的归类

环境准备
3—4 张花园的图片,自制布艺花片(用海绵纸剪出花片的形状,并在中间部位扎一个小洞)、弯头吸管若干、带小洞的鞋盒。将材料放在相对安静的地垫/地毯上。

观察要点
- 对花片、吸管等材料感兴趣吗?
- 自己玩的过程中,是如何探索这些材料的?
- 是否会用手指捏吸管并插入小洞中?会进行颜色配对吗?

玩法
- 邀请宝宝观看花园的照片,说说、聊聊他们在哪些地方看到过花。邀请宝宝一起种"花",自己建造"大花园"。鼓励宝宝将花片插在吸管上,并将吸管插进鞋盒的小洞里。
  宝宝,春天来了,公园里花开了,真漂亮。
  我们也来建造一座大花园吧。
  这边,开了一朵黄色的花。(黄色花片插在黄色吸管上)
- 完成后,请宝宝数一数"花园"里有几棵"树"或几朵"花"。

活动建议:室内外　　**时长:**2—3 分钟　　**人数:**1—5 人

温馨提示
- 宝宝摆弄吸管时,务必在保育人员的看护范围内,请勿让宝宝带着吸管到处移动或者奔跑。

ZW-08 配对拧盖子

宝宝能
双手配合旋拧；感知大小

环境准备
不同尺寸的带螺旋盖的塑料瓶 3—4 个；可塞在瓶子里的各种材质的生活物品，可以是小积木等。将这些物品放在地毯上。

玩法
- 和宝宝一起坐在地毯上，自由摆弄瓶子，塞塞放放、装装倒倒。当宝宝把东西装进瓶子后，鼓励宝宝找到匹配瓶子的盖子并拧紧。

  宝宝，你能找到配这个瓶子的盖子吗？

  你手里的瓶子很小，找找最小的盖子试试。

  瓶子里有宝贝，摇摇看，你能把宝贝从瓶子里面取出来吗？
- 还可以准备不同形状、不同开合方式的容器供宝宝探索。

活动建议：室内外　　**时长**：2—3 分钟　　**人数**：1—5 人

观察要点
- 对瓶子、罐子感兴趣吗？
- 自己玩的过程中，出现了哪些探索行为？
- 能拧开盖子吗？会准确区分大和小吗？

温馨提示
- 注意做好瓶子的清洁工作，检查有无锋利的边缘。
- 也可以提供如拧螺丝玩具等来观察宝宝旋拧动作的发展情况。

ZW-09　玩动物拼图

宝宝能

玩简单的拼图；感知和分辨整体与部分

环境准备

将 2—3 块装拼图（宝宝熟悉的常见动物、家人照片等均可）、收纳盒放在桌子上。拼图可自制（将实物图片剪成 2—3 块，注意边角要处理圆滑）。

玩法

- 和宝宝一起坐在桌子边上，观察这些图板，将图板拼好完整的呈现给宝宝，和宝宝说说拼图上的物品；随后将拼图拆开，让宝宝自主拼图。

  瞧，这两块拼板是一个颜色的，拼在一起，是小猫！

  这两块是大象，你能试试自己拼出来吗？

  你把颜色相似的两块挑出来了，这个拼出来会是什么呢？

活动建议：室内　　**时长**：2—3 分钟　　**人数**：1—5 人

观察要点

- 对拼图感兴趣吗？
- 自己玩的过程中，有哪些表达和表现？
- 能将拼图拼上吗？

温馨提示

- 刚开始，可以给宝宝多玩镶嵌版，或者玩 2 块装拼图，随着宝宝拼图能力的提升，可以选择 3—4 块装拼图。

ZW-10 穿大珠

宝宝能
穿大珠，技能更加娴熟

环境准备
红色、黄色的大孔木珠带3—5厘米木针的穿珠绳。材料可根据人数准备3—4组，放在地毯上。准备一个娃娃。

观察要点
- 对珠子和绳子感兴趣吗？
- 自己玩的过程中，有哪些探索行为？
- 能双手配合熟练地连续穿大珠吗？

玩法
- 和宝宝坐在地垫上，将穿好的珠子假想成项链戴在娃娃脖子上，然后，鼓励宝宝也给娃娃穿一串。

  宝宝，看，我给娃娃穿了一串项链，宝宝也来穿一串吧。

  我们把红色的珠子都穿起来。

  1、2、3，哇，你已经串了三个珠子了。

  你的项链很漂亮，红黄相间穿起来的。
- 还可准备穿鞋带的操作玩具放在玩具架上供宝宝自由摆弄，这也可以锻炼宝宝的穿编技能。

温馨提示
- 宝宝务必在保育人员的视线范围内摆弄珠子和绳子。

活动建议：室内　　**时长**：2—3分钟　　**人数**：1—4人

ZW-11 夹食物吃

宝宝能

使用夹子；知道常见物品的用途

环境准备

餐点时间，将装有水果或饼干的盘子放在餐桌上，配2个夹食物的夹子。其他进餐工具放在方便宝宝取拿的餐具架上。

观察要点

- 喜欢自己夹取食物吗？
- 自己夹取时，有哪些行为表现？
- 会熟练地使用夹子吗？

玩法

- 餐点时间，示范用夹子夹取饼干，边夹边说说使用方法和规则，鼓励宝宝自己用夹子夹取饼干放在盘子里吃。

  用小手指捏住夹子两边，对着饼干用力捏夹子，饼干就能夹住了。把饼干放在小盘子里，夹子放回大盘子，这样别的小朋友就可以使用了。

- 也可以在娃娃家游戏里提供仿真材料，让宝宝在游戏情境中增加练习的机会。

活动建议：室内　　**时长**：3—5分钟　　**人数**：1—5人

温馨提示

- 提醒宝宝吃多少夹多少，避免浪费食物。

ZW-12　用夹子夹捏

宝宝能
使用夹子夹捏；按数取物；能记住并遵守简单的规则（如轮流）

环境准备
在操作游戏区桌面或地面提供夹骨头玩具、夹捏毛球等使用夹子的游戏材料。

玩法
- 吸引宝宝对夹骨头玩具的兴趣，示范用夹子夹捏骨头并送进小狗的嘴巴，也可以尝试和宝宝轮流喂、取规定数量的骨头喂等。

  宝宝，小狗请你给它夹点骨头吃，谢谢你。

  我也有一个夹子，现在我们轮流喂小狗骨头吧。

  小狗想要2根骨头，请你夹给它，1、2。

- 还可以在装扮游戏区创设面包店的游戏情景，请宝宝在假想选购面包的游戏过程中练习使用夹子。

活动建议：室内外　　**时长**：2—3分钟　　**人数**：1—5人

观察要点
- 对使用夹子感兴趣吗？
- 自己玩的时候，有哪些探索行为？
- 能使用夹子夹捏吗？是否会按数取物？能理解轮流的规则吗？

温馨提示
- 请宝宝玩好后将夹子放好再离开。

ZW-13 剥橘子

宝宝能

拇指和食指配合剥、拆开物体

环境准备

餐厅里每张桌子上摆放一盘小橘子（数量至少每人1个）、餐盘、餐巾纸、放置橘子皮的空盆/桌面垃圾桶。

玩法

- 点心时间，和宝宝坐在桌前，给宝宝每人一个橘子，一起摸摸、闻闻、说说橘子的味道、颜色等。然后，示范剥橘子，并请宝宝自己动手尝试。剥开后，和宝宝一起观察橘子里面的样子、品尝橘子。

今天我们吃的水果是小橘子，闻一闻小橘子，好香啊。

像我这样剥开橘子皮，剥下来的皮请放在这个盆子里。

剥好了，尝一尝，橘子的气味香香的，味道酸酸甜甜的。

活动建议：室内点心时间　　**时长**：3—5分钟　　**人数**：1—7人

观察要点

- 对剥橘子感兴趣吗？
- 剥橘子时有哪些行为表现？
- 会拇指和食指配合剥橘子吗？

温馨提示

- 提前将橘子外表洗干净。
- 结束时，请宝宝参与整理环境，将垃圾进行干湿分离。

ZW-14　撕粘贴纸

宝宝能

拇指和食指合作揭贴；手口一致数 1—5

环境准备

选择一个安静的游戏区域，将毛毛虫底板放在桌面上，彩色圆点贴纸放在托盘里。图画书《好饿的毛毛虫》或毛毛虫图片。

玩法

- 和宝宝一起坐在桌子边，给宝宝讲讲《好饿的毛毛虫》的故事或者观看毛毛虫的图片，帮助宝宝理解其外形特征。出示毛毛虫粘贴底板，和宝宝一起数数底板上有几条毛毛虫、毛毛虫的身体由几个圆圈组成，鼓励宝宝将圆点贴纸贴到对应的圆圈内。

  我们数一数毛毛虫的身子有几节？

  毛毛虫现在肚子空空的，1、2、3、4、5，你喂了 5 个小果子给它吃。

- 可以根据宝宝的兴趣替换毛毛虫的图案，如可以将底板替换成葡萄、汽车等。

活动建议：室内　　**时长**：3—5 分钟　　**人数**：1—5 人

观察要点

- 对贴纸感兴趣吗？
- 自己玩的过程中，有哪些表达和表现？
- 会熟练地用拇指和食指合作撕粘吗？会手口一致点数吗？

温馨提示

- 结束时，请宝宝参与整理环境，将撕下的废纸扔进垃圾桶。

ZW-15　塞塞放放做福袋

宝宝能

装倒东西；对事物的属性有更多的认知

环境准备

地毯上，将几个红色/金色福袋放在小篮子里，另准备红枣、板栗等物品放在小托盘里；塞好的福袋1个。

玩法

- 和宝宝坐在地毯上，一起看看托盘里都有什么，聊聊、说说过新年送福袋的寓意。邀请宝宝一起来做小福袋。做好后，将福袋连接起来悬挂在活动室里，装饰活动室，营造节日的气氛。

  宝宝，这个托盘里装的是什么东西？有红枣，还有板栗。

  这个是做好的小福袋，过节送福袋，福气满满。

  我们也来做一做吧，把红枣和板栗塞进小福袋里，拉住绳子收口，一个小福袋就做好了。

活动建议：室内外　　**时长**：2—3分钟　　**人数**：1—7人

观察要点

- 对把物品塞进口袋里感兴趣吗？
- 自己玩的时候，是如何探索这些材料的？
- 会把物品塞进袋子里吗？是否认识这些材料？

温馨提示

- 确保宝宝始终在保育人员的视线范围内，避免宝宝吞咽这些物品。
- 可以在新年期间和宝宝玩这个游戏。

ZW-16 粘贴装饰小灯笼

宝宝能

拇指和食指合作撕贴

环境准备

大红卡纸剪成灯笼的形状，放在桌面上。将各种颜色的圆点贴纸放在托盘里、灯笼图片若干

观察要点

- 对贴纸、灯笼感兴趣吗？
- 自己玩的时候，有哪些行为表现？
- 能动作熟练的用拇指和食指合作撕贴吗？

玩法

- 和宝宝坐在桌子边，欣赏桌上摆放的各种灯笼图片，一起聊聊、说说过新节时家里有没有挂灯笼等，了解过节习俗。提供灯笼的底图，请宝宝用贴纸粘贴、装饰灯笼。完成后，将它们挂在活动里。

  宝宝，看，这里有各种各样的灯笼图片，过节了，你的家里有没有挂灯笼呢？

  你在哪里看到过灯笼？

  过节要挂灯笼，我们也来做灯笼装饰我们的活动室吧。

- 也可以鼓励宝宝使用胶棒涂抹粘贴装饰物。

温馨提示

- 在活动室选择一块区域或位置用来张贴或悬挂宝宝的灯笼作品。
- 结束时，请宝宝参与整理环境，将撕下的废纸扔进垃圾桶。
- 可以在新年期间和宝宝玩这个游戏。

活动建议：室内外　　**时长**：3—5分钟　　**人数**：1—7人

ZW-17 搓捏纸团做"汤圆"

宝宝能

做团、捏、揉、搓、撕等动作

环境准备

装扮游戏区准备一个大嘴玩偶、若干勺子和小碗等放在桌子上;将彩色皱纹纸提前剪成边长5厘米左右的方形,放在篮子里;汤圆/元宵的图片贴在娃娃家的墙面上或摆放在桌面上。

玩法

- 和宝宝在娃娃家玩时,说说、聊聊墙上过新年的图片,聊聊正月十五的节庆习俗。鼓励宝宝将纸撕成小块,并把它团揉成小纸球,把纸球假想成"汤圆"和宝宝上灶台煮一煮,然后用勺子将"汤圆"舀起来送到玩偶的嘴巴里,一起庆祝元宵节。

  宝宝,今天是元宵佳节,我们要吃汤圆/元宵。

  数一数你给娃娃做了几个汤圆了,够不够他吃?

  汤圆煮熟了,舀到小碗里,喂给娃娃之前要吹一吹哦。

活动建议:室内外 　　**时长**:2—3分钟 　　**人数**:1—5人

观察要点

- 对撕纸、团捏的游戏感兴趣吗?
- 自己玩的时候,有哪些探索行为?
- 会熟练地用拇指和食指配合撕、团、捏吗?

温馨提示

- 可以在新年期间和宝宝玩这个游戏。
- 也可以提供黏土、泥巴等材料锻炼宝宝团、揉、搓、捏等动作的发展。

ZW-18 洗菜择菜做家务

宝宝能
做捏、撕、折等动作；对事物属性有更多的认识；"帮忙"做家务

环境准备
餐厅的桌面做好清洁、消毒，铺上一次性餐布。摆放和当天午餐匹配的各种蔬菜（少量）；装菜的竹篮；人手一个小盆子；铺有防水垫的地面。

观察要点
- 是否对洗菜、择菜感兴趣？
- 自己玩的时候，有哪些行为表现？
- 能双手配合洗菜、择菜吗？

玩法
- 协助宝宝洗手、穿上反穿衣，一起坐在餐桌边上。请宝宝看看、摸摸、闻闻、说说蔬菜的气味、质地等，边说边示范洗菜、摘菜的动作和方法，并让宝宝尝试，共同参与到午餐的准备中。

  宝宝，这里有一些我们午餐时会吃到的蔬菜。
  这个长长的是芹菜，闻一闻它的气味，很清新吧。
  现在要请你们帮大厨把菜叶一片片摘下来。
  炒菜之前，请把菜叶装进小盆里洗干净。
- 可根据活动的季节提供相应的蔬菜。

温馨提示
- 选择合适的天气进行。如果天气太冷，洗菜的部分请保育人员演示完成。
- 若无合适的水源，可用大盆装水在户外让宝宝洗菜。

活动建议：室内外　　**时长**：3—5 分钟　　**人数**：1—5 人

ZW-19 整理小衣柜

宝宝能

模仿生活中的活动；会把纸折叠变小；进行角色扮演

环境准备

在装扮游戏区摆放小衣橱，里面分层摆上宝宝/娃娃的衣服、裤子，可挂宝宝衣服的晾衣架。另留几件挂在晾衣绳上。

玩法

- 在宝宝玩娃娃家游戏时发起这个游戏：请宝宝把晾晒的衣服拿下来，折叠好，分类放在小衣橱里。

  宝宝，洗好的衣服都干了吗？干了，我们把它收回来。

  我们要把它们叠好，放进衣柜里。

  宝宝的衣服放这里，爸爸的衣服放在下面。

活动建议：室内外　　**时长**：3—5 分钟　　**人数**：1—3 人

观察要点

- 对收纳、整理、折叠衣物感兴趣吗？
- 自己玩的过程中有哪些行为和表现？
- 会折叠衣物吗？是否出现了简单的游戏情节？

温馨提示

- 可以向家庭征集一些爸妈的衣物，如爸爸的领带等，游戏前注意做好安全检查和消毒。
- 在生活中，多鼓励宝宝参与衣物的收纳、整理。

ZW-20 切水果做三明治

宝宝能

使用简单工具；知道常见物品的用途

环境准备

在餐厅区域，将切片面包（每片切成4份）、香蕉等易切开的水果放在餐盘里；准备宝宝用小砧板、安全小刀及盘子，桌面及所有用具提前做好清洁消毒

观察要点

- 对使用工具自己准备食品的活动感兴趣吗？
- 操作过程中有哪些行为表现？
- 会使用这些工具吗？动作是否熟练？

玩法

- 点心时间，请宝宝们围坐在餐桌前，展示做好的水果三明治，让宝宝看看由什么组成，说说形状、闻闻气味等。在宝宝面前品尝一下，表示很好吃，激发宝宝的制作兴趣。请宝宝自己将香蕉切成片状，放在面包片上，做成三明治并品尝。

  宝宝们，这是我们今天的点心，水果三明治。

  看我的水果三明治里有什么？对，是切成圆形的香蕉片。

  哇，真好吃！宝宝也来自己做一个吧。

温馨提示

- 食材和工具准备充足，使每个宝宝都可以安心独立操作。
- 结束后，请宝宝一起收拾桌面。

活动建议：室内　　**时长**：5—8分钟　　**人数**：1—7人

ZW-21 种植活动

宝宝能
使用简单工具

环境准备
室内外的植物园/角，工具架上有序摆放铲子、勺子、浇花壶、小花盆等种植工具、向日葵或其他种子，将营养土装在一个大盆里。

玩法

- 带宝宝到户外种植活动区域，邀请宝宝参与到种植活动中。边示范边向宝宝展示种植过程：舀土，埋入3—4颗葵花籽种子，浇水。鼓励宝宝们自己动手尝试结束后，请宝宝将种好的花盆摆放在植物角的种植架上，整理工具、洗手。

  宝宝，我们一起来种花啦！先把土舀到花盆里，在土里撒几颗种子，再舀一些土，像盖被子一样盖在种子上面。最后，浇一点水！我们把它放在植物架子上，它们需要经常喝水、晒太阳。

- 带宝宝去花园观察种子有没有发芽生长，聊一聊他们看到的东西，鼓励他们用拍摄的方式记录向日葵生长的过程。

活动建议：室内外　　**时长**：5—8分钟　　**人数**：1—5人

观察要点

- 对种植活动感兴趣吗？
- 自主操作时出现了哪些探索行为？
- 会使用这些工具吗？能理解并按照一定的操作步骤完成吗？

温馨提示

- 建议把种子事先浸泡一个晚上，更易于发芽成长。
- 可以是多名宝宝共同协助种植一盆花。
- 户外游戏时，留意宝宝是否需要增减衣服；种植结束应让宝宝清洗双手。

ZW-22 用锤子敲击

宝宝能
使用简单工具；指认基本形状；说出常见物品的多种颜色

环境准备
将敲木桩的底座放在地毯上，将玩具钉子、锤子等放在篮子里。为了吸引宝宝的兴趣，可配几个小指偶做游戏道具使用。

玩法
- 和宝宝一起摆弄图板，说说它们的颜色、形状，也可以拼拼、摆摆。拿起锤子和钉子时，可以和宝宝聊聊它们的功能和使用方法。示范使用锤子和钉子敲击，请宝宝假想自己是建筑工人，也来模仿、尝试敲钉子，修筑"篱笆"。
  篮子里有好多图板，我们看看都是什么形状。
  篮子里有钉子和锤子，这两个东西是做什么使用的？
  小兔子家院子里的篱笆坏掉了，我们现在变身装修工，帮他们家修一修篱笆吧。

活动建议：室内　　**时长**：3—5分钟　　**人数**：1—3人

观察要点
- 对锤子和形状图板感兴趣吗？
- 自己玩的过程中有哪些表达和表现？
- 会使用锤子手眼协调敲击吗？是否能指认基本形状？会说出常见物品的多种颜色吗？

温馨提示
- 玩敲钉子的活动时，要确保宝宝在保育人员的照护范围内，避免宝宝带着钉子到处走或跑跳。

ZW-23　使用工具捞球

宝宝能

使用简单工具；对事物属性有更多认知（感知沉浮）

环境准备

在水池／水盆里注入一些水，放入若干海洋球、树叶、石子、木片等物品，同时配几个漏勺／捞鱼网、小水桶。旁边放置防滑垫、反穿衣、雨鞋等物品。准备小拖把、海绵块等，方便清洁环境。

观察要点

- 对使用工具、观察物品沉浮感兴趣吗？
- 自己玩的过程中有哪些行为和表现？
- 会使用这些工具吗？

玩法

- 和宝宝猜猜、说说小球和石头放进水里是沉下去还是浮起来，一起观察物品的沉浮情况，请宝宝尝试把树叶等其他物品也逐一放进水里进行观察。然后，鼓励宝宝用工具将小球捞进水桶里。捞完球后，可以和宝宝数一数捞起多少个球，比比谁捞得更多。

  宝宝，你猜猜看，小球掉在水里是漂起来还是沉下去？

  我捞起了三个球，你捞了几个？1、2、3，我们一样多。

- 结束时，请宝宝用拖把等工具整理环境。

温馨提示

- 玩水活动较适合在夏天进行。

活动建议：室内外　　**时长**：3—8 分钟　　**人数**：1—4 人

ZW-24 喂娃娃吃饭

宝宝能
使用进餐工具独立进餐；学着自己洗手、擦脸、刷牙

环境准备
在装扮游戏区布置一个餐厅游戏环境：桌面摆放仿真食物、勺子3—4把、娃娃（或自制开口瓶子）围兜等。可摆放简单的厨房用具，如烤箱等以增强游戏的情境性。

观察要点
- 对勺子、各种厨具等感兴趣吗？
- 自己玩的时候有哪些表达和表现？
- 会熟练地使用勺子给娃娃喂饭、帮娃娃擦嘴吗？

玩法
- 当宝宝在娃娃家摆弄仿真食物或勺子时，发起游戏。示范把娃娃放在宝宝椅上，给娃娃戴好围兜，然后用勺子舀起仿真食物装进小碗，一手端起小碗一手拿勺子喂娃娃。鼓励宝宝尝试模仿。

午饭时间到了，我们来喂娃娃吃饭咯。

先戴好小围兜，用勺子舀起食物送到娃娃嘴里。

娃娃吃饱了，请你帮他擦擦嘴、洗洗手。

活动建议：室内外　　**时长**：2—3分钟　　**人数**：1—4人

温馨提示
- 日常用餐时，鼓励宝宝自己吃饭、擦嘴，并练习自我服务。

ZW-25　给娃娃洗澡

宝宝能
认识自己的身体部位；进行角色扮演，出现简单的情节

环境准备
在装扮游戏区提供可穿脱衣服的娃娃 2 个、大浴盆、小毛巾 2—3 块、清洁干净的沐浴露瓶子、浴巾等洗澡用品。

玩法
- 和宝宝一起探索各种洗澡用品，说说这些物品的用途。鼓励宝宝给自己或娃娃洗澡。示范给娃娃脱下衣服，放在浴盆里，边洗边说说身体部位以及使用的洗澡用品的名称和用途。

  这是什么，你什么时候见过妈妈使用它？它是做什么用的呢？

  娃娃玩了一天身上脏脏的，快来洗个澡。

  小肚子洗干净了，还有哪里没有洗？

  都洗好了，娃娃香香的，用毛巾给它擦干净吧。

活动建议：室内外　　**时长**：3—5 分钟　　**人数**：1—3 人

观察要点
- 对洗澡用品及洗澡游戏感兴趣吗？
- 自己玩的时候有哪些探索行为？
- 是否能认识身体部位？会假想并模仿洗澡的步骤吗？

温馨提示
- 可向家庭征集一些洗澡用过的物品，如，空的沐浴露瓶等，投放在游戏区前注意做好安全检查和消毒。

ZW-26　给娃娃洗手

宝宝能
认识自己的身体部位；知道饭前便后洗手

环境准备
在装扮游戏区提供小娃娃、小水盆、毛巾、洗手液空瓶（清洁干净）。

玩法
- 在娃娃家，假想娃娃要吃晚饭了，请宝宝给娃娃洗洗小手。边观察宝宝给娃娃"洗手"边念唱童谣《洗手》，鼓励宝宝照顾娃娃擦手和就餐等。

  要吃晚饭了，饭前要洗手，请你去帮娃娃洗洗小手。

  宝宝，你能教教娃娃怎么洗手吗？

  水冲干净后要做什么呢？对，擦擦手。

活动建议：室内外　　**时长**：2—3分钟　　**人数**：1—4人

观察要点
- 对洗手用品和洗手的假想游戏感兴趣吗？
- 自己玩的时候，有哪些表达和表现等？
- 认识身体部位吗？能模仿洗手的动作和步骤吗？

温馨提示
- 童谣《洗手歌》的歌词及动作见第三部分"资源列表"。

ZW-27 照顾娃娃睡觉

宝宝能

穿脱鞋袜和部分衣裤；进行角色扮演，出现简单的情节

环境准备

在装扮游戏区，将娃娃放在小床上，旁边可放置挂衣架或小衣柜，将配套娃娃的衣服挂起来。

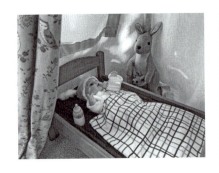

玩法

- 和宝宝一起玩照顾娃娃的游戏。示范给娃娃脱下衣裤，请宝宝模仿并照顾娃娃睡觉。

  宝宝，午睡时间到了，我们要照顾娃娃睡觉了。

  请你帮忙铺好娃娃的小床，给娃娃脱衣裤。

  脱下来的衣服请帮忙叠好放在衣柜里，谢谢。

活动建议：室内外　　**时长**：2—3分钟　　**人数**：1—3人

观察要点

- 对穿脱衣服的游戏感兴趣吗？
- 自己探索娃娃和衣服的过程中有哪些行为？
- 是否会给娃娃穿脱衣裤？出现了哪些假想情节？

温馨提示

- 生活中，给宝宝充足的时间和机会，让宝宝自己照顾自己穿脱衣裤。

ZW-28　装扮妈妈

宝宝能

进行角色扮演，有简单的情节

环境准备

向家庭征集一些妈妈常用的物品，可以是头饰、衣服、背包、反映妈妈职业特征的物品等。将这些物品分类放在装扮游戏区的小衣橱或衣架上，配置穿衣镜。

观察要点

- 对装扮成妈妈的游戏感兴趣吗？
- 自己玩的时候是如何探索这些材料的？
- 会自己装扮并假想一些情节吗？

玩法

- 和宝宝一起来到小衣橱前，看看、说说衣橱里那些妈妈常用的物品名称。请宝宝找找自己妈妈的物品并介绍一下妈妈什么时候使用等，鼓励宝宝使用这些物品装扮成妈妈的样子，模仿妈妈的行为。结束时，请宝宝整理小衣橱，将物品归位。

  哪件物品是你妈妈的？你能介绍一下妈妈什么时候使用它吗？

  挑选几件物品，我们现在把自己打扮成妈妈的样子吧。

  你选了一个背包，你扮成妈妈上班的样子了。

活动建议：室内外　　**时长**：3—5 分钟　　**人数**：1—3 人

温馨提示

- 如果是向家庭收集的物品，投放在游戏区前要注意检查安全，做好消毒工作。

ZW-29 小医生

宝宝能
模仿生活中的活动；进行角色扮演，有简单的游戏情节

环境准备
在装扮游戏区摆放小医生的玩具、小床和娃娃。也可以提供一些医生办公使用的物品，如，电话、电脑键盘等，以丰富宝宝的游戏情景。

观察要点
- 对装扮医生感兴趣吗？
- 自己玩的过程中有哪些表达和表现？
- 会假想看病的情节、装扮医生吗？

玩法
- 和宝宝聊聊打预防针或去医院看病的情景，说说医生的作用、医生是怎样看病和打针的。假装娃娃生病，发起生病看病的游戏，请宝宝给娃娃诊断、开药或打针等，模仿医生的行为。

  医生，我的宝宝有点发烧了，一直哭，怎么办？

  娃娃是需要打针还是吃药？

  医生，这个药要怎么吃呢？

  娃娃打针了，娃娃好疼呀，妈妈抱抱。

温馨提示
- 该游戏尤其适合近期有看病经历的宝宝玩。

活动建议：室内外　　**时长**：3—5分钟　　**人数**：1—4人

ZW-30 听指令找形状

宝宝能
分辨指认正方形、圆形等基本形状；记得东西放在哪里；会对物品进行初步的归类

环境准备
圆形、方形、三角形的卡片各1张，分别贴有三种形状标签的筐各1个、三种形状的物品各一个。

玩法
- 和宝宝一起观察圆形、方形和三角形的物品和图片，摸摸、说说是什么形状。发起"小侦探"的游戏，拿着圆形卡片，请宝宝在活动室里尽可能多地找出圆形的物品。再用相同的方法找其他形状的物品。游戏结束，一起归还物品。

  宝宝，请你们做小侦探，一起帮忙找找房间中圆形的物品或玩具。瞧，这个筐上有圆形标签，我们找到的圆形物品都放在这里哦。这个图形找错家了，我们把它放在圆形标签的筐里。

活动建议：室内　　**时长**：3—8分钟　　**人数**：1—7人

观察要点
- 对找形状的游戏感兴趣吗？
- 自己玩的过程中有哪些表达和表现？
- 能分辨指认形状吗？是否理解成人的指令？
- 是否会将物品送回原处？能进行物品分类吗？

温馨提示
- 在宝宝寻找、拿取有角的物品时，做安全提示，不要奔跑打闹。

ZW-31 形状和颜色分类

宝宝能
分辨、指认基本形状；能说出常见物品的多种颜色；会对物品进行初步的归类

环境准备
选择一块安静的游戏区域，准备 2—4 种常见色（红、黄、蓝等）的基本形状拼板，将它们混合放在篮子里，再准备与拼板颜色对应的容器。这些物品可以摆放在桌上或地毯上。

玩法
- 和宝宝面对面坐下，允许宝宝自己拼拼、摆摆。和宝宝说说这些图板的颜色、形状、宝宝摆的图案，请他挑出相同的形状等。游戏快结束时，拿出对应颜色的容器，请宝宝将图板按颜色放进容器里，或者按形状进行归类。

  宝宝，这个是正方形，你能帮我找出相同的形状吗？

  现在，我们把图板按颜色收纳在这些容器里吧。

活动建议：室内外　　**时长**：2—3 分钟　　**人数**：1—4 人

观察要点
- 对形状图板感兴趣吗？
- 自己玩的时候是如何探索这套材料的？
- 能感知和分辨颜色、形状吗？会分类吗？

温馨提示
- 允许宝宝按照自己的想法摆弄这些材料。

ZW-32　听听周围的声音

宝宝能
辨别生活中和自然界里的多种声音；能分辨并将熟悉的物品与声音匹配

环境准备
在乐器区域的地毯上摆放鼓槌（2—3根）、一些可以敲打或摇晃出声响的生活物品（不同质地的容器等）、乐器。

观察要点
- 对生活中的声音感兴趣吗？
- 自己探索声音的过程中有哪些行为表现？
- 能辨别多种熟悉的生活物品的声音吗？

玩法
- 邀请宝宝，用鼓槌敲敲各种物品，听听不同物品敲击发出的声音。当宝宝熟悉后，可以请宝宝闭上眼睛，用耳朵听声音，然后睁开眼睛找一找是什么物品发出的声响。

  宝宝，这是碰铃，敲一敲，叮叮叮，声音真好听！

  现在，请闭上眼睛，听听是什么声音？你能找到刚刚是谁发出的声音吗？

- 还可在户外游戏时，和宝宝一起聆听周围的声音，如，说话声、鸟叫、喇叭声等，玩听音找对应图片的游戏。

温馨提示
- 活动中，要充分运用描述性语言与宝宝对话，加强其对声音与语言的感知，特别是寻找到声音以后，鼓励宝宝模仿发声，促进宝宝语言的发展。

活动建议：室内外　　**时长**：3—5分钟　　**人数**：1—5人

ZW-33 和颜色宝宝做游戏

宝宝能

能说出常见物品的多种颜色；对物品进行初步的归类

环境准备

将小国旗、各种红色或黄色的玩具放在桌面/地毯，另配红色、黄色的小容器各1个。可在活动室里多放一些红色、黄色的物品。

玩法

- 和宝宝一起观察国旗，说说国旗上面的颜色、图案等。随后可以和宝宝一起找一找活动室内红色或者黄色的玩具，并将玩具按颜色分类。

  宝宝，这是我们中国的国旗，我们来看看国旗，你都发现哪些颜色了？

  请你帮忙把活动室里红色或黄色的玩具找出来给我。

  请把红色的玩具放在红色的小篮子里。

活动建议：室内　　**时长**：3—5分钟　　**人数**：1—5人

观察要点

- 喜欢摆弄这些材料吗？
- 在自主摆弄的过程中有哪些行为表现？
- 能说出颜色名称吗？会按颜色分类吗？

温馨提示

- 避免让宝宝拿着国旗杆到处追跑。
- 可以在国庆节期间和宝宝玩这个游戏。

ZW-34 颜色分类

宝宝能
说出常见物品的多种颜色；会对物品进行初步的归类

环境准备
选择一块相对宽敞、开阔的地方，将红黄蓝三色海洋球散落放在地上，将红黄蓝三色桶放在比较醒目的地方。

观察要点
- 对颜色分类的游戏感兴趣吗？
- 自己玩的时候有哪些行为表现？
- 是否能准确地完成颜色分类？

玩法
- 带宝宝一起来到游戏场地，请宝宝自己捡捡、扔扔海洋球。游戏结束时，演示捡球并放置/投掷在相应颜色的桶里，鼓励宝宝将海洋球收集起来，分类放在对应颜色的容器里。

  哇，地上有好多球，我们一起玩球吧。

  游戏快结束了，我们一起来收海洋球了，你拿的是红色的球，请把红色的球放在红色的桶里。

活动建议：室内外　　**时长**：3—5分钟　　**人数**：1—5人

温馨提示
- 控制好场地上海洋球的数量，避免散落过多带来的安全隐患。

ZW-35 摸摸猜猜

宝宝能
凭触觉辨识熟悉的物品；认识并能说出生活中常见的物品

环境准备
不同触感和气味的、宝宝熟悉的水果，每种1—2个（如香蕉、苹果、猕猴桃），放置在不透明的触摸袋内。

玩法
- 选择相对安静的区域邀请宝宝围坐在一起，示范闭眼伸手去触摸袋里的物品，并说出感觉。随后，请宝宝也来摸一摸。鼓励宝宝说出感觉，猜一猜是什么水果，最后拿出来确认。

  宝宝，这个袋子里装着什么呢？

  我来用手摸摸看，光滑的，圆圆的，会不会是苹果呢？

  你摸到的东西是光滑的吗？你觉得是苹果还是香蕉？
- 还可以请宝宝根据水果的名称或图片从触觉袋里摸出相应的水果。

活动建议：室内外　　**时长**：3—5分钟　　**人数**：1—6人

观察要点
- 对感官游戏感兴趣吗？
- 在游戏过程中有哪些行为和表现？
- 能凭触觉等感官辨认、说出物品吗？

温馨提示
- 当宝宝无法说出感觉类的词汇时，保育人员可以协助宝宝，如："摸上去是毛毛的，还是光滑的？"让宝宝在二选一中回答。
- 定期更换触摸袋内的物品（如换成生活用品）。

ZW-36 找到相同的物品

宝宝能

区分事物间的"相同"和"不同"

环境准备

在装扮游戏区创设一个洗晒的游戏情景：在晾衣绳上挂上材质、大小、图案不同的5双袜子。准备不同尺寸但便于宝宝拿捏的夹子。

玩法

- 发起收袜子的游戏，请宝宝将袜子和夹子从晾衣绳上取下来，将相同的袜子找出来套在一起，和宝宝数一数一共几双袜子。

  宝宝，袜子都晾干了，我们把它们收起来吧，相同的袜子套在一起。

  数一数，我们一共整理了几双袜子？

- 还可以和宝宝玩卖袜子的假想游戏，宝宝根据保育人员要买的数量、图案要求等为"顾客"挑选袜子。

活动建议：室内外　　**时长**：3—5分钟　　**人数**：1—3人

观察要点

- 对找袜子、配对、整理的游戏感兴趣吗？
- 自己玩的过程中有哪些表达和表现？
- 会区分"相同"和"不同"吗？

温馨提示

- 日常及离园等环节进行生活整理时，请宝宝找找自己的鞋子、手套等。
- 请家庭在家中迁移，让宝宝多参与家务劳动。

ZW-37　找找数字宝宝

宝宝能

对数字感兴趣（认识数字）

环境准备

蕴含数字的玩具、蕴含数字的时钟、电话机（座机）等生活物品，将物品放在地毯或桌子上。

观察要点

- 对生活物品上的数字感兴趣吗？
- 自己玩的时候是如何探索这些物品的？
- 认识数字吗？能找到相同的数字吗？

玩法

- 摆弄电话机等带数字的生活物品，吸引宝宝的注意。鼓励宝宝一起找找、说说数字在哪里、说说物品的功能等，出示数字卡片，和宝宝指指电话机等物品上相同的数字在哪里。

宝宝，你能找到这些物品上的数字宝宝在哪里吗？

看，电话机上有数字。电话有什么用处？时钟有什么用处呢？

宝宝这是数字几？找找你的电话机上这个数字在哪里？

活动建议：室内外　　**时长**：2—3分钟　　**人数**：1—5人

温馨提示

- 活动结束后，将这些物品放在活动室里，给宝宝进一步探索的机会。
- 可在阅读区域准备一些跟数字有关的图画书。

ZW-38　数字纸盘小汽车

宝宝能
对数字感兴趣（配对、点数、按数取物）；玩假想游戏

环境准备
在涂鸦区桌面或墙面展示出租车及司机的图片、成品纸盘小汽车1辆。将剪好的纸盘和车轮、大蜡笔、胶棒放在桌子上（数量可满足3—4人使用）、1—3的数字卡片。

观察要点
- 对观察图片、粘贴制作等是否感兴趣？
- 在制作、玩汽车的过程中有哪些表达和表现？
- 会使用胶棒吗？能根据数字进行配对吗？

玩法
- 和宝宝聊聊司机的职业、工作等，一起看看、玩玩成品纸盘小汽车。示范制作过程（半个一次性纸盘做车身，贴上两个圆形当轮胎）。请宝宝自己拿材料制作。在做好的汽车上贴上数字，和宝宝玩数字对对碰的游戏。
  嘀嘀叭叭，汽车开来了！车头在这里，车子下面还有圆圆的车轮。你做的是几号小汽车？找一找，有没有同样号码的小汽车？
- 还可以玩按汽车编号排队、数一数汽车等游戏。或者围绕"汽车"展开一些关于安全、自我保护方面的对话。

温馨提示
- 向宝宝示范制作小汽车时，步骤清晰，帮助宝宝理解。
- 活动前将各种材料分类摆放，使游戏更有条理。
- 完成制作后，请宝宝把胶棒归还到收纳盒中，养成整理的习惯。

活动建议：室内外　　**时长**：3—8分钟　　**人数**：1—4人

ZW-39　按数取物

宝宝能

按数取物；将熟悉的物品与图片匹配

环境准备

在装扮游戏区布置一个去超市买水果的游戏情景：准备可分类置物架，若干个小篮子，宝宝熟悉的仿真水果；准备购物袋、超市购物车、购物提示卡（卡上显示水果图案及数量）等物品。

玩法

- 发起超市购物的游戏，示范按照数字图卡挑选相应数量的水果请宝宝做售货员，按照顾客提出的数量要求帮助挑选水果。

  宝宝，我们一起去超市买点水果吧。

  我有一个购物清单，这样就知道要买什么了。

  售货员，你好，我想买2个桃子，谢谢！

- 游戏最后，和宝宝一起数一数挑选的水果数量是否准确。

活动建议：室内外　　**时长**：3—5分钟　　**人数**：1—5人

观察要点

- 对数字卡片、数水果感兴趣吗？
- 自己玩的过程中有哪些表达和表现？
- 能准确地按数取物吗？是否会将仿真水果与图片匹配？

温馨提示

- 可让家长带宝宝体验超市购物，让宝宝参与挑选商品的过程。和宝宝数一数购买的物品的数量。

ZW-40 手口一致点数

宝宝能
手口一致地数 1—5；模仿生活中的活动；进行角色扮演，有简单的游戏情节

环境准备
在装扮游戏区创设给娃娃过生日的情景：桌子上摆放一块彩泥，5—8 根长 8—10 厘米的吸管段（假想成蜡烛），将娃娃放在椅子上，配几个小盘子、小叉子若干。

玩法
- 邀请宝宝一起参与娃娃的生日聚会，和宝宝一起数一数蜡烛，猜猜、说说娃娃几岁了，请宝宝数一数参加生日派对的人数，根据客人人数分发盘子和勺子，并切出相应数量的蛋糕。

  宝宝，你看看蛋糕上插了几根蜡烛，猜猜娃娃几岁了？
  今天会有 4 个客人来做客，数数盘子和叉子有几个？1、2、3、4。
  请你帮忙把蛋糕切开，我们数一数切了几块，1、2、3、4。

活动建议：室内外　　**时长**：3—5 分钟　　**人数**：1—4 人

观察要点
- 对点数游戏感兴趣吗？
- 自己玩的过程中有哪些行为和表现？
- 是否会手口一致点数？会假想一些简单的游戏情节吗？

温馨提示
- 活动前，可先向宝宝或其家长了解宝宝过生日的经验，也可以选择过生日的图画书和宝宝一起读读、说说。

ZW-41 比较高矮

宝宝能
比较高矮；喜欢和别的同伴一起玩

环境准备
在平整宽敞的地面摆放一些高低、长短不同的物品。

玩法
- 和宝宝聊聊、说说自己从小时候到现在的变化，引发宝宝对比较高矮游戏的兴趣。请两位宝宝（对比明显的）站起来比比高矮，向宝宝介绍、示范比较高矮的方法。邀请宝宝们互相比一比，谁更高，鼓励他们说出同伴的名字。

  宝宝，你有没有长大？个子有没有长高呀？你也和娃娃比一比吧。

  两个宝宝背对背，站直咯，看看谁的个头更高一点？

活动建议：室内　　**时长**：3—5分钟　　**人数**：1—7人

观察要点
- 对比较高矮的游戏感兴趣吗？
- 自主比较过程中有哪些行为？
- 会比较高矮吗？是否喜欢和同伴一起玩？

温馨提示
- 活动中要鼓励相对较矮的宝宝，避免宝宝比高矮之后有失落感。
- 宝宝靠近站立时，要注意维持现场秩序，避免人过多拥挤出现推搡。

ZW-42 探索光影

宝宝能

对事物的属性开始有更多的认知；在成人提示下，能记住并遵守简单的规则

环境准备

安全的弱光手电筒 3—4 个、帐篷（遮光）、放在帐篷里的各种"宝贝"（如仿真动物）。

玩法

- 和宝宝们一起探索手电筒，聊聊手电筒的作用。观察手电筒的开关方法，看看手电筒距离地面远近不同时光影变化，鼓励宝宝抓一抓、踩一踩光斑。
- 用手电筒照照黑暗的帐篷，一起去"洞穴"探险，看看"洞穴"里的宝贝。

  宝宝，找找手电筒的光点，看到了吗？

  试一试，你能抓住光点吗？

活动建议：室内外　　**时长**：2—3 分钟　　**人数**：1—3 人

观察要点

- 对手电筒、光影等感兴趣吗？
- 自己玩的时候有哪些探索行为和表现？
- 能否遵守简单的游戏规则？

温馨提示

- 提前告知宝宝活动室会变暗，给予宝宝足够的心理准备。及时安慰和鼓励怕黑的宝宝。
- 在宝宝自主探索手电筒前，仔细讲解告知游戏规则，避免宝宝用光照射自己或他人的眼睛。

ZW-43 认识花园里的事物

宝宝能

认识并能说出生活中常见的物品；用多种感官感知事物

环境准备

机构内小花园，或室内布置的一个植物角。

玩法

- 带宝宝一起来到小花园，和宝宝一起看看、摸摸、闻闻、说说花园里的事物，请宝宝给植物浇浇水。启发宝宝说出自己的发现和感受，鼓励他们自由表达。

  宝宝，我们去逛小花园吧，小花小草是不是长高了、开花了？

  玉兰花已经开了，这里还有个小花蕾，你觉得它会开出什么颜色的花？

  闻一闻，玉兰花香不香？

  每种植物的叶子都长得不一样，你看出来了吗？

- 当季节的特征越来越明显时，可拍摄几张照片，打印制作成季节主题的图片给宝宝，让宝宝找出相应的植物在哪里，说说叫什么名字等。

活动建议：室内外　　**时长**：3—5分钟　　**人数**：1—5人

观察要点

- 对植物探索感兴趣吗？
- 在观察探索时有哪些表达和表现？
- 是否愿意表达自己的看法，并能使用更多的感觉词汇？

温馨提示

- 注意提示宝宝观察植物的规则，如："小花小草很容易受伤，要轻轻地摸它哦！"
- 参观户外小花园结束后，引导宝宝洗手。
- 充分利用机构周边的设施，如在社区花园等开展这个游戏。

ZW-44 用放大镜观察

宝宝能
用多种感官感知事物；认识并能说出生活中常见的物品；知道常见物品的功能

环境准备
在活动室内选择一个安静的探索角：摆放各种材质的生活物品、放大镜3—4个。

观察要点
- 对使用放大镜观察物品感兴趣吗？
- 在观察探索时有哪些表达和表现？
- 会使用放大镜观察物品吗？愿意摆弄不同材质的物品吗？

玩法
- 邀请宝宝坐到桌边，和宝宝一起看看、摸摸托盘里的物品、说说物品的名称和触感。示范用放大镜观察这些物品，请宝宝也一起看看、说说、聊聊放大镜下面物品的样子。

  宝宝，这是什么？它摸起来很粗糙。你见过吗？

  这是放大镜，你知道放大镜是干什么用的吗？

  我们用放大镜看一看叶子表面是什么样子的。

- 还可以带着宝宝到户外，用放大镜观察他们感兴趣的事物，也可以在活动区投放一些标本，供宝宝观察。

温馨提示
- 游戏时，注意选择合适的位置，避免阳光直射放大镜镜面。

活动建议：室内外　　**时长**：2—3分钟　　**人数**：1—4人

ZW-45　蔬菜分一分

宝宝能
对物品进行初步的归类；能分辨并将熟悉的物品和图片匹配

环境准备
餐厅区域，将桌子清洁干净（可铺上一次性餐布），将常见的蔬菜 3—4 种（洗干净）放在盆里，3—4 个盘子摆放在桌子上，另准备与蔬菜相匹配的图片。

观察要点
- 对蔬菜的探索是否感兴趣？
- 在感知过程中有哪些表达和表现？
- 能将食材进行分类吗？会将实物与图片进行匹配吗？

玩法
- 带宝宝坐在餐厅的桌子旁，和宝宝一起看看、摸摸、闻闻摆在桌上的蔬菜，启发宝宝说出自己的发现和感受。切开蔬菜，让宝宝看看蔬菜的里面是什么样的。出示图片，请宝宝找找看桌子上有没有和图片中一样的蔬菜。
  这个蔬菜叫什么名字？摸上去是什么感觉？
  切开蔬菜看看，蔬菜的里面是什么样的？
  图片中的是什么蔬菜，我们的桌子上有这个蔬菜吗？
- 午餐如果安排与游戏中一样的蔬菜，让宝宝尝尝，就更好了。

温馨提示
- 提前请宝宝洗净双手。
- 当宝宝表达的句式不完整时，可协助宝宝将它补充为完整句，复述给宝宝听。
- 如果机构有自己的小菜园，可以经常带宝宝去小菜园逛逛、看看、浇浇水等。

活动建议：室内外　　**时长**：3—8 分钟　　**人数**：1—5 人

ZW-46　看看找找玩配对

宝宝能

将熟悉的物品与图片配对；认识常见小动物的习性

环境准备

阅读区域放置常见的仿真动物模型、真实且有场景感的动物图片。

玩法

- 和宝宝一起坐在地毯上，自由地观察、摆弄地毯上的动物模型，说说动物的习性、特征、生活环境等。出示动物卡片，请宝宝将动物模型和相对应的图片放在一起。

  宝宝，这个是森林之王老虎，它是吃肉的动物。
  你和爸爸妈妈去动物园的时候见过它吗？
  找找看，哪个是大老虎的图片？

- 也可以用动物轮廓图替代原先的图片，请宝宝根据动物的外形特征配对图片和模型。

活动建议：室内外　　**时长**：2—3 分钟　　**人数**：1—5 人

观察要点

- 对动物模型和图片感兴趣吗？
- 自己玩的过程中有哪些表达和表现？
- 能指认图片中的动物吗？是否能把对应的模型和动物图片配对？

温馨提示

- 注意动物模型不能有尖角，自制图片边角要做好圆角化处理。

ZW-47 表情配对

宝宝能
表达、表现多种情感；表现出更多高级复杂的情绪

环境准备
收集、打印宝宝在机构日常活动时各种表情的照片，将照片摆放在操作区的桌面上。

玩法
- 和宝宝一起坐在桌子边看图片，说说照片里是哪个小朋友，他在干什么，他的表情是什么样，请宝宝模仿一下他的表情，并把剩下的图片中有相同表情的照片都找出来。

  这里有好多宝宝的照片，我们一起来看看。

  这是谁呀？他在干什么呢？他是开心的还是生气的？你能学一学他的表情吗？

  这是谁呀？他的表情是什么样的？你生气的时候是什么样的？

  看看照片，还有谁在生气？把他们的照片都找出来。

活动建议：室内外　　**时长**：3—5分钟　　**人数**：1—5人

观察要点
- 对表情识别和配对的游戏感兴趣吗？
- 自己玩的过程中有哪些行为和表现？
- 会识别、表达不同的表情吗？

温馨提示
- 情绪没有"好""坏"之分；常利用游戏、真实生活场景等引导宝宝关注、识别不同的表情，理解表情背后蕴含的情绪和感受，并表现出接纳和尊重，鼓励宝宝日常多分享自己的情绪。

ZW-48　观察金鱼和蝌蚪

宝宝能

认识常见小动物的习性

环境准备

将有金鱼、蝌蚪的鱼缸放在自然角的小桌子上，同时摆放金鱼、蝌蚪、青蛙的图片。

玩法

- 和宝宝一起来到自然角，在养有金鱼和蝌蚪的鱼缸前一起观察。和宝宝谈论金鱼和蝌蚪的生活环境、习性、外形特征、生长变化、模仿小鱼游的动作，借助图片认识、说说金鱼和蝌蚪长大后的样子等。

  这个小鱼缸里有什么？你还在什么地方看见过它们？

  金鱼和蝌蚪哪里不一样？它们长大后是什么样？

  猜猜哪张图片是小蝌蚪长大后的样子？

  我们一起学一学小金鱼在水里游来游去的样子。

活动建议：室内外　　**时长**：3—5分钟　　**人数**：1—5人

观察要点

- 对小动物有观察的兴趣吗？
- 在观察实物和图片的过程中有哪些表达和表现？
- 是否对动物的习性等有一定认知？能否说出动物外形的主要特征？

温馨提示

- 在认识、说说动物的习性时，如果宝宝表达不完整，保育人员可将宝宝表达的内容补充为完整，复述给宝宝听。

ZW-49 认识性别

宝宝能
知道自己是男孩还是女孩

环境准备
不同性别的娃娃、触摸袋、镜子、适合不同性别宝宝的物品,将这些物品放在装扮游戏区里。

玩法

- 和宝宝一起摆弄放不同性别娃娃。说说娃娃以及宝宝自己的性别,并请宝宝根据性别特征挑选不同的装饰物品装扮娃娃。

  宝宝,今天两个娃娃和我们一起玩。

  你看,这个是男孩还是女孩?

  袋子里有许多衣服,我们来打扮一下娃娃吧!这件衣服是男孩的还是女孩的呢?

- 还可以一起玩"男孩女孩站起来"的游戏。听到"男孩/女孩站起来"的指令时,相应性别的宝宝就要站起。

活动建议:室内外　　**时长**:3—5 分钟　　**人数**:1—5 人

观察要点

- 对分辨男孩女孩物品的游戏感兴趣?
- 自主摆弄代表性别特征的物品时有哪些表达和表现?
- 能分辨自己的性别吗?

温馨提示

- 鼓励宝宝们表达自己的观点,但不给出思维定式的引导,如:"男孩不能穿粉色的衣服。"等。

ZW-50 整理小书包

宝宝能
记住并遵从一些简单规则；对每日规律性的活动或作息产生期待；记得东西放在哪里

环境准备
专门放置宝宝个人用品的柜子，并在柜子上贴上宝宝的照片和名字。宝宝自己每天带来的物品。

玩法
- 宝宝来园时，请宝宝将自己的小书包摆放到固定位置，并问问宝宝书包里装什么。如果宝宝不知道，可以请宝宝将背包打开看看、说说。离园前，请宝宝整理自己的书包，并看看小书包还缺什么，如果宝宝想不起，可以给予提示或协助。

  宝宝，哪个是你的小书包？哇，你的小书包上有个小汽车图案呢！

  小书包里装了什么？有宝宝的小水壶，还有个小兔子玩具。

  现在宝宝要回家了，请把自己的东西放进书包里。

活动建议：室内　　**时长**：1—3分钟　　**人数**：1—5人

观察要点
- 是否习惯整理自己的小书包？
- 在常规整理中有哪些表达表现？
- 能完成小书包的整理吗？

温馨提示
- 为了避免弄错自己的物品，可以请家长为宝宝的物品做好标记。

听听说说

TS-01　认认说说活动区域

宝宝能

知道并说出活动室游戏区域名称；将材料放回固定的位置

环境准备

准备活动室某个区域（比如，娃娃家）主要设施的照片、游戏材料或幼儿在该区域游戏的照片，娃娃1—2个。根据参与的人数，确保材料至少每人一份。

玩法

- 邀请宝宝看看、认认照片和物品，问问他是否知道照片上的区域在哪里，请宝宝将眼前的玩具放回游戏区域。然后，模仿娃娃的口吻请宝宝将娃娃送到相应的游戏区，请宝宝说说区域名称，带娃娃去玩一会儿。

  你知道这张照片是哪里吗？你能告诉我这个地方的名字吗？/ 你能够在我们的活动室里指出它来吗？

  这是什么？它们的"家"在哪里？请你把它们送回去。

  娃娃想画画，她应该到哪里去玩呢？你告诉她，并且带她去吧。

- 也可以用园所不同区域的环境照片，请宝宝认认说说。

活动建议：室内　　**时长**：3—5分钟　　**人数**：1—4人

观察要点

- 对照片、材料有观察和指认的兴趣吗？
- 在观察、摆放的过程中有哪些表达和表现？
- 能说出游戏区域名称、主要功能吗？是否能将材料放回固定的位置？

温馨提示

- 打印区域或设施的照片时注意其尺寸和清晰度。
- 最初游戏时，可以选择宝宝熟悉或常玩的材料进行。

TS-02　认识活动区域标识物

宝宝能
说出常见物品的名称；将熟悉的物品与图片匹配

环境准备
准备胶带，装扮区域里活动材料的形象化标记4—5张，如对应的材料照片等。在装扮游戏区里对应这些标记预留好张贴的位置。

玩法
- 将活动材料标记图出示给宝宝看，请宝宝说说图上有什么，是哪个游戏区的。和宝宝一起将标记贴到对应的游戏区域里。

  这是一个漂亮的标记，上面有什么？哦，是包子呀。

  包子是放在哪里的？包子放在娃娃家的厨房里。

  宝宝，我们一起去找一找。包子在这里呢，我们把标签贴在这里。
- 还可以和宝宝逐一辨认、张贴其他游戏区域的标识物。

活动建议： 室内　　**时长：** 3—5分钟　　**人数：** 1—4人

观察要点
- 对图片标记有观察的兴趣吗？
- 在观察、摆放的过程中有哪些表达和表现？
- 是否能说出常见物品的名称？会将熟悉的物品与图片匹配吗？

温馨提示
- 玩具柜和收纳筐所摆放的玩具材料注意分类明确，取放方便，便于宝宝们收纳。

TS-03　认识老师

宝宝能
辨认出照片中熟悉的人；说出老师的姓氏

环境准备
保育人员的个人照片1—2张，将照片摆放在游戏区域的地毯上。根据班级保育人员的人数，提供照片。

玩法
- 和宝宝一起看看、说说这些照片，照片上的人是谁、如何称呼，请宝宝指认出照片上的人在哪里、在做什么。

  宝宝，你能认出照片里的人是谁吗？这是×老师。

  找一找，她在哪里呢？×老师在娃娃家。

  ×老师在做什么？哦，她正在给娃娃煮饭。

- 还可以和宝宝玩捉迷藏游戏，先请宝宝闭上眼睛，一位保育人员藏起来，然后，让宝宝找找谁不见了。

活动建议：室内　　**时长**：2—5分钟　　**人数**：1—4人

观察要点
- 对保育人员的照片感兴趣吗？
- 在自主观察照片的过程中有哪些表达和表现？
- 能辨认出照片中的人吗？是否会说老师的姓氏？

温馨提示
- 日常，保育人员和宝宝互动时，经常称呼自己，以帮助宝宝熟悉。
- 使用保育人员面部清晰的照片，便于宝宝辨认。

TS-04　学习使用"这是我的……"句式

宝宝能
开始使用"我";回答简单的问题

环境准备
宝宝的物品,包括小茶杯、书包、围巾、帽子、玩具等3—4件(根据参与游戏的宝宝来准备),将材料摆在地毯或桌面上。

玩法

- 和宝宝一起看看这些物品,并问问宝宝"这是谁的",鼓励宝宝用"这是我的……"回答。然后,将宝宝的物品与其他宝宝的物品混放在一起,请宝宝把自己的物品找出来并进行简单介绍,如,图案、功能等。鼓励宝宝用"我的……"句式描述。

这是谁的小茶杯?宝宝可以说"这是我的小茶杯。"

小茶杯不见了,它在哪里?

我的小茶杯上有小象(图案),我用小茶杯喝水。你的小茶杯上面有什么?你的小茶杯可以用来做什么?

活动建议:室内　　**时长**:2—5分钟　　**人数**:1—3人

观察要点

- 对辨认这些物品感兴趣吗?
- 在辨认、对话时有哪些表达和表现?
- 是否会回答简单的问题?会用"这是我的……"句式来表达吗?

温馨提示

- 最初,可以选择宝宝容易描述或喜欢的物品进行游戏。

TS-05　介绍自己的名字

宝宝能

开始使用"我、你"人称代词；知道并说出自己的名字

环境准备

准备宝宝的头像照片1—2张（根据参与游戏的宝宝来准备），铺有软垫、地毯的地面或草地。

玩法

- 邀请宝宝一起看照片，当宝宝拿起自己的照片时，请他说说自己是谁，叫什么名字。

  宝宝，这是你的照片吗？你叫什么名字？

- 可以将宝宝们的生活照片布置在活动室里，让宝宝们在机构里也能看到自己的样子，带来归属感。

活动建议：室内外　　**时长**：3—5分钟　　**人数**：1—4人

观察要点

- 对照片有观察的兴趣吗？
- 在自己观察照片的过程中有哪些表达和表现？
- 开始使用人称代词"我"了吗？是否会说出自己的名字？

温馨提示

- 如果宝宝比较害羞或内向，保育人员可以带着宝宝一起说名字，或先说出名字里的第一个字，让宝宝跟说后面的字。

TS-06　说说身体部位的名称和用途

宝宝能

知道身体各部位的名称和用途；回答简单的问题

环境准备

准备身体部位（如：手、脚、嘴巴、耳朵、眼睛、耳朵等）的图片4—5张，将它们放在地毯上。

观察要点

- 对观察图片有兴趣吗？
- 在观察图片的过程中，有哪些表达和表现？
- 是否知道身体各部位的名称和用途？能回答简单的问题吗？

玩法

- 和宝宝面对面坐好，一起看看这些图片，请宝宝指认、说说图片里有哪些身体部位，叫什么名称、有什么功能，请宝宝模仿这些身体部位是怎么"工作"的。

  这是什么？这是小手。

  你的小手在哪里？伸出来给我们看看。

  小手有什么用？小手可以拿东西，可以拿勺子吃饭。平时你是怎么吃饭的？我们一起来学一学。

- 也可以将图片剪开，和宝宝玩身体拼图的游戏。

活动建议：室内外　　**时长**：3—5分钟　　**人数**：1—4人

温馨提示

- 提供真实的图片让宝宝观察、辨认。

TS-07 理解、仿说、运用动词

宝宝能
理解、仿说、运用动词

环境准备
准备宝宝从小到大的生活活动照片5—6张,如梳头、洗脸、喝奶、刷牙、拖地等,将它们放在地毯上或张贴在矮墙上。

玩法
- 根据照片上宝宝年龄从小到大的顺序,依次和宝宝看照片对话。通过提问,鼓励宝宝接说动词词组或动词后的名词。最后,通过比较照片的差别,引导宝宝感受成长带来的变化。

  这是谁?他在做什么?

  这是××小时候的照片,妈妈正在给××穿衣服。

  当我们还是小宝宝的时候,需要爸爸妈妈照顾。现在,我们长大了,很多事都会自己做了。我们真能干!
- 可以将照片装订成相册,供宝宝日常翻阅。

活动建议:室内外　　**时长**:3—5分钟　　**人数**:1—4人

观察要点
- 对照片有观察的兴趣吗?
- 在观察、辨认照片的过程中,有哪些表达和表现?
- 能理解、仿说、运用动词吗?

温馨提示
- 当宝宝乐于表达,但句式说不完整时,保育人员可以示范说完整句给宝宝听。
- 此游戏可以在新年、毕业时期进行,以引导宝宝感受成长。

TS-08 认认说说常见食材

宝宝能

理解与使用形容词

环境准备

桌面做好清洁、消毒,准备西红柿、鸡蛋各 2—3 个,放置于餐具中。已消毒的刀具,放置在宝宝够取不到的柜子上。

观察要点

- 对感知西红柿、鸡蛋是否感兴趣?
- 在观察、对话过程中有哪些表达和表现?
- 是否会使用形容词?

玩法

- 和宝宝围坐在一起,给宝宝念出今天午餐的菜谱。然后,请宝宝一起摸摸、闻闻、看看、说说食材的颜色、形状和特征。最后,也可以边播放视频,边向宝宝介绍食物的制作过程。

  宝宝,今天中午要吃西红柿炒鸡蛋,我们有西红柿吗?

  西红柿是什么颜色的?西红柿是红色的。宝宝摸一摸西红柿,有什么感觉?光滑的、软软的。

  你吃过西红柿吗?什么味道?酸酸的、甜甜的,很多汁水。

  让我们来看看,西红柿炒鸡蛋是怎么做出来的?

- 可以用同样的方式和宝宝一起认认、说说其他食材。

活动建议:室内　　**时长**:3—5 分钟　　**人数**:1—4 人

温馨提示

- 提示宝宝,这个刀具日常是成人使用的。宝宝在成人的陪伴下可以使用儿童安全刀。
- 活动前请宝宝洗干净小手。

TS-09 认认说说常见水果

宝宝能
理解与使用形容词；说出常见物品的颜色

环境准备
桌面做好清洁、消毒，准备1个西瓜，已消毒的餐桌、刀具，将刀具放置在宝宝够取不到的柜子上。

玩法
- 在吃水果环节前，和宝宝围坐在一起，摸摸、闻闻、看看、说说西瓜的名称、特征。然后，将西瓜切成块，请宝宝说说、看看切开的西瓜里面是什么样的。吃水果环节，再请宝宝尝尝、闻闻、说说西瓜的味道。

  摸一摸，什么感觉？凉凉的，滑滑的。

  现在，我们把西瓜切开看看，你看到了什么？它是什么颜色的？西瓜瓤是红色的，还有黑色的西瓜子。

  你喜欢吃西瓜吗？西瓜是什么味道的？西瓜甜甜的，真好吃。
- 可以用同样的方式和宝宝认识、说说其他水果。

活动建议：室内　　**时长**：3—5分钟　　**人数**：1—4人

观察要点
- 对感知、对话游戏是否感兴趣？
- 在感知、对话的过程中，有哪些表达和表现？
- 能理解与使用形容词吗？是否能说出颜色？

温馨提示
- 提示宝宝：刀具日常是成人使用的，宝宝应在成人的陪伴下使用儿童安全刀。
- 切开西瓜后，注意安全，及时把刀具收放好。
- 活动前，请宝宝洗干净小手。

TS-10 对话常见物品及用途

宝宝能
简单描述生活常见物品的名称及用处

环境准备
准备娃娃、娃娃的替换衣物、浴盆、洗浴用品、餐具等，用这些材料创设一个娃娃家游戏区，摆放成日常的浴室、餐厅等场景。

玩法
- 和宝宝一起玩娃娃家，鼓励宝宝自主描述正在做的事情。如果宝宝不主动表达，可以提问宝宝在做什么，以鼓励宝宝表达。也可以直接描述宝宝拿着什么物品、正在用它来做什么，询问宝宝是否说对了。

  宝宝，你在做什么呢？哦，宝宝拿着毛巾，正在给娃娃洗澡。
  ××拿着什么？ ××拿着扫帚。扫帚有什么用？
- 在其他装扮游戏中，可以用同样的方法引导宝宝描述物品的名称及其用处。

活动建议：室内外　　**时长**：2—5 分钟　　**人数**：1—4 人

观察要点
- 对娃娃、浴盆等材料感兴趣吗？
- 在自主摆弄材料时有哪些表达和表现？
- 能说出常见物品的名称和用途吗？会模仿成人的方式使用这些物品吗？

温馨提示
- 和宝宝一起玩娃娃家时，尊重宝宝的游戏意愿，如果宝宝不愿互动或表达，保育人员可以自己操作游戏材料并描述出游戏细节。或根据宝宝的游戏情节，自然地与宝宝互动、提问。

TS-11　理解、使用人称代词

宝宝能

开始使用"我、你"人称代词；说自己、家人的名字及一些特征

环境准备

准备电话机1只，将它摆放在娃娃家游戏区。

玩法

- 在宝宝玩娃娃家游戏时，保育人员假装给宝宝打电话，发起对话游戏。提问宝宝及其家人的名字、主要特征，鼓励宝宝表达。

    你好呀，我是×老师，你是谁呀？

    你是男孩还是女孩？

    你妈妈在家吗？

    你妈妈叫什么名字？

    她是长头发还是短头发？

活动建议：室内外　　**时长**：2—3分钟　　**人数**：1人

观察要点

- 对打电话的游戏感兴趣吗？
- 会自己拿着电话机假装对话吗？有哪些表达、表现？
- 是否理解并开始使用"我、你"人称代词？会说自己、家人的名字及一些特征吗？

温馨提示

- 如果宝宝专注于提问，保育人员可以先根据宝宝的话题与其对话，随后引入家人的话题。

T5-12　说说同伴的名字

宝宝能
会说同伴的名字；用简单的句子表达

环境准备
班里宝宝的生活照片4—5张，将照片摆放在游戏区域的矮柜、矮墙或地毯上。

玩法
- 邀请宝宝看照片，依次问问宝宝照片上是谁、在哪里、做什么。

  宝宝，你能认出照片里是谁吗？

  ×××在哪里？他在做什么？哦，这是×××和妈妈一起旅游的照片，他们在公园里吹泡泡。你和妈妈一起玩过吹泡泡游戏吗？

  看看照片上还有谁？她在干什么？

活动建议：室内　　　**时长**：2—5分钟　　　**人数**：1—4人

观察要点
- 对同伴的照片有观察的兴趣吗？
- 在观察、对话的过程中有哪些表达和表现？
- 能否说出同伴的名字？会使用简单句表达吗？

温馨提示
- 如果宝宝说不出，保育人员就帮他描述照片上的内容。
- 当宝宝说的句式不完整时，保育人员可以示范，将完整句说给宝宝听。

TS-13　指认或说出"他们在做什么？"

宝宝能
理解、仿说、运用动词；回答简单的问题

环境准备
走廊、户外等园内工作人员工作且向宝宝开放的区域。如，走廊、大堂等。

玩法
- 和宝宝一起在园中散步，看看、说说遇到的人：他们是谁、在干什么。

  你看，操场上是谁？你认识她吗？这是张阿姨。

  张阿姨在做什么？张阿姨拿着扫帚，她正在扫地。她让我们的操场变得更干净。

  我们继续往前走。看，这又是谁？这是樱桃班的小朋友。他们在做什么？他们在玩滑滑梯。

- 可以用相机拍下观察到的场景并自制成图画书，后期和宝宝一起看看翻阅、讲述。

活动建议：室内外　　**时长**：5—8分钟　　**人数**：1—4人

观察要点
- 对周围的人是否有观察的兴趣？
- 在散步过程中，有观察、表达的意愿吗？有哪些表达和表现？
- 是否能理解、仿说、运用动词？会回答简单的问题吗？

温馨提示
- 带着宝宝走走看看时，注意行走速度，上下台阶时提醒宝宝们注意安全。

TS-14 运用动词，理解"先、后"

宝宝能
理解、仿说、运用动词；理解"先、后"，复述简短的句子

环境准备
准备体现日常宝宝做事先后顺序的照片4—5张，铺有软垫、地毯的地面或草地。

观察要点
- 对照片有观察的兴趣吗？
- 在观察、对话的过程中有哪些表达和表现？
- 能理解、仿说、运用动词吗？是否能理解"先、后"并复述简短的句子？

玩法
- 和宝宝一起坐在地毯上看看照片，问问宝宝照片上是谁、在做什么。然后，将这些照片按内容的先后顺序摆放好，示范用带有"先/后……"的完整句讲述照片中的内容，并通过提问，鼓励宝宝复述图片内容（接说动词词组或动词后的名词）。

  宝宝，照片上是谁？他在做什么？××在种向日葵。

  ××先把土舀进花盆，然后把种子放进泥土里。

  宝宝也来说说看，××先……然后……？

- 注意用相机记录宝宝的日常生活过程，这些照片都可以用来和宝宝玩看图说话的游戏。

活动建议：室内外　　**时长**：3—5分钟　　**人数**：1—4人

温馨提示
- 如果宝宝回答不出来，就帮他描述照片上的内容。

TS-15 边看边说"包饺子"

宝宝能
记起近期发生的一些事,并简单地表达;理解"先、后",复述简短的句子

环境准备
将餐桌消毒,准备包好的饺子一小盘,包饺子的材料,如,擀面杖、面团、饺子馅儿等。提前邀请一位会包饺子的食堂阿姨。

玩法
- 和宝宝一起认认说说食材,然后,边请阿姨演示边向宝宝介绍包饺子的过程。过程中,可以请宝宝协助参与简单的步骤。包完一只后,通过提问请宝宝简单复述包饺子的步骤。

  包饺子需要哪些材料?

  现在,我们请阿姨来包饺子。先用擀面杖擀出饺子皮,然后放入馅儿。

活动建议:室内　　**时长**:5—8分钟　　**人数**:1—7人

举一反三:看看说说"包粽子""包汤圆"

观察要点
- 对观察、对话游戏感兴趣吗?
- 在过程中有哪些表达和表现?
- 是否能记起包饺子的大致过程?是否理解"先后"顺序,并简单表达?

温馨提示
- 在确保卫生、安全的前提下,让宝宝参与简单步骤。
- 可以在新年期间和宝宝玩这个游戏。
- 可结合节日、节气等和宝宝一起看看、说说,制作传统美食,了解传统文化。

TS-16　说说常见职业

宝宝能

正确说出常见职业的名称；回答简单的问题

环境准备

准备常见职业的图片 4—5 张，如，警察、医生、保安、等，也可以准备一些职业特征明显的服饰、物件，将它们摆放在地毯上。

观察要点

- 对照片有观察的兴趣吗？
- 在观察、模仿的过程中有哪些表达和表现？
- 是否能说出常见职业的名称？能回答简单的问题吗？

玩法

- 和宝宝一起看照片，当宝宝拿起照片时，问问宝宝照片上的人是什么职业、在哪里、做什么等。鼓励宝宝模仿不同职业工作时的动作，也可以试着穿戴他们的服饰、物件。

    宝宝，你看照片上是谁呀？照片上是警察叔叔。他在哪里，在做什么？他在马路上指挥交通，提醒车辆遵守交通法规。

    警察叔叔是怎么指挥交通的？请你学一学。

- 可以在装扮游戏区提供具有角色特征的实物，如：医生白大褂、玩具听诊器等，宝宝可以自由装扮。

活动建议：室内外　　**时长**：3—5 分钟　　**人数**：1—4 人

温馨提示

- 当宝宝说的句式不完整时，保育人员可以示范，将完整句说给宝宝听。

TS-17 介绍家人

宝宝能
说自己、家人的名字及一些特征

环境准备
准备宝宝的家庭照片,将它们张贴在语言阅读区的矮墙上,也可以放在装扮游戏区,摆放成家庭照片墙。根据参与的对象,每个宝宝至少1张照片。

玩法
- 和宝宝一起看照片,当宝宝看到自己的照片时,问问宝宝照片上是谁、叫什么名字、有哪些主要特征,请宝宝介绍一下自己和家庭成员。

  照片里的宝宝笑得真开心,这个宝宝是谁?是你呀,你叫什么名字?哦,你叫×××。

  照片里坐在你身边的人是谁?

  戴着眼镜的人是谁?叫什么名字?她手上拿着的是什么?

- 可以将照片装订成相册,供宝宝日常翻阅。

活动建议: 室内外　　**时长:** 3—5分钟　　**人数:** 1—4人

观察要点
- 对照片有观察的感兴趣?
- 在观察、对话的过程中有哪些表达和表现?
- 会介绍自己、家人的姓名和主要特征吗?

温馨提示
- 当宝宝说的句式不完整时,保育人员可以示范,将完整句说给宝宝听。
- 可结合国际妇女节、父亲节等节日摆放相应的家庭成员照片,和宝宝一起看看说说。

TS-18　对话和时间有关的事情

宝宝能

理解和表述时间方面的词,如晚上等;说简单句

环境准备

准备宝宝穿衣、户外运动、睡觉、睡前阅读等与生活作息有关的照片各1张。将它们用夹子固定在游戏区,或者摆放在地毯上。

观察要点

- 对照片有观察的兴趣吗?
- 在观察、对话的过程中有哪些表达和表现?
- 能理解和表述时间方面的词吗?如晚上等。是否会说简单句?

玩法

- 和宝宝一起看照片。先让宝宝自主讲述,保育人员认真聆听并给予回应。然后,有目的地按时间、人物、地点及事件的顺序提问,鼓励宝宝表达。最后,请宝宝将照片按白天、晚上的事件取下进行分类。

  照片上是谁?他在做什么?

  照片里是晚上还是白天?

  宝宝,哪些是宝宝白天做的事呀?我们把它们拿下来放在一起。白天可以在托儿所踢球,和其他宝宝一起玩。

  哪些事是晚上做的呢?晚上和妈妈一起吃晚饭,搭积木。

活动建议:室内　　**时长**:3—5分钟　　**人数**:1—4人

温馨提示

- 当宝宝说的句式不完整时,保育人员可以示范,将完整句说给宝宝听。
- 如果宝宝有自己感兴趣的话题,保育人员可以先跟随宝宝的话题与其对话,然后再过渡到时间的话题。

TS-19 回忆近期发生的事

宝宝能

回答简单的问题；记起近期发生的一些事，并简单地表达

环境准备

准备宝宝近期的生活照，如，节日期间的照片、外出游玩照、日常生活事件照等；将照片放在地毯或张贴在矮墙上。根据参与对象，确保每个参与的宝宝都有自己的照片。

观察要点

- 对观察照片有兴趣吗？
- 在观察、对话的过程中有哪些表达和表现？
- 能回答简单的问题吗？是否能记起近期发生的一些事并简单地表达？

玩法

- 和宝宝一起看照片，先鼓励宝宝自主表达，保育人员认真聆听，通过提问，鼓励宝宝讲出人物、地点及事件，再询问一些照片中没有呈现的相关事件或环节。

  照片上有谁？照片上有妈妈和外婆。

  她们在干什么？妈妈和外婆在包饺子。

  照片里没有爸爸，爸爸他在干什么？

活动建议：室内外　　**时长**：3—5分钟　　**人数**：1—4人

温馨提示

- 当宝宝说的句式不完整时，保育人员可以示范，将完整句说给宝宝听。
- 可结合节日、节气、日常生活事件和宝宝开展这个谈话。

TS-20 说说天气

宝宝能

对事物的属性开始有更多的认知；说简单句

环境准备

准备与天气有关的图片 5—6 张，如下雨、下雪、晴天等，将它们放在软垫或地毯上。

玩法

- 和宝宝一起看图片，鼓励宝宝自主表达。随后，有目的地提问，鼓励宝宝讲讲照片上是什么样的天气、发生了什么等。等宝宝说完后，将表示天气的词说给宝宝听，鼓励宝宝模仿跟说。

  照片上是怎样的天气？有太阳吗？有大大的太阳，这是一个晴天，宝宝说说，"晴天。"

  这张照片上是什么天气？没有太阳，大家都撑着雨伞，是雨天，宝宝说说，"雨天。"

- 日常，经常引导宝宝关注并说说当天的天气情况，也可以和宝宝一起阅读图画书《这是什么天气》。

活动建议：室内外　　**时长**：3—5 分钟　　**人数**：1—4 人

观察要点

- 对图片有观察的兴趣吗？
- 在观察、对话的过程中有对哪些表达和表现？
- 能复述简短的句子吗？是否能区别图上的不同天气？

温馨提示

- 尽量选择真实的图片让宝宝观察。
- 可以每天请一位宝宝做"天气预报员"，找出和对应当日天气的图片，贴在活动室矮墙上，在休息时间，和大家介绍今天的天气。

TS-21 聊聊季节特征

宝宝能

回答简单的问题；在成人的引导下会区分事物间的"相同"和"不同"

环境准备

准备反映季节特征的图片5—6张，如，同一个植物在四季中不同形态的照片、人们四季的不同着装等。

玩法

- 带宝宝到户外，边散步边观察、感知。说说周围植物，问问宝宝看到了什么、是什么样的、摸/闻上去有什么感觉。然后，出示照片，请宝宝比较照片里的东西和真实的有什么不一样。

  宝宝，你在花园里看到了什么？

  摸摸落叶，是什么感觉？

  照片里的树叶是什么样的？和我们现在手上拿着的叶子颜色一样吗？

  照片里宝宝穿的衣服和我们现在穿的一样吗？照片里是夏天，夏天很热，所以照片里的宝宝穿着短袖。

活动建议：室外　　**时长**：3—5分钟　　**人数**：1—4人

举一反三：看看说说"冬天来了""春天来了""夏天来了"

观察要点

- 对图片有观察的兴趣吗？
- 在观察、对话的过程中有哪些表达和表现？
- 能回答简单的问题吗，在成人的引导下是否会区分事物间的"相同"和"不同"？

温馨提示

- 日常，保育人员要充分运用描述性语言与幼儿说话，为宝宝提供更多倾听和理解的机会。
- 在每个季节，都可以带宝宝感知不同的季节特征。

TS-22　了解节日（国庆节）

宝宝能
回答简单的问题；记起近期发生的一些事，并简单地表达

环境准备
准备与国庆相关的照片4—5张，再准备一些宝宝国庆期间外出的照片，将它们摆放在地毯上。

玩法
- 和宝宝一起看照片，当宝宝拿起照片时，问问宝宝照片上是谁、在哪里等。向宝宝介绍国庆节，并询问宝宝国庆期间的经历。

  照片上有谁？照片上有宝宝。照片里的宝宝手上拿着什么？宝宝拿着五星红旗。五星红旗是什么样的？

  照片上还有谁？照片上还有解放军叔叔。照片里的解放军叔叔在干什么？

  这是哪里？这是天安门广场。广场上有许多人，十月一日是国庆节，是祖国妈妈的生日！大家都在为祖国妈妈庆生。

活动建议：室内外　　**时长**：3—5分钟　　**人数**：1—4人

举一反三：看照片对话："中秋节""新年"等节日或特殊的日子

观察要点
- 对图片感兴趣吗？
- 在观察、对话的过程中有哪些表达和表现？
- 能听懂提问并做出回答吗？

温馨提示
- 当宝宝句式说得不完整时，保育人员可以示范，将完整句说给宝宝听。
- 可结合其他节日、节气的特征和宝宝玩这类游戏。

TS-23　哼唱童谣《摇啊摇》

宝宝能
哼唱简单的歌曲、节奏和手指童谣

环境准备
创设温馨的娃娃家环境，提供布娃娃、小床、被子等材料。

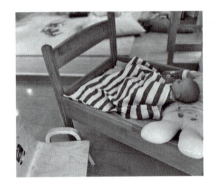

玩法
- 在宝宝玩娃娃家时发起这个游戏。示范轻拍布娃娃，哼唱童谣《摇啊摇》哄娃娃睡觉。然后，鼓励宝宝试一试。

　　宝宝，娃娃想睡觉了。
　　我们给小娃娃唱首歌吧！
　　（哼唱童谣）

- 保育人员可在宝宝午睡时，哼唱这首童谣来安抚宝宝入睡，可变化念唱歌词的速度以渲染午睡的气氛。

活动建议：室内　　**时长**：3—5分钟　　**人数**：1—7人

观察要点
- 对童谣游戏感兴趣吗？
- 在唱唱、跳跳的过程中有哪些表达和表现？
- 是否会跟唱童谣？

温馨提示
- 把节奏放慢一些，在最后一个字时停顿一下，看宝宝是否会跟唱，还可以用方言念唱这首童谣，让宝宝熟悉本地方言。
- 童谣《摇啊摇》的歌词及动作参考见第三部分"资源列表"。

TS-24　问好歌

宝宝能

唱简单的歌曲、节奏和手指童谣

环境准备

铺有软垫、地毯的地面或草地。

玩法

- 在柔软的地毯或草地上，和宝宝们围坐在一起玩这个游戏。先慢慢哼唱一遍童谣并主动和宝宝握手，以吸引宝宝观察。然后，播放音乐，邀请宝宝一起唱歌、握手。

  我们一起来唱"问好歌"。

  我先来唱给宝宝听，我会一边唱一边和宝宝握握手。

  现在，我来放音乐，请宝宝一起来唱歌、握手。

活动建议：室内外　　**时长**：3—5分钟　　**人数**：1—7人

观察要点

- 对童谣游戏感兴趣吗？
- 在唱唱、跳跳的过程中有哪些表达和表现？
- 是否会跟唱童谣？

温馨提示

- 如果宝宝不愿意握手，保育人员不要勉强。
- 童谣《问好歌》的歌词见第三部分"资源列表"。

TS-25　找找同伴在哪里

宝宝能
唱简单的歌曲、节奏和手指童谣；学习使用人称代词

环境准备
宝宝的大头照，确保参与活动的宝宝每人一张，铺有软垫、地毯的地面或草地。

玩法
- 和宝宝面对面坐好，告诉宝宝将要进行的游戏。先出示同伴照片，请宝宝说说照片上是谁，叫什么名字，找找他在哪里。找到后，一起唱《欢迎歌》。
  我们一起来看看宝宝们的照片吧！
  这是谁呀？他在哪儿？你找到他了吗？
  我们一起来唱欢迎歌吧。

活动建议：室内外　　**时长**：3—5 分钟　　**人数**：1—7 人

观察要点
- 对童谣游戏感兴趣吗？
- 在唱唱、跳跳的过程中有哪些表达和表现？
- 是否会跟唱这首童谣？是否会使用人称代词？

温馨提示
- 选择宝宝近期生活照，面部清晰，便于宝宝们看清照片中的人像。出示照片时，注意让每个宝宝都看到。
- 童谣欢迎歌的歌词及动作参考见 P417 资源列表。

TS-26 在同伴面前念童谣

宝宝能
唱简单的歌曲、节奏和手指童谣；喜欢和其他宝宝一起玩

环境准备
宝宝熟悉的音乐至少3首，音乐播放器；小乐器，确保参与的宝宝人手一份。用玩具话筒、地垫在音乐活动区布置一个简易的小舞台。

玩法
- 告诉宝宝将要进行的游戏。示范站在小舞台上用话筒演唱童谣给宝宝听。如果宝宝喜欢，可以请他们用小乐器伴奏。唱完后，邀请宝宝到小舞台上表演童谣。

  今天我们开一个小小音乐会！

  我先来表演一个节目吧。宝宝，你可以用小乐器为我伴奏。

  有哪个宝宝想上来表演儿歌呀？

  宝宝，介绍一下，你要表演的儿歌叫什么名字呀？

活动建议：室内外　　**时长**：3—5分钟　　**人数**：2—7人

观察要点
- 对童谣游戏感兴趣吗？
- 在唱唱、跳跳的过程中有哪些表达和表现？
- 是否会唱简单的童谣？喜欢和别的宝宝一起玩吗？

温馨提示
- 如果宝宝不愿意一个人表演，保育人员不要勉强，可以尝试请同伴和他一起表演。

TS-27 读图画书《挠痒痒》

宝宝能
喜欢听成人读图画书；与保育人员一起玩

环境准备
图画书《挠痒痒》，铺有软垫、地毯的地面或草地。

玩法
- 为宝宝读图画书，遵照书上的文字读，可以根据角色特点，用不同的声音代表故事中的角色。读完后，用挠痒痒的方式和宝宝互动，模拟书中的句式说说身体部位名称。
  我们来读图画书《挠痒痒》。
  （读图画书）小优优，笑呵呵。小脚丫，轻轻挪……
  宝宝，我们也来挠痒痒！挠挠你的胳肢窝！胳肢，胳肢！哈哈！

活动建议：室内外　　**时长**：3—5分钟　　**人数**：1—4人

举一反三：阅读图画书《抱一抱》

观察要点
- 对阅读活动感兴趣吗？
- 喜欢听成人读图画书吗？在阅读和互动的过程中有哪些表达和表现？
- 是否喜欢和保育人员一起活动？情绪愉悦吗？

温馨提示
- 阅读时注意宝宝的姿势和周围光线，做好用眼卫生。
- 如果宝宝偏内向，开始挠痒痒时，保育人员的动作可以更轻柔些。

TS-28　读图画书《大声回答"哎"》

宝宝能

喜欢听成人读图画书；知道自己的名字

环境准备

图画书《大声回答"哎"》，铺有软垫、地毯的地面或草地。

观察要点

- 对阅读活动感兴趣吗？
- 喜欢听成人读图画书吗？在阅读和互动的过程中有哪些表达和表现？
- 是否知道自己的名字？当保育人员轻唤自己名字时，会回应吗？

玩法

- 为宝宝读图画书，遵照书上的文字读，可以根据角色特点，用不同的声音代表故事中的角色。阅读完后，模仿书中的情节，轻唤宝宝名字，鼓励宝宝也用故事中的回答方式"哎"回应。

　　故事讲完啦，我也来叫宝宝的名字，宝宝听到自己的名字后怎么回答呢？宝宝说："哎！"

　　真好！×××答应得真响亮！

活动建议：室内外　　**时长**：3—5分钟　　**人数**：1—4人

举一反三：阅读图画书《在这儿哪！》

温馨提示

- 阅读时注意宝宝的姿势和周围光线，做好用眼卫生。
- 如果宝宝比较害羞或内向，保育人员可以先带着他一起回应"哎"。

TS-29 读图画书《你好吗？》

宝宝能

喜欢听成人读图画书；使用简单的礼貌用语

环境准备

图画书《你好吗？》，铺有软垫、地毯的地面或草地。

玩法

- 为宝宝读图画书，遵照书上的文字读，可以根据角色特点，用不同的声音代表故事中的角色。读完后，用"你好"和宝宝打招呼，鼓励宝宝模仿回应。

  故事讲完啦，小动物们是怎么打招呼的？

  我们也来试试，"××，你好！"

- 当宝宝熟悉书上的内容后，保育人员可以放慢翻阅的速度，在每一页稍作停留，引发宝宝主动读图画书。

活动建议：室内外　　**时长**：3—5分钟　　**人数**：1—4人

举一反三：阅读图画书《再见啦！》

观察要点

- 对阅读活动感兴趣吗？
- 喜欢听成人读图画书吗？在阅读和互动的过程中有哪些表达和表现？
- 是否会使用简单的礼貌用语？

温馨提示

- 阅读时注意宝宝的姿势和周围光线，做好用眼卫生。
- 在来园等真实的生活场景中，模拟故事中的句式和宝宝打招呼，引发宝宝模仿、回应，更好地理解礼貌用语。

TS-30 读图画书《我吃啦！》

宝宝能

喜欢听成人读图画书，记住一些主要的人物、情节

环境准备

图画书《我吃啦！》，铺有软垫、地毯的地面或草地。

玩法

- 为宝宝读图画书，遵照书上的文字读。可以根据角色特点，用不同的声音代表故事中的角色。读完后，提问宝宝故事里有谁、是怎么吃东西的，也可以请宝宝学一学小动物吃东西时的动作。
  宝宝，故事里有谁？
  小猫咪咪是怎么吃东西的？小猫咪咪吹一吹，呼——我喝啦！
- 可以为宝宝拍摄一些自主进餐的照片，并模仿图画书中的句式，和宝宝一起看看、说说。

活动建议：室内外　　**时长**：3—5分钟　　**人数**：1—4人

举一反三：阅读图画书《我会穿短裤啦》

观察要点

- 对阅读活动感兴趣吗？
- 喜欢听成人读图画书吗？在阅读和互动的过程中有哪些表达和表现？
- 是否能表述一些主要的人物、情节？

温馨提示

- 阅读时注意宝宝的姿势和周围光线，做好用眼卫生。
- 图画书互动性强，宝宝们会想上前翻看。可以把读过的图画书放在书架上，向宝宝介绍阅读区域，告知"爱护图书""读完放好"等规则，请宝宝自由活动时自主阅读。

第一部分　活动资源库

TS-31 读图画书《拉粑粑》

宝宝能

记住一些主要的故事情节,喜欢模仿故事中反复出现的词或短句

环境准备

准备图画书《拉粑粑》,铺有软垫、地毯的地面或草地。

观察要点

- 对阅读活动感兴趣吗?
- 在阅读和互动的过程中有哪些表达和表现?
- 能记住一些主要的故事情节吗?是否喜欢模仿故事中反复出现的词或短句?

玩法

- 为宝宝读图画书,遵照书上的文字读。读到拉粑粑时,语调可以略微提高,表现出着急的情绪,帮助宝宝理解故事情节。完整讲述后,提问宝宝故事里有谁、它们在干什么、说了什么,鼓励表达。

  故事里有哪些小动物?

  小动物们在做什么?

  小熊要拉粑粑时,是怎么说的?拉粑粑,拉粑粑,去厕所拉粑粑。

活动建议:室内外　　**时长**:3—5 分钟　　**人数**:1—4 人

举一反三:阅读图画书《收起来》《刷牙啦》《睡觉》

温馨提示

- 阅读时注意宝宝的姿势和周围光线,做好用眼卫生。
- 在真实的生活场景中,模拟故事中的句式和宝宝互动,让宝宝更好地理解故事,学说句式。

TS-32 读图画书《干杯！咕嘟咕嘟》

宝宝能

记住一些主要的故事情节，喜欢模仿故事中反复出现的词或短句

环境准备

图画书《干杯！咕嘟咕嘟》，铺有软垫、地毯的地面或草地。

玩法

- 为宝宝读图画书，遵照书上的文字读。完整讲述后，提问宝宝小动物喝的是什么，宝宝喜欢喝什么，鼓励宝宝表达，也可以请宝宝一起模仿干杯的动作和句式。

  宝宝，小动物喝了什么？它们是怎么说的？干杯！咕嘟——咕嘟——哇，真凉呀。

  故事里的宝宝喜欢喝牛奶吗？他是怎么喝的？

- 在日常生活中，如饮水、娃娃家等活动中，用书中的句式和宝宝互动，帮助宝宝进一步理解情节、运用句式。

活动建议：室内外　　**时长**：3—4分钟　　**人数**：1—4人

举一反三：阅读图画书《去散步　去散步》《我来给你撑伞吧》

观察要点

- 对阅读活动感兴趣吗？
- 在阅读和互动的中有哪些表达和表现？
- 能表述一些主要的故事情节吗？是否喜欢模仿故事中反复出现的词或短句？

温馨提示

- 阅读时注意宝宝的姿势和周围光线，做好用眼卫生。
- 如果宝宝平时喜欢喝饮料，阅读时可以有意识引导宝宝学喝白开水。

TS-33 读图画书《克莱奥上学啦》

宝宝能

在听故事时，会产生与故事情节相应的情绪；用简单句表达

环境准备

图画书《克莱奥上学啦》，铺有软垫、地毯的地面或草地。

玩法

- 为宝宝读图画书，遵照书上的文字读。语调可以伴随书中人物的情绪有所变化，帮助宝宝理解故事情节。读完后，问问宝宝故事情节、主要人物，也说说自己入园的情形，鼓励表达。

  故事里的宝宝叫什么名字呀？

  克莱奥去了哪里？他在幼儿园里开心吗？他在幼儿园做了些什么事？

  宝宝在幼儿园做了什么？

活动建议：室内外　　**时长**：3—5分钟　　**人数**：1—4人

举一反三：阅读图画书《小老鼠的漫长一夜》

观察要点

- 对阅读活动感兴趣吗？
- 在阅读和互动中有哪些表达和表现？
- 会产生与故事情节相应的情绪吗？是否会用简单句表达？

温馨提示

- 阅读时注意宝宝的姿势和周围光线，做好用眼卫生。
- 如果宝宝在阅读中出现伤心、哭泣等情况，保育人员可以拥抱或轻抚宝宝的背部，说出宝宝的感受，"宝宝，你也想妈妈了是吗？"帮助宝宝疏解情绪。

TS-34 读图画书《好朋友》

宝宝能

说同伴的名字；模仿成人说出由 4—5 个词组成的句子

环境准备

准备图画书《好朋友》，铺有软垫、地毯的地面或草地。

观察要点

- 对阅读活动感兴趣吗？
- 在阅读和互动的过程中有哪些表达和表现？
- 能否说出同伴的名字？会模仿成人说简单句吗？

玩法

- 为宝宝读图画书，遵照书上的文字读。可以变化声音来表现角色的情绪，帮助宝宝理解故事情节。读完后，问问宝宝故事里有谁、发生了什么事，鼓励宝宝模仿书中小动物的对话。

  小猪、小象想和大家一起玩，是怎么说的？

  你的好朋友是谁？如果你也想和好朋友一起玩，可以怎么说？

- 在日常生活中，用书中的句式和宝宝互动，帮助宝宝进一步理解情节、运用句式。

温馨提示

- 阅读时注意宝宝的姿势和周围光线，做好用眼卫生。
- 如果几名宝宝围在一起，保育人员注意坐的位置，确保每个宝宝都能看到图书。

活动建议：室内外　　**时长**：3—5 分钟　　**人数**：1—4 人

举一反三：阅读图画书《换换吧，鼠小弟的小背心》

TS-35 读图画书《蚂蚁和西瓜》

宝宝能

记住一些故事情节

环境准备

图画书《蚂蚁和西瓜》，铺有软垫、地毯的地面或草地。

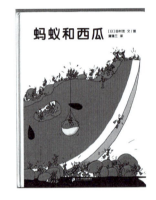

观察要点

- 对阅读活动感兴趣吗？
- 在阅读和互动的过程中有哪些表达表现？
- 是否能表述一些故事情节？

玩法

- 为宝宝读图画书，遵照书上的文字读。读完后，和宝宝说说故事里有谁、发生了什么事，鼓励宝宝表达。

  宝宝，故事里有谁？

  小蚂蚁发现了什么？后来发生了什么？

  最后，小蚂蚁把西瓜变成了什么？

- 宝宝们大多有吃过西瓜的经验，阅读后，可以结合绘本内容，和宝宝一起用一次性纸盘、颜料来制作西瓜作品。

温馨提示

- 图画书中的蚂蚁很小，关键画面可以把书向宝宝靠近一些，让宝宝能看得更清楚。

活动建议：室内外　　**时长**：3—5分钟　　**人数**：1—4人

TS-36 看看说说小蚂蚁

宝宝能
喜欢问问题，回答简单的问题

环境准备
户外经常有蚂蚁出没的地方。

观察要点
- 喜欢观察蚂蚁吗？
- 在观察的过程中有哪些表达和表现？
- 是否喜欢问问题？能回答简单的问题吗？

玩法
- 和宝宝一起去户外找找、看看小蚂蚁。找到蚂蚁后，和宝宝一起观察，鼓励宝宝自主讲述，保育人员认真聆听并给予回应。随后，保育人员有目的地提问小蚂蚁长什么样、在做什么、怎么做，鼓励宝宝表达。

  宝宝发现了什么？这里有许多小蚂蚁。

  小蚂蚁长的什么样？它的身体是什么颜色？

  小蚂蚁要把东西搬到哪里去？它们的家在哪里？我们来找一找。

活动建议：室外　　**时长**：5—8分钟　　**人数**：1—4人

举一反三：看看说说：蚕宝宝，小蝌蚪

温馨提示
- 游戏结束后，提示宝宝将小手洗干净。

TS-37 读图画书《水果水果捉迷藏》

宝宝能
认识、说出常见水果的名称；理解问与答的关系

环境准备
图画书《水果水果捉迷藏》，铺有软垫的地毯或草地。

观察要点
- 对阅读活动感兴趣吗？
- 在阅读和互动的过程中有哪些表达和表现？
- 是否能说出常见水果的名称？是否会在提问后应答？

玩法
- 保育人员轻轻说出书名，一边指着第一页的挖空形状，一边让宝宝猜猜是什么。然后翻页，指点图像说出答案，并鼓励宝宝跟着说。以同样的方法继续读，直到结束。

  红色的是什么水果呢？是苹果啊！是嚼在嘴里香甜、清脆的苹果。
  黄色的是什么水果呢？是香蕉呀！长长的、弯弯的。

- 准备一些当季的水果实物，让宝宝能看看、闻闻、摸摸真实的水果。

活动建议：室内外　　**时长**：3—5分钟　　**人数**：1—4人

举一反三：阅读图画书《交通工具捉迷藏》《动物动物捉迷藏》

温馨提示
- 如果宝宝猜不出水果名称，保育人员继续翻页阅读，避免反复追问。

TS-38 水果捉迷藏

宝宝能
认识、说出常见水果的名称；理解问与答的关系

环境准备
模拟画出图画书《水果水果捉迷藏》中的水果形象，并放大制作苹果、香蕉、草莓等图片，同图尺寸、遮挡用的纸板。

玩法
- 和宝宝们坐在一起，出示被纸板遮挡的苹果图像，请宝宝猜猜是什么。然后，将纸板慢慢下移，逐步露出完整的图像，看看宝宝是否能猜出来。以此方式，逐一出示每个图像。

  这后面藏着什么？

  看出来了吗？是什么？是苹果！红红的苹果。

- 也可以准备一些当季的水果实物，和宝宝玩这个游戏。

活动建议：室内外　　**时长**：3—5分钟　　**人数**：1—4人

举一反三：猜猜说说："交通工具捉迷藏""动物动物捉迷藏"

观察要点
- 对看看、猜猜的游戏感兴趣吗？
- 在猜猜说说的过程中有哪些表达和表现？
- 是否能说出常见水果的名称？是否会在提问后应答？

温馨提示
- 这个活动需在宝宝熟悉图画书《水果水果捉迷藏》后开展。

TS-39 读图画书《我妈妈》

宝宝能
说家人的名字及其一些特征；理解问与答的关系

环境准备
图画书《我妈妈》，铺有软垫、地毯的地面或草地。

玩法
- 为宝宝读图画书，遵照书上的文字读。读完后，请宝宝介绍自己妈妈的名字、特征。
  宝宝，你的妈妈叫什么名字？
  妈妈是长头发还是短头发？
- 当宝宝熟悉故事内容后，可放慢阅读速度，念出前半句后停顿，引发宝宝跟说后半句。

活动建议：室内外　　**时长**：3—5 分钟　　**人数**：1—4 人

举一反三：阅读图画书《我爸爸》

观察要点
- 对阅读活动感兴趣吗？
- 在阅读和互动的过程中有哪些表达和表现？
- 会说妈妈的名字及妈妈的一些特征吗？是否会在提问后应答？

温馨提示
- 活动中保持和宝宝们的眼神接触，有助于发现宝宝的感受和注意力。若有单亲家庭的孩子，可鼓励宝宝介绍其他家人。
- 可以结合国际妇女节、母亲节、父亲节的活动开展。

TS-40 读图画书《神奇的蓝色水桶》

宝宝能

喜欢模仿故事中反复出现的词或短句;对事物的属性(大、小)开始有更多的认知

环境准备

图画书《神奇的蓝色水桶》,铺有软垫、地毯的地面或草地。

玩法

- 和宝宝一起阅读图画书《神奇的蓝色水桶》。当读到"水桶又变大了""水桶越变越大,越变越大……"时,放慢阅读速度,念出前半句后停顿,引发宝宝跟说后半句,并在书中和活动室中找一找、比一比与大小相关的事物。

  水桶越变越……?水桶越变越大。

  宝宝,找一找,活动室里有什么小小的东西吗?

- 可以带宝宝们到户外去游戏,走进大自然,找找大大的和小小的物品。也可以请宝宝找找长长的、短短的物品。

活动建议:室内外　　**时长**:3—8分钟　　**人数**:1—4人

举一反三:阅读图画书《莎娜的雪火车》

观察要点

- 对阅读活动感兴趣吗?
- 在阅读和互动的过程中有哪些表达和表现?
- 喜欢模仿故事中反复出现的词或短句吗,是否能理解"大"和"小"?

温馨提示

- 这个活动需在宝宝熟悉《神奇的蓝色水桶》这本书以后开展。

TS-41　读图画书《好饿的毛毛虫》

宝宝能

认识、说出常见食物的名称；说"一个""一块"等数量词

环境准备

图画书《好饿的毛毛虫》，铺有软垫、地毯的地面或草地。

玩法

- 和宝宝一起阅读图画书《好饿的毛毛虫》。当读到毛毛虫星期一至星期五进食页的时候，放慢阅读速度，指着食物念出前半句后停顿，引发宝宝跟念，说出食物的名称。读到星期六的时候，念完"一"时停顿，等待宝宝说出与食物相对应的数量词。

  "星期一，它吃了一个……？一个苹果。可是，肚子还是好饿。
  星期二，它吃了两个……？两个梨。可是，肚子还是好饿。
  星期六，它吃了一……个冰激凌甜筒，一……条腌黄瓜，一……块奶酪。"

活动建议：室内外　　**时长**：3—5分钟　　**人数**：1—4人

观察要点

- 对阅读活动感兴趣吗？
- 在阅读和互动的过程中有哪些表达和表现？
- 能认识、说出常见食物的名称吗？是否会说数量词？

温馨提示

- 这个活动需在宝宝熟悉图画书《好饿的毛毛虫》后开展。
- 在阅读过程中，如果宝宝根据画面有新话题产生，保育人员可以跟随宝宝的话题简单对话，然后，再重新回到书中，继续阅读。

T5-42　手偶表演《拔萝卜》

宝宝能

记住一些故事情节，喜欢模仿或复述故事中反复出现的词或短句

环境准备

图画书《拔萝卜》的配套手偶。

玩法

- 和宝宝一起进行手偶表演。根据图画书内容，一边讲故事，一边让对应的角色手偶出来做拔萝卜的动作。

  宝宝，我们一起来玩拔萝卜游戏咯。请宝宝来演小猫、小老鼠。
  从前，有一个老爷爷……（根据图画书里的情节进行）

- 保育人员可以用不同的声音模拟角色的说话，比如，老爷爷的声音粗一些，以区别角色。也可以用手偶表演其他宝宝熟悉的图画书内容。

活动建议：室内外　　**时长**：3—5分钟　　**人数**：1—4人

观察要点

- 是否喜欢摆弄手偶？
- 在观看表演或摆弄手偶的过程中有哪些表达和表现？
- 能记住一些主要的故事情节吗？是否喜欢模仿故事中反复出现的词或短句？

温馨提示

- 这个活动需在宝宝熟悉图画书《拔萝卜》后开展。

TS-43 读图画书《小毯子哪儿去了》

宝宝能
理解并说出物品名、生活场景及方位、动物名称等名词;表现出更多高级复杂情绪

环境准备
图画书《小毯子哪儿去了》,布娃娃1个,玩偶1个,铺有软垫的地面或草地。

玩法
- 为宝宝读图画书,遵照书上的文字读。注意用不同的语速、音高来反映角色的情绪。读完一遍后,鼓励宝宝一起讲读故事,可用问答法进行引导,并尽量仿用故事里的语句来提问。
  哎呀呀,小狗点点很着急,什么东西不见了?
  小狗点点的毯子不见了,它看上去怎样?
- 可以拍摄一些宝宝和同伴相互帮助、协作的照片或视频,如一起搬东西等,和宝宝一起看看、说说。

活动建议:室内外　　**时长**:3—5分钟　　**人数**:1—4人

观察要点
- 对阅读活动感兴趣吗?
- 在阅读和互动的过程中有哪些表达和表现?
- 会表现出着急的情绪吗?是否会理解并说出物品名、生活场景及方位、动物名称等名词?

温馨提示
- 每一页停留的时间可以长一些,多让宝宝观察、理解、发现。

TS-44 读图画书《汤姆走丢了》

宝宝能

说自己、家人的名字及家人的一些特征;在听故事时,会产生与故事情节相应的情绪

环境准备

图画书《汤姆走丢了》,铺有软垫、地毯的地面或草地。

玩法

- 为宝宝读图画书,遵照书上的文字读。注意用不同的语速、音高来表现角色的情绪。读完一遍故事后,问问宝宝:走丢了怎么办?怎么样可以不走丢?是否知道爸爸妈妈的名字和电话号码?

  汤姆和妈妈去了哪里?

  汤姆找不到妈妈了,怎么办呢?

  你知道爸爸妈妈的名字吗?

  你知道他们的电话号码吗?

活动建议: 室内外　　**时长:** 3—6分钟　　**人数:** 1—4人

观察要点

- 对阅读活动感兴趣吗?
- 在阅读和互动的过程中有哪些表达和表现?
- 会说自己、家人的名字及一些特征吗?会产生与故事情节相应的情绪吗?

温馨提示

- 宝宝听到走丢、找不到妈妈时可能会害怕,此时多关注宝宝的情绪,根据内容引导宝宝。"找不到妈妈会很害怕,是吗?""后来汤姆想出好办法,找到妈妈了。我们继续一起往下看。"

TS-45　读图画书《我喜欢过年》

宝宝能
记住一些故事情节；回答简单的问题

环境准备
图画书《我喜欢过年》，铺有软垫、地毯的地面或草地。

观察要点
- 对阅读活动感兴趣吗？
- 在阅读和互动的过程中有哪些表达和表现？
- 能记住一些故事情节吗？是否会回答简单的问题？

玩法
- 为宝宝读图画书，遵照书上的文字读。读完后，提问宝宝过年要做哪些事情，鼓励宝宝回忆书中的内容并回答。

  宝宝，过新年要做哪些事情呢？过新年要穿新衣。

  还有吗？过年还要贴春联、包饺子、吃饺子、放鞭炮。

- 当宝宝熟悉故事内容后，可放慢阅读速度，念出前半句后停顿，引发宝宝跟说后半句。

温馨提示
- 这个游戏适合在过年期间和宝宝进行。

活动建议：室内　　**时长**：3—5分钟　　**人数**：1—4人

TS-46　读图画书《我的后面是谁呢》

宝宝能

开始使用方位词；说出常见动物的名称；感知、分辨整体与部分

环境准备

图画书《我的后面是谁呢》，铺有软垫、地毯的地面或草地。

玩法

- 为宝宝读图画书，遵照书上的文字读。每次念完"你的后面/上面/下面是谁呢？"时，可稍做停顿，看看宝宝是否能根据页面上的局部特征联想说出动物的名称。随后翻页，读出下一页文字。读完后，可以问问：宝宝的后面是谁呢。

    鸭子、鸭子，你的后面是谁呢？

    乌龟、乌龟，你的后面是谁呢？

    宝宝，你的后面是谁呢？

- 可以模仿故事中动物的出场顺序边复述边给小动物玩偶排队，鼓励宝宝说方位词，用完整句表达"我的后面是鸭子"等。

活动建议：室内外　　**时长**：3—5 分钟　　**人数**：1—4 人

举一反三：阅读图画书《我的后面是谁呢》系列

观察要点

- 对阅读活动感兴趣吗？
- 在阅读和互动的过程中有哪些表达和表现？
- 能理解表示空间方位的词汇吗？是否能说出常见动物的名称？

温馨提示

- 如果宝宝不理解方位词，保育人员一边读图画书，一边根据内容指点画面中相关的方位和动物，帮助宝宝理解。

第一部分　活动资源库

TS-47 听方位词找落叶

宝宝能
理解表示空间方位的词汇

环境准备
准备 1—2 片落叶。

玩法
- 邀请宝宝一起玩找落叶的游戏。先请宝宝闭上眼睛,唱数 1—10,保育人员将落叶藏起(宝宝熟悉的位置)。随后,请宝宝睁开眼,根据方位词指令"落叶在……下面/里面/上面"去寻找落叶。

  我们和落叶玩捉迷藏吧。先请宝宝闭上眼睛,我数到 10,宝宝才可以把眼睛睁开哦。

  1—2—3……10!(藏好落叶)

  现在请宝宝睁开眼睛:落叶藏在桌子下,请宝宝去找一找。
- 可以用其他材料和宝宝玩这个游戏,也可以带着宝宝去户外玩。

活动建议:室内外　　**时长**:3—5 分钟　　**人数**:1—4 人

观察要点
- 对藏找游戏感兴趣吗?
- 在藏藏找找的过程中都有哪些行为表现?
- 是否能理解表示空间方位的词汇?能根据提示找到落叶吗?

温馨提示
- 落叶在游戏前进行清洗、消毒、晾干、压平。
- 在室内玩这个游戏时,提醒宝宝慢慢走,避免快速奔跑。

TS-48 我问你答方位词

宝宝能

理解、运用表示空间方位的词汇；明白含有"……在哪里"疑问词的问句

环境准备

准备动物仿真模型3—5个，一块户外活动场地。

玩法

- 带宝宝去户外，将动物仿真模型藏在宝宝熟悉的方位，如独木桥上、滑梯下等，鼓励宝宝们去寻找。宝宝找回来一个动物后，鼓励宝宝说说是在哪里找到的。随后，将找回来的动物重新藏好，重复游戏。

  动物园里的动物不见了，它们在哪里呢？请宝宝找一找。

  你是在哪里找到这只小象的？在草地上找到了小象。

- 按上述方法完成其他动物的寻找、归位及方位描述。

活动建议：室内外　　**时长**：3—5分钟　　**人数**：1—4人

观察要点

- 对藏藏找找游戏感兴趣吗？
- 在藏藏找找的过程中有哪些表达和表现？
- 能理解、运用表示空间方位的词汇吗？是否明白含有"……在哪里"疑问词的问句？

温馨提示

- 避免将玩具摆放在宝宝主要行走的区域，造成绊倒或磕伤。

TS-49 听指令找、放动物卡片

宝宝能
认识、说出常见动物的名称；进行初步的归类

环境准备
猫、狗、牛、鱼、蝌蚪、蛇、小鸡、小鸟等不同外形特征的动物图片各1张，分类盒3只，摆放在桌面上或地毯上。

玩法
- 将动物图片放在地毯上，和宝宝一起看卡片，说说图片上是谁。然后，请宝宝听动物名称指令找出这一动物，放在指定的盒子里。或请宝宝找出动物后说出名称，然后放在指定的盒子里。

  宝宝，请把小猫的图片找出来，放在有四条腿的动物的盒子里。你找到的是什么？是小鸡。请把小鸡放到长翅膀的动物盒子里。

- 也可以描述外形特征让宝宝来找动物图片并分类的游戏。

活动建议：室内外　　**时长**：3—5分钟　　**人数**：1—4人

观察要点
- 对动物图片有观察的兴趣吗？
- 在找、放的过程中有哪些表达和表现？
- 能认识、说出常见动物的名称吗？是否会进行初步的归类？

温馨提示
- 准备材料时，使用真实动物的图片，避免使用卡通图片。

TS-50 听"新老师"读图画书

宝宝能
喜欢听成人读故事书;使用简单的礼貌用语

环境准备
准备宝宝喜欢的图画书1本,铺有软垫、地毯的地面或草地。其他班级(宝宝不熟悉)的保育人员一名。

玩法
- 告诉宝宝,其他班的"老师"来做客了,会给宝宝读图画书。随后,请"新老师"和宝宝打招呼、做自我介绍,鼓励宝宝打招呼回应、介绍自己的名字。接着,"新老师"给宝宝读图画书。

  ×老师来我们班做客了,她会讲故事给你听哦。

  你好,我是×老师!你是谁呀?你叫什么名字?

  我们一起来听好听的故事吧。

- 也可以和宝宝一起去其他班级做客、做游戏。

活动建议:室内外　　**时长**:3—5分钟　　**人数**:1—4人

举一反三:和"新老师"做游戏

观察要点
- 喜欢听"新老师"讲故事吗?
- 是否对新保育员过于紧张?有哪些行为表现?
- 是否会使用简单的礼貌用语?

温馨提示
- 这个活动需在宝宝完全适应园内生活后进行,尤其适合宝宝毕业离园前作为入园准备活动开展。

涂涂画画

TH-01 用蜡笔涂鸦

宝宝能

用大的水笔或蜡笔涂鸦；画单条有头有尾的直线、封闭的圆

环境准备

准备大蜡笔、8开以上的大画纸，将它们放在矮桌上。根据参与人数，确保材料人手一份，并在材料架上再准备一些，以随时补充。

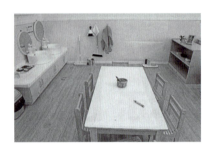

玩法

- 和宝宝说说桌上的材料，引发宝宝涂鸦的兴趣。示范在纸上画直线、封闭的圆等，边画边把纸上留下的痕迹假想成宝宝熟悉或喜欢的事物，并鼓励宝宝也来画一画。

  蜡笔宝宝出来玩咯！

  哇，它可以在纸上走来走去。长长的线，像妈妈的头发一样。圆圆的线呢？是泡泡呀！我画了许多许多泡泡。

  宝宝也来试试吧。

活动建议：室内外　　**时长**：2—3分钟　　**人数**：1—4人

观察要点

- 对笔和纸感兴趣吗？
- 自己玩的时候有哪些表达和表现？
- 会握笔涂鸦吗？是否能画单条有头有尾的直线、封闭的圆？

温馨提示

- 尊重宝宝的作品，多聆听宝宝对作品的表达，避免用"好不好""像不像"来评价。
- 画好后，为宝宝的作品写上名字，并请他将自己的作品放在晾画架上或贴在作品墙上。
- 如宝宝带着蜡笔离开涂鸦桌，温和地提醒宝宝先将蜡笔放回原处再离开。

TH-02　说说画了什么

宝宝能
使用笔刷、颜料涂鸦；很喜欢画画，会说出画了什么

环境准备
准备红色颜料、全开以上大画纸（或涂鸦墙）、反穿衣，将颜料倒入盘子里，画纸放在矮桌上或矮墙上、画架上，反穿衣放在宝宝随手可取之处。

玩法
- 和宝宝一起涂鸦，可以边示范用笔刷蘸取颜料在纸上涂鸦，边用游戏化的语言描述涂鸦的过程，将纸上的痕迹假想成宝宝熟悉或喜欢的事物。然后，鼓励宝宝尝试。画完成后，试着请宝宝介绍自己的作品。

宝宝，笔刷宝宝出来跳舞咯！

它会跳什么舞呢？先来转个圈吧。转—呀—转！哈哈，好多圈呀。瞧，它还会往前走，往后退。

手上蘸上颜料了，等玩好了我们可以一起去洗手。

瞧，这是我画的苹果、泡泡。宝宝，你画的是什么呀？

活动建议：室内外　　**时长**：3—8分钟　　**人数**：1—4人

观察要点
- 对笔刷、颜料感兴趣吗？
- 自己玩的时候有哪些表达和表现？
- 会使用笔刷、颜料涂鸦吗？是否会说出画了什么？

温馨提示
- 游戏前，提示宝宝穿上反穿衣，待结束时再脱下。
- 结束时，请宝宝一起参与材料和环境的清洁。
- 如宝宝想将颜料带离涂鸦游戏区，温和地提醒宝宝将颜料放回原处再离开。

TH-03　感知色彩的变化

宝宝能

感知色彩的变化；回答简单的问题

环境准备

准备彩窗积木或彩色透光纸，宝宝熟悉的自然或生活材料（落叶、果实等）。彩窗积木确保人手1块，其他材料人均2个以上，或将彩色透光纸贴在低矮的玻璃上。

玩法

- 和宝宝一起将彩窗积木放在眼前，观察周围的事物、眼前的玩具。比一比它们的颜色是不是有变化，周围有没有折射出彩色的光斑等。过程中，鼓励宝宝说说自己的发现。

  我把彩窗积木放在眼前看一看。

  哇，我看到杯子变成红色了，积木也变成红色了。看，地板上还有红色的影子，试一试，你能摸到它吗？

- 可以带着宝宝去户外，走进大自然，获得更多有关色彩的观察与发现。

活动建议：室内外　　**时长**：3—5分钟　　**人数**：1—4人

观察要点

- 对彩窗积木、落叶等材料有观察的兴趣吗？
- 自己玩的时候有哪些表达和表现？是否会透过彩窗进行观察？
- 能发现色彩的变化吗？是否会回答简单的问题？

温馨提示

- 避免宝宝在观察时直视太阳。
- 如果宝宝不会表达，保育人员可以自问自答，帮助宝宝理解问与答的关系，积累表达方式。

TH-04 拓印"胡萝卜"

宝宝能
使用颜料涂鸦、拓印；开始使用形容词

环境准备
准备橘黄色颜料、拓印棒、自制"胡萝卜"（将白卡纸剪成胡萝卜形状，贴上几片绿色的皱纸）、反穿衣。根据参与人数，确保材料人手一份。将实物胡萝卜1根，放在触摸袋里，反穿衣放在宝宝随手可取之处。

玩法
- 请宝宝摸摸、猜猜袋子里装的是什么，说说名称和摸上去的感觉。等宝宝说完，请他打开袋子看看自己猜对了没有。接着，演示用拓印棒蘸颜料在自制"胡萝卜"上拓印，鼓励宝宝也来试一试。

  袋子里面装了什么？宝宝来摸摸看。

  摸上去什么感觉？猜猜是什么呢？拿出来看一看，哇，是胡萝卜。

  我们也来做一根胡萝卜吧。我用拓印棒蘸一些颜料，然后在纸上敲敲敲。看，变成橘黄色了，我的"胡萝卜"做好了！宝宝快来试试。

活动建议：室内外　　**时长**：3—5分钟　　**人数**：1—7人

观察要点
- 对颜料、拓印棒感兴趣吗？
- 自己玩的时候有哪些表达和表现？
- 是否会熟练地使用拓印棒拓印？会使用形容词吗？

温馨提示
- 画好后，为宝宝的作品写上名字，并请他将自己的作品放在晾画架或贴在作品墙上。
- 结束时，请宝宝一起参与材料和环境的清洁。
- 当宝宝洗手或清洁工具时，关注宝宝是否会卷起衣袖，避免打湿衣服，必要时给予协助。

TH-05 拓印"小雪人"

宝宝能
使用颜料涂鸦、拓印；在大人指导下抹胶水

环境准备
准备白色大号毛球、白色颜料、8开以上蓝色画纸、胶棒、直径1.5—2厘米的"活动眼珠"（或用黑色纸剪成圆形）。将颜料倒入盘子里，其他材料分类放在桌上，反穿衣放在宝宝随手可取之处。根据参与人数，确保材料人手一份。

观察要点
- 对毛球、胶棒感兴趣吗？
- 自己玩的时候有哪些表达和表现？
- 是否会使用毛球拓印？会使用胶棒粘贴吗？

玩法
- 和宝宝一起围坐在桌边玩拓印游戏，用毛球蘸颜料在纸上拓印。结束时，示范用胶棒在白色痕迹上粘贴"活动眼珠"，想象画面上是白乎乎的小雪人。随后，鼓励宝宝尝试。

  是谁藏在里面呀？快来看一看，贴上眼睛。哈，原来是小雪人，白乎乎的身体。宝宝的小雪人在哪里？快来试一试。

- 之后，还可以用手工纸给小雪人做一顶"帽子"。

活动建议：室内外　　**时长**：3—5分钟　　**人数**：1—4人

温馨提示
- 满足宝宝的游戏需求，没有太多的"不可以"。
- 尊重宝宝的作品，多聆听宝宝对作品的表达，避免用"好不好""像不像"来评价。
- 材料使用的过程中做好安全看护。

TH-06 拓印"毛毛虫"

宝宝能

使用工具拓印；将物品进行简单排列

环境准备

准备绿色的颜料、8开以上的大画纸、拓印棒（也可用自制布团、纸巾筒内芯等替代）、直径1.5—2厘米的"活动眼珠"（也可用黑色纸剪成圆形）。将画纸摆在桌上，颜料倒在盘子里，反穿衣放在随手可取之处。根据参与人数，确保人手一份。

玩法

- 和宝宝围坐在桌边玩拓印游戏。示范用拓印棒在纸上拓印出连续排列的圆形，引发宝宝的游戏兴趣。过程中，带着宝宝一起点数圆形有几个，猜猜画的是什么。然后，贴上"活动眼珠"，假想是毛毛虫。

  我用小棒蘸着颜料拓印。

  哇，点点排队咯。1个—2个—3个，宝宝猜猜看，我画的是什么？

活动建议：室内　　　**时长**：3—5分钟　　　**人数**：1—4人

观察要点

- 对工具、颜料感兴趣吗？
- 自己玩的时候有哪些表达和表现？
- 是否会使用工具拓印，动作熟练吗？是否会进行简单排列吗？

温馨提示

- 过程中宝宝可能会生发出很多的玩法，保育人员可引导宝宝模仿，但不必强求。
- 结束时，关注宝宝是否将小手洗干净了。

TH-07 拓印蝴蝶

宝宝能
使用颜料涂鸦、拓印;将纸折叠

环境准备
准备纸巾筒、瓶盖、大毛球等拓印工具,两种颜色的颜料,自制蝴蝶(将画纸对折剪成蝴蝶造型)颜料分别倒在盘子里,反穿衣放在随手可取之处。根据参与人数,确保材料人手一份。

观察要点
- 对颜料、拓印工具感兴趣吗?
- 自己玩的时候有哪些表达和表现?
- 是否会使用颜料涂鸦、拓印?能完成折纸的动作吗?

玩法
- 与宝宝围坐在桌边玩拓印游戏,用工具蘸颜料在蝴蝶的翅膀上拓印。随后示范将纸沿中线(已有折痕)对折,然后再次打开。启发宝宝观察、描述纸上的图案。随后,鼓励宝宝尝试。
  敲—敲—敲!哇,红色的圈、蓝色的圈,好漂亮呀。
  现在我们把蝴蝶的翅膀折起来,压一压。再打开看一看,哇,翅膀变得更加漂亮了,你看到了哪些图案?
- 等颜料干了以后,可以和宝宝一起用制作的蝴蝶玩假想游戏。

活动建议:室内外　　**时长**:3—5分钟　　**人数**:1—4人

温馨提示
- 过程中宝宝可能会生发出很多新玩法,保育人员可引导宝宝参与,但不必强求。
- 该游戏可以在宝宝观察过毛毛虫、蝴蝶或熟悉图画书《好饿的毛毛虫》之后进行。

TH-08　用海绵涂鸦

宝宝能
对颜色兴趣浓厚，可以无拘束地涂抹出一幅抽象派作品；说出画了什么

环境准备
准备海绵块，1—2 种颜色的颜料，8 开以上的大画纸或光滑的桌面 / 涂鸦墙。将反穿衣放在随手可取之处，颜料倒入盘子里。根据参与人数，确保材料人手一份。

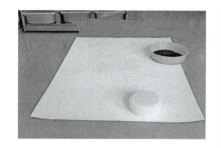

玩法
- 和宝宝一起用海绵玩颜料。示范用海绵蘸取颜料在纸上按压、拍打等。带着宝宝一起观察、假想纸上的痕迹。鼓励宝宝尝试，完成后，请他说说画了什么。

  我先蘸一些颜料，然后轻轻压下去。哇！圆圆的饼干画好了。海绵还可以在纸上开来开去，滴—滴—滴—像小汽车一样！宝宝，你画了什么？快来和我说一说。

- 可以用海绵直接在桌面、涂鸦墙上涂鸦。

活动建议：室内外　　**时长**：3—5 分钟　　**人数**：1—4 人

观察要点
- 对颜料、海绵感兴趣吗？
- 自己玩的时候有哪些表达和表现？
- 会大胆涂鸦吗？是否会说出画了什么？

温馨提示
- 过程中宝宝可能会生发出很多新玩法，保育人员可引导宝宝参与，但不必强求。
- 当宝宝洗手或清洁工具时，关注宝宝是否会卷起衣袖，避免打湿衣服，必要时给予协助。

TH-09　用小手涂鸦

宝宝能

对颜色兴趣浓厚，可以无拘束地涂抹出一幅抽象派作品；说出画了什么

环境准备

准备1—2种颜色的颜料、光滑的桌面或涂鸦墙（确保无破损或毛刺）、反穿衣。将颜料倒在盘子里，反穿衣放在宝宝随手可取之处。

玩法

- 和宝宝一起在桌上玩颜料，示范用多种方式涂鸦，如，来回涂抹、画各种线条等。边画边将桌上的痕迹假想成宝宝熟悉或喜欢的事物。鼓励宝宝尝试，完成后，也请他说说画了什么。

  宝宝，我们在桌子上画画咯！哇，感觉滑滑的！瞧，红色的手印。

  再抹一抹，红色越变越大了，好像气球呀！

  我的手变成红色了，好像戴了红色手套一样。

  宝宝，你画的是什么呀？

活动建议：室内外　　**时长**：3—5分钟　　**人数**：1—4人

观察要点

- 对颜料感兴趣吗？
- 自己玩的时候有哪些表达和表现？
- 是否喜欢用手涂鸦？会说说画了什么吗？

温馨提示

- 如果宝宝不愿意用手触碰颜料，保育人员可以提供笔刷等工具，让宝宝慢慢适应。
- 耐心倾听宝宝对作品的表达，避免用成人的标准来评价宝宝画得"好不好""像不像"。

TH-10 用剃须泡画画

宝宝能
无拘束地涂抹出一幅抽象派作品；模仿画圆形、三角形、正方形；说出画了什么

环境准备
准备剃须泡1—2瓶，桌面或涂鸦墙（确保表面光滑，无破损或毛刺）。将反穿衣放在宝宝随手可取之处，挤一些剃须泡在桌上，其余可放置在材料架上，以随时补充。

玩法
- 和宝宝一起围在桌边玩剃须泡，示范在桌面涂抹、画圆形、三角形、正方形等，边画边将这些痕迹假想成宝宝熟悉或喜欢的事物。随后，鼓励宝宝模仿，完成后请他说说画了什么。
  圆圆的是饼干，再画一个三角形的饼干。啊呜！真好吃呀！宝宝也来试试。你画的是什么呀？
- 还可以在剃须泡里加入食用色素，一起探索颜色的变化。

活动建议： 室内外　　**时长：** 3—5分钟　　**人数：** 1—4人

观察要点
- 对剃须泡感兴趣吗？
- 自己玩的时候有哪些表达和表现？
- 是否喜欢用手涂抹、大胆涂鸦？会模仿画圆形、三角形、正方形吗？是否会说出画了什么？

温馨提示
- 避免选择气味过于浓重、芳香的产品。
- 如果宝宝不愿意用手触碰剃须泡，保育人员可以提供笔刷等工具，让宝宝慢慢适应。

TH-11 在树叶上涂鸦

宝宝能

用笔刷、颜料涂鸦；说出常见物品的多种颜色；在成人的引导下区分事物间的"相同"和"不同"

环境准备

准备多种形状、颜色、尺寸的落叶（事先将它们洗净、压平）、1—2种颜色的颜料、笔刷。将颜料倒入盘子里，反穿衣放在随手可取之处，其他材料一起放在矮桌上。根据参与人数，确保材料人手一份。

观察要点

- 对颜料、笔刷感兴趣吗？
- 自己玩的时候有哪些表达和表现？会用笔刷、颜料涂涂画画吗？
- 是否会说常见的颜色？会区分"相同"和"不同"吗？

玩法

- 和宝宝围坐在桌边玩落叶，一起看看、摸摸、闻闻，感知落叶的气味、质地、比较颜色或大小等。随后，示范用笔刷蘸颜料在落叶上涂鸦，带着宝宝一起看看叶子颜色的变化，并鼓励宝宝尝试。

  我们手上的落叶一样吗？闻一闻，落叶是什么味道？

  瞧，我给落叶涂上颜色，落叶换上新衣服了！我的落叶变成红色的了。宝宝也来试试，你想给它穿什么颜色的衣服？

活动建议：室内外　　**时长**：3—5分钟　　**人数**：1—4人

温馨提示

- 结束时，请宝宝一起参与材料和桌面的清洁。
- 当宝宝洗手或清洁工具时，关注宝宝是否会卷起衣袖，避免打湿衣服，必要时给予协助。

TH-12 用水画画

宝宝能
画单条有头有尾的直线、封闭的圆；说出画了什么

环境准备
准备小桶和笔刷，干燥的砖地、水泥地或墙面。在小桶里装一些水。游戏区域可靠近水源，以便于随时补充。

玩法
- 天气晴好的时候，带着宝宝一起去户外画画。示范用笔刷蘸水在地面涂鸦，画单条有头有尾的直线、封闭的圆等，边画边将这些痕迹假想成宝宝熟悉或喜欢的事物。然后，鼓励宝宝试着画一画，完成后请他来介绍作品的内容。

  瞧，我画了这么多圈圈，猜猜是什么？

  长长的线是小路，宝宝可以上去走一走、踩一踩。圆圆的，好像气球一样。

  宝宝，你也来画一画吧。

  我画了圆圆的饼干，你画的是什么呀？

活动建议：室内外　　**时长**：3—5 分钟　　**人数**：1—5 人

观察要点
- 对笔刷感兴趣吗？
- 自己玩的时候有哪些表达和表现？
- 会画单条有头有尾的直线、封闭的圆吗？是否会说说画了什么？

温馨提示
- 游戏前，请宝宝换上雨鞋或防水的鞋子。
- 如果是夏天，注意选择户外遮阳的场所活动，做好防晒。
- 可以用拍照的方式帮助宝宝留存作品。

TH-13　用泥巴做简单造型

宝宝能

捏、团、压、搓；双手配合使用工具；说出做了什么

环境准备

准备泥巴1大块（可用彩泥替代），安全的玩泥工具（剪刀等），直径1.5—2厘米的"活动眼珠"，短树枝等可用于插放的生活及自然材料。将泥巴放在桌面上，其他材料分类摆放在储物盒内。根据参与人数，确保材料人手一份。

玩法

- 和宝宝一起围坐在桌边玩泥巴，示范用捏、团、压、搓、切等方式改变泥巴的造型，也可以在泥巴上插上辅助材料。假想作品是宝宝喜欢的人或事物，如棒棒糖。鼓励宝宝试一试，说说自己做了什么。

  捏一捏，变小了。咦，搓一搓，又变长了。捏一捏，拍一拍，圆圆的饼干做好啦。

  现在，装上眼睛、手和脚。猜猜这是谁呀？是妈妈呀！

活动建议：室内外　　**时长**：3—5分钟　　**人数**：1—5人

观察要点

- 对泥巴、工具感兴趣吗？
- 自己玩的时候有哪些表达和表现？
- 是否会用捏、团、揉、搓、使用工具等方式玩泥巴？会表达作品内容吗？

温馨提示

- 耐心倾听宝宝对作品的表达，避免用成人的标准来评价宝宝做得"好不好""像不像"。
- 可以用拍照的方式帮助宝宝留存作品。
- 结束时，关注宝宝是否将小手洗干净了。

TH-14 玩泥巴，做"元宵"

宝宝能
用捏、团、搓的方式玩泥巴

环境准备
准备泥巴（也可用彩泥替代）、泥巴做的"元宵"4—5个、娃娃家餐具。将做好的"元宵"放在容器里，泥巴放置在桌面上。根据参与人数，确保材料人手一份。

玩法
- 和宝宝围坐在桌边一起玩泥巴，鼓励他们用自己喜欢的方式游戏。稍后，向宝宝介绍做好的"元宵"，鼓励宝宝尝试制作。过程中，可以示范双手配合捏、团、搓的方式制作"元宵"，也可以鼓励宝宝模仿同伴的制作方法。完成后，可以将完成的"元宵"放在盘子里，玩假装吃元宵的游戏。

  瞧，这是什么？这是元宵。元宵节吃元宵。元宵是怎么制作的呢？搓一搓，圆圆的元宵做好啦！

- 还可以尝试用皱纸制作，团揉之后用胶棒粘贴到纸盘上。

活动建议：室内外　　**时长**：3—5分钟　　**人数**：1—5人

观察要点
- 对泥巴感兴趣吗？
- 自己玩的时候有哪些表达和表现？
- 是否会用捏、团、搓的方式玩泥巴？

温馨提示
- 可以根据节日、季节，用泥巴制作各种相关的事物。
- 可以用拍照的方式帮助宝宝留存作品
- 结束时，关注宝宝是否将小手洗干净了。

TH-15　制作贺卡

宝宝能

撕、贴纸；使用蜡笔画有头有尾的直线、封闭的圆

环境准备

准备贴纸、大蜡笔，将它们分类摆放在容器里。再准备宝宝的照片或与家人、同伴的合影，A4卡纸。根据参与人数，确保材料人手一份。

玩法

- 和宝宝围坐在桌边，认认照片上的人物，说说他们是谁、有什么喜好。然后，示范将照片贴在卡纸上，用贴纸、蜡笔进行装饰，如，画短线、封闭的圆等，并鼓励宝宝试一试。

  这是谁？她叫什么名字？

  先把照片贴在纸上，然后贴上漂亮的贴纸。你喜欢什么颜色，蓝色，我们可以把蓝色的贴纸粘在照片周围，还可以用蜡笔画上圆圆的气球。

- 在不同的节日，可以结合不同的照片和宝宝一起制作不同的纪念卡。

活动建议：室内外　　**时长**：3—5分钟　　**人数**：1—6人

观察要点

- 对贴纸、照片感兴趣吗？
- 自己玩的时候有哪些表达和表现？
- 是否会熟练地撕、贴纸？会画有头有尾的直线或封闭的圆吗？

温馨提示

- 可以准备大小、厚薄、数量不同的贴纸，以满足不同动作发展水平宝宝的游戏需要。
- 结束时，关注宝宝是否将小手洗干净了。

TH-16 装饰爸爸的"衬衫"

宝宝能

撕、贴纸;使用蜡笔画有头有尾的直线、封闭的圆

环境准备

准备大画纸或大号手工纸,红、黄、蓝色直径1.5—2厘米的圆形贴纸,2—3支大蜡笔。游戏前,将大画纸或手工纸制作成衬衫的样式,材料分类放置在盘子里。根据参与人数,确保材料人手一份。

玩法

- 和宝宝围坐在桌边一起装饰爸爸的"衬衫",示范用贴纸粘贴,用蜡笔在衬衫上画上各种直线、竖线、圆圈等,并鼓励宝宝尝试。

  这是什么?是爸爸的衬衫呀,我们来给爸爸做一件漂亮的衬衫吧。

  贴上贴纸,还可以试试画上你喜欢的线条。我喜欢圈圈,你喜欢什么呢?

  宝宝也来试试,装饰一件漂亮的衬衫送给爸爸!

- 还可以协助宝宝为爸爸写下祝福语,将衬衫带回家送给爸爸。

活动建议:室内外　　**时长**:3—5分钟　　**人数**:1—6人

观察要点

- 对贴纸、"衬衫"感兴趣吗?
- 自己玩的时候有哪些表达和表现?
- 是否会熟练地撕、贴纸?会用蜡笔画有头有尾的直线、封闭的圆吗?

温馨提示

- 可以准备大小、厚薄、数量不同的贴纸,以满足不同动作发展水平宝宝的游戏需要。
- 对宝宝来说,每一件"衬衫"都是"独一无二"的作品,避免在宝宝面前比较"做的好与不好"。
- 结束时,关注宝宝是否将小手洗干净了。

TH-17 剪纸条，"放烟花"

宝宝能
在他人帮助下，用安全剪刀剪东西

环境准备
准备儿童安全剪刀，宽1.5厘米左右的彩色纸条，碎纸片，将这些材料分类摆放在盘子里，放在桌面上。根据参与人数，确保人手一把剪刀。

观察要点
- 对纸张、剪刀感兴趣吗？
- 自己玩的时候有哪些表达和表现？
- 宝宝是否会用安全剪刀剪纸？

玩法
- 在宝宝玩剪纸时发起这个游戏，将剪下的碎纸假想成"烟花"进行抛洒，引发宝宝的兴趣。然后，演示用剪刀将纸条剪碎，并鼓励宝宝尝试。剪完，和宝宝一起玩放"烟花"的游戏。
  瞧，五颜六色的纸片落下来，好像烟花一样。
  你见过烟花吗？它是什么样的？
  我一只手拿着纸条，一只手拿剪刀，咔嚓—咔嚓—纸条被剪碎了。
  哇，我们剪了那么多"烟花"，我们一起玩放烟花游戏吧！
- 当宝宝使用剪刀的动作比较熟练时，可以提供稍大的纸张，或在纸条上画上线条，让宝宝尝试连续开合剪刀剪纸或按线条剪。

温馨提示
- 将剪刀发给宝宝时，提示宝宝安全使用剪刀的规则，用完后及时放回储物盒。

活动建议：室内　　**时长**：3—5分钟　　**人数**：1—4人

TH-18 落叶拼贴

宝宝能
在大人指导下抹胶水；说出画了什么；比较大小、长短

环境准备
准备多种形状、颜色、尺寸的落叶（事先洗净、压平），胶棒，8开以上的大画纸，大蜡笔。将材料放在盘子里，摆在桌面上。根据参与人数，确保人手一份。

观察要点
- 对落叶、果壳等材料感兴趣吗？
- 自己玩的时候有哪些表达和表现？
- 会使用胶棒粘贴吗？是否会说出自己作品的内容？会比较大小、长短吗？

玩法
- 和宝宝围坐在桌边，和宝宝一起看看、摸摸、闻闻，比较它们的颜色、形状、大小、气味等。随后，示范用2—3片落叶拼搭出宝宝熟悉或喜欢的事物，用胶棒粘贴在纸上。拼完后，鼓励宝宝尝试，也请宝宝介绍自己的作品。
  你喜欢哪一片落叶？它是什么颜色的？
  比一比，哪一片最大/最小？
  我们一起用落叶做拼贴画吧。涂上胶水，然后贴在纸上。
  瞧，它们变成什么了？是的，它看起来像是一条小鱼。

活动建议：室内外　　**时长**：3—5分钟　　**人数**：1—5人

温馨提示
- 耐心倾听宝宝对作品的表达，避免用成人的标准来评价宝宝做得"好不好""像不像"。
- 结束时，关注宝宝是否将小手洗干净了。

TH-19　制作信封手偶

宝宝能
在大人指导下抹胶水；将纸折叠；说出做了什么

环境准备
准备信封、直径 1.5—2 厘米的活动"眼珠"（也可用黑色纸剪成圆形）、黑色和红色纸剪成 2—3 厘米的椭圆形（用于制作鼻子和嘴巴）、胶棒，一只自制的信封手偶。根据参与人数，确保材料人手一份。

玩法
- 和宝宝围坐在桌边玩这个游戏。用信封手偶和宝宝打招呼，一起认认手偶的身体部位。随后，演示粘贴、折叠等制作过程，边做边将每个步骤描述给宝宝听。鼓励宝宝也来做一个喜欢的手偶。

  找一找，小狗的嘴巴在哪里？眼睛和耳朵呢？

  我们用胶棒贴上眼睛，然后贴上鼻子和嘴巴。把信封的两个角折下来，变成了小狗的耳朵。

- 做完，可以和宝宝一起用自制的手偶玩假想游戏。

活动建议：室内　　**时长**：3—5 分钟　　**人数**：1—4 人

观察要点
- 对信封玩偶、胶棒感兴趣吗？
- 自己玩的时候有哪些表达和表现？
- 会使用胶棒粘贴吗？是否会完成折纸的动作？能否说出自己做了什么？

温馨提示
- 信封手偶制作方法：用活动"眼珠"贴在信封上做眼睛，将黑色、红色纸剪成椭圆形，分别做成鼻子和嘴巴；信封两角折下三角形做耳朵。
- 可以结合近期阅读的图画书，制作书中相关的角色。

TH-20　欣赏艺术作品

宝宝能

说出常见物品的多种颜色；用简单的句子表达自己的意愿和看法

环境准备

准备色彩鲜艳的美术作品图片（如，马蒂斯的《蜗牛》，梵·高的《星月夜》等）。将作品摆放在便于宝宝观察的矮桌、矮柜或者矮墙上。

玩法

- 邀请宝宝一起欣赏作品。演示联想、表达画面的内容，如，看到了什么、有什么感觉。然后，鼓励宝宝也来说说在画上看到了什么、是否喜欢这幅作品等。

  画里有什么？哇，我看到了许多漂亮的颜色。有黄色、蓝色。这些黄色的点点，好像星星一样呀！

  宝宝，你喜欢这幅画吗？你看到了什么？

活动建议：室内外　　**时长**：3—5分钟　　**人数**：1—4人

观察要点

- 对作品感兴趣吗？
- 是如何观察作品的，过程中有哪些表达和表现？
- 是否会说出几种常见的颜色？会表达自己的发现吗？

温馨提示

- 宝宝对作品有自己的观察视角，会根据已有的生活经验表达自己的发现，保育人员多聆听、多认可、适时回应宝宝的表达，这会让宝宝感受到成人的理解与尊重。
- 日常，也可以带着宝宝欣赏同伴的作品。

拼拼搭搭

PD-01 积木垒高

宝宝能
垒高 6—7 块小方木

环境准备
图画书《月亮的味道》，积木（边长至少 2 厘米，形状可选择比较容易垒高的，约 15 块 / 人），每人一份放在小筐里。将所有的材料摆放在桌面上，并注意空出搭建需要的桌面空间。

玩法
- 给宝宝读图画书《月亮的味道》，然后拿出材料，邀请宝宝一起通过搭积木重演故事情节。可一边复述故事一边示范把积木垒高，然后鼓励宝宝尝试。

  这块长方形的积木，上面贴着狮子，站在最下面。

  哦，这样放不上去，那你想换个方向吗？可以试一下。

  一、二、三……越来越高啦！

活动建议：室内　　**时长**：3—5 分钟　　**人数**：1—4 人

观察要点
- 对积木垒高感兴趣吗？
- 在游戏过程中有哪些表达和表现？是否会变换不同面进行垒高？
- 能垒高 6—7 块积木吗？动作是否熟练、稳定？

温馨提示
- 确保积木无尖角、干裂等不安全隐患。
- 为了提高宝宝兴趣度，可以在积木表面贴上故事中小动物的图案。
- 这个活动可以在宝宝熟悉图画书《月亮的味道》后开展。

PD-02 纸砖垒高：够月亮

宝宝能
连续垒高 8—9 块纸砖；比较高低

环境准备
准备月亮的图片（每人一张）。将纸砖（也可以用纸盒、未拆包的纸巾替代，每人 20 块左右）放在地上。按人数准备，将月亮图片贴在高处。

玩法
- 告诉宝宝将要进行的游戏，邀请宝宝一起来尝试造一个高高的房子，和月亮一样高。可一边垒高，一边数数，一边观察高度的变化。

宝宝，我们来玩"够月亮"游戏吧。
你看，月亮在这里，我需要垒多少块才能够到月亮？
一、二、三……哇，快碰到了。
啊，倒了，没关系，再来一次吧！

活动建议：室内　　**时长**：3—5 分钟　　**人数**：1—3 人

观察要点
- 对有目标的垒高感兴趣吗？
- 在游戏过程中有哪些表达和表现？
- 能连续垒高 8—9 块纸砖吗？动作是否熟练、稳定？是否会比较高低？

温馨提示
- 确保物品无尖角、干裂等不安全隐患。
- 在垒高的过程中，如果宝宝够不到，可以启发他搬小椅子登高垒高，但保育人员须在一旁做好保护。

PD-03 一起盖房子

宝宝能

连续垒高 8—9 块纸砖；愿意和别的孩子一起玩

环境准备

准备纸砖（也可用纸盒、未拆包的纸巾替代，每人至少 5 块），放在地上。准备可载物的小推车（1—2 辆）。

玩法

- 邀请多个宝宝一起参与游戏，请大家一起把纸砖放在小车上，推到另外一处盖房子。可引导宝宝相互之间配合，一起放砖、推车、卸砖、堆砌盖房子等。

那边需要盖一幢房子给娃娃住，我们一起来把砖运过去，盖房子吧！

宝贝们，大家一起来，把砖放进去，一起推过去……

你也想推这个小车，他也想推，那怎么办呢？看看是不是可以你的手放在这里，他的手放在那里，两个人一起推？

活动建议：室内　　**时长**：3—5 分钟　　**人数**：2—5 人

观察要点

- 对搬运、垒高游戏感兴趣吗？
- 在游戏过程中有哪些表达和表现？
- 能连续垒高 8—9 块纸砖吗？动作是否熟练、稳定？是否愿意和别的孩子一起玩？

温馨提示

- 确保物品和小车无破损等不安全隐患。
- 观察搬运路上是否有安全隐患，及时提醒或者清除。

PD-04　水果排排队

宝宝能
直线延长；手口一致地数 1—5

环境准备
准备 4—5 种仿真水果（每种大概 10 个左右）。把水果混放在一个容器里，放在桌子上。注意留出可以排列水果的桌面空间。

玩法
- 邀请宝宝来帮忙分水果。根据游戏指令，请宝宝从混合的水果中挑选出某种水果，再将它们排列成一行。接着，依此方法，继续挑选其他水果。过程中，还可以数一数每种水果有多少个，也可以聊聊当季的水果有哪些。

  宝宝，我想把所有的苹果都挑出来，你可以帮我一下吗？

  你可以把这些苹果排成一排吗？数一数有多少个。

  你挑出了一个橘子，放在哪里呢？

  我们来数一数吧！

活动建议：室内　　**时长**：3—5 分钟　　**人数**：1—4 人

观察要点
- 对直线延长、点数游戏感兴趣吗？
- 在游戏过程中有哪些表达和表现？
- 是否能够把水果排成一排？动作是否熟练？会手口一致地数 1—5 吗？

温馨提示
- 如果使用真实水果，需要先将水果清洁干净。

PD-05 玩具排整齐

宝宝能

延长排列；对物品进行初步的归类

环境准备

需要归位整理的玩具，活动室里的玩具柜

观察要点

- 对延长排列游戏和分类游戏感兴趣吗？
- 在游戏过程中有哪些表达和表现？
- 是否会延长排列，动作是否熟练？会对物品进行初步的归类吗？

玩法

- 在游戏结束时发起这个游戏，邀请宝宝来帮忙收玩具。请宝宝把同样的玩具或者同类的玩具摆放在一起，一个个放进柜子里，一排排放整齐。

  你能来帮我把这些玩具放回柜子里吗？

  我们放的时候需要把一样的玩具放在一起。

  放的时候请排成一排。

  现在是收玩具的时间，我们可以下午继续拿出来玩。

活动建议：室内　　**时长**：3—5分钟　　**人数**：1—4人

温馨提示

- 这个活动可以结合一日生活中的收玩具环节进行。

PD-06　玩偶排队

宝宝能

延长排列；在成人提示下渐渐理解"轮流"等规则

环境准备

准备图画书《排好队，一个接一个》（1本），仿真小人/小动物（每个宝宝3—5个）。事先用排列材料在桌面或者地面上搭建适合排队的场景，如，用积木搭建滑梯等。

玩法

- 先给宝宝讲一遍图画书《排好队，一个接一个》，然后，结合书中情节，请宝宝给滑滑梯的小人/小动物排队。

  很多小朋友都想滑滑梯，怎么办？

  你可以给这些小朋友排好队吗？

  别着急，排好队，一个接一个！

活动建议：室内　　**时长**：3—8分钟　　**人数**：1—4人

观察要点

- 对延长排列、排队游戏感兴趣？
- 在游戏过程中会有哪些表达和表现？
- 是否会延长排列？动作是否熟练？在成人提示下能理解"轮流"等规则吗？

温馨提示

- 这个活动在宝宝熟悉图画书《排好队，一个接一个》后开展，也可以结合真实活动中发生的排队情境进行。

PD-07 铺小路

宝宝能

延长排列；自己穿脱鞋

环境准备

准备不同材质的可用于铺设路面的材料，可以是纸砖、地垫、乐高底板等。每种材料至少5个。

玩法

- 假装在河面上铺小路，请宝宝选择一种材料，铺设成小路。铺完后，请宝宝自己脱鞋，上去走一走。和宝宝聊聊感受，然后，请宝宝自己穿上鞋，再来走一走，感受一下有什么不同。

  宝宝，这里是一条河，我们需要铺设小路过去。你想用哪种材料来铺小路？

  我们把鞋子脱掉，上去走一走吧。什么感觉？

  现在我们把鞋子穿上，再来走走，看有什么不同的感觉？

活动建议：室内　　**时长**：3—5分钟　　**人数**：1—4人

观察要点

- 对延长排列、走小路游戏感兴趣吗？
- 在游戏过程中有哪些表达和表现？
- 是否会延长排列？动作是否熟练？会自己穿脱鞋吗？

温馨提示

- 活动场地旁边可放置方便宝宝穿脱鞋子的座位。

PD-08　模仿架空：搭桥

宝宝能

模仿成人用三块积木搭成的桥；喜欢观察周围的事物

环境准备

准备1—2张宝宝熟悉的桥梁的照片，长方形积木（每人至少3块）、仿真小汽车（每人1辆）。将积木放在容器中，和其他材料一起放在桌上。

玩法

- 和宝宝一起观察桥梁照片，说说桥的形状和不同组成部分。示范用三块积木搭建一个简单的架空造型。用小汽车在桥下、桥上开一开，激发宝宝模仿搭建的兴趣。

  先竖放两块积木，分开一点，然后横着放上去。哇，一座桥搭好啦！你也来试试，搭建一座桥吧。

  小汽车从下面开过去的话，有点窄呢，怎么办呢？我们试着调整一下吧。

- 可以反复在宝宝面前示范搭建架空结构，方便宝宝观察和模仿。

活动建议：室内　　**时长**：3—5分钟　　**人数**：1—4人

观察要点

- 对模仿搭建的游戏感兴趣吗？
- 在游戏过程中有哪些表达和表现？
- 是否会模仿用三块积木搭成桥？动作熟练、稳定吗？喜欢观察吗？

温馨提示

- 可准备更多长方形积木，以备宝宝搭建更多桥梁或者其他造型。

PD-09　模仿搭"高架桥"

宝宝能

模仿成人搭桥；喜欢观察周围的事物

环境准备

准备一两张高架桥的照片、长方形积木（每人至少9块）、仿真小汽车（每人2辆）。将积木放在容器中，和其他材料一起放在桌上。

玩法

- 和宝宝一起观察高架桥的照片，说说高架桥的组成和外观。示范搭建高架桥，请宝宝也尝试搭建。搭完后，用小汽车在桥上或者桥下开一开。

  我们看看，这样的高架桥是怎么架起来的？下面是不是有很多根柱子？是不是很像一座短短的桥连在了一起？

  我先来用三块积木搭建一座小小的桥，然后在旁边再搭建一座，这样慢慢变长，就变成一座高架桥啦！你也来试试吧！

活动建议：室内　　**时长**：3—5分钟　　**人数**：1—2人

观察要点

- 对模仿搭建的游戏感兴趣吗？
- 在游戏过程中有哪些表达和表现？
- 是否会模仿搭建高架桥？动作是否熟练、稳定？喜欢观察吗？

温馨提示

- 可准备更多长方形积木，以备宝宝搭建更多桥梁或者其他造型。

PD-10　插塑接长

宝宝能

双手配合用插塑材料进行接长；和别的孩子一起玩

环境准备

准备红、黄、蓝三种颜色的乐高大颗粒（每人至少 20 块），分别摆放在容器中，放在桌上或者地上。

玩法

- 邀请宝宝一起玩乐高。示范将乐高一个一个接插起来，连成一根长长的棍状。然后，请两位宝宝共用一筐积木，选择自己喜欢的颜色尝试接插变长。

  大家一起用这筐材料，你可以选自己喜欢的颜色。

  我把乐高一块一块接起来，两只手配合，变长，变长……哇，我变出了一根彩色的长棒！

  呀，断掉了，这个地方没有插紧，你可以重新插一下。

活动建议：室内　　**时长**：3—5 分钟　　**人数**：2—4 人

观察要点

- 对插塑接长的游戏感兴趣吗？
- 在游戏过程中有哪些表达和表现？
- 是否可以双手配合进行接插？动作熟练吗？是否能和别的孩子一起玩？

温馨提示

- 放置乐高容器的位置需要考虑每个宝宝都方便取拿。

PD-11 半圆形组合

宝宝能

将两个半圆形组合成一个圆形

环境准备

准备4组圆形仿真水果切切乐或者拼图（也可以用半圆形积木替代），每个宝宝至少3种水果。将材料放在容器里，摆放在桌面上。

玩法

- 拿出一块半圆形材料吸引宝宝，请宝宝找到另一半拼起来，然后，请宝宝找找其他的水果。游戏过程中，可以问问宝宝是否喜欢吃这些食物。

  这是半个苹果，另一半在哪里？你帮我找找吧。

  你可以把所有的这些水果都拼起来吗？

  这么多水果，你喜欢吃哪个？

活动建议：室内　　**时长**：3—5分钟　　**人数**：1—4人

观察要点

- 对拼合圆形游戏感兴趣吗？
- 在游戏过程中有哪些表达和表现？
- 是否会挑选出匹配的半圆形拼接在一起？

温馨提示

- 也可以用圆形图片一切二，来代替"切切乐"材料。

PD-12 三角形组合

宝宝能
将两个三角形组合成一个方形或者一个大三角形

环境准备
准备4—5种常见安全标识的完整图片和剪开的图片（一面有图案，一面是单色，每种标识1张，剪开成两个三角形）。

玩法
- 告诉宝宝将要进行的游戏。和宝宝一起看看完整的标识图片，说说这些图片上是什么、有什么用处。然后，示范将两个三角形拼接起来，并鼓励宝宝也试一试。完成后，把它们和完整的图片放在一起，比较形状和图案。

  宝宝，这个标识上有什么？是什么意思？上面是一个跑步的小人。这是安全出口标志，它是在告诉大家往这个方向走，可以走出去。

  这里有两个三角形，看看我会拼出什么？

  你试试看能不能把它们变成正方形或者另一个三角形？

  如果不是，那我们是不是可以转一下，再试试？

活动建议：室内　　**时长**：3—5分钟　　**人数**：1—4人

观察要点
- 对形状拼搭游戏感兴趣吗？
- 在游戏过程中有哪些表达和表现？
- 是否能将两个三角形组合成一个方形或者一个大三角形？

温馨提示
- 如果宝宝没有拼出方形或者三角形，保育人员可以引导宝宝继续观察或改变拼搭的方向继续尝试，避免一味用"对不对"回应宝宝。

PD-13　序列建构：美丽的山坡

宝宝能
进行简单的序列建构

环境准备
准备一张春天的绿色山坡的照片，准备三种长度的木片或者木棒（每人至少有不同长度的材料各3根）。准备一些小装饰贴纸（大小适合贴在木片上）。将材料分类放在盘子里，放在桌面上。

观察要点
- 对模式建构感兴趣吗？
- 在游戏过程中有哪些表达和表现？
- 是否能够根据长短模式进行建构？

玩法
- 用图片吸引宝宝，和宝宝一起欣赏照片，观察山坡的形状。然后，引导宝宝比较木片的长短，示范按照长度顺序进行平面上的模式建构，形成一个类似山坡的形状。示范后，鼓励宝宝尝试。

  图片中山坡是不是下面很宽，越到上面越窄？

  我把最长的放在最下面，然后上面放短一点的，然后是最短的，一个山坡就做好啦！

  现在，让我们看看，这些木片当中，最长的是哪根？

温馨提示
- 确保木片无尖角、无破损等不安全隐患。
- 也可以把木片放置在有黏性的底板上，方便保留作品。

活动建议：室内　　**时长**：3—5分钟　　**人数**：1—2人

PD-14 搭建隧道：小蚂蚁的家

宝宝能
用中空材料搭建隧道结构；喜欢观察周围的事物

环境准备
准备展现蚂蚁居住在隧道洞穴里的图片或小视频。中空建构材料（每个宝宝至少10个），可以是卷筒纸芯、透明管道等；小球或其他可以在卷筒纸芯内滚动的物体（每个宝宝2—3个）。将即时贴固定在墙面上（有黏性的一面向外）。

观察要点
- 对搭建隧道游戏感兴趣吗？
- 在游戏过程中有哪些表达和表现？
- 是否能够搭建一段隧道？是否喜欢观察？

玩法
- 邀请宝宝一起观察，看看蚂蚁的洞穴以及蚂蚁在洞穴里移动的样子。示范将卷筒纸芯粘贴在即时贴上，形成一段隧道。将小球假装成小蚂蚁，玩蚂蚁钻洞的游戏（球从洞穴的一头放入，另一边滚出）。鼓励宝宝尝试搭建，看看这个"家"是否可以走通。过程中，还可以和宝宝讨论小球的运动状态和管道方向的关系。
  小蚂蚁的家是什么样的呀？像不像一条条长长的隧道？
  如果我把这个纸巾筒调一下方向，小蚂蚁是否还会钻出来呢？

活动建议：室内　　**时长**：3—5分钟　　**人数**：1—2人

温馨提示
- 允许宝宝尝试将不同形状的小物体放入轨道，观察有什么效果。
- 避免选择过小的物品用于滚动。

PD-15　插塑垒高：建筑工人盖楼房

宝宝能

用互锁技巧完成乐高垒高

环境准备

准备2—3种颜色的八孔乐高（每个宝宝至少20粒）。将乐高积木按颜色分类放在筐里，放在地上或者桌面上。

观察要点

- 对插塑互锁游戏感兴趣吗？
- 在游戏过程中有哪些表达和表现？
- 是否会用互锁技巧完成乐高垒高？

玩法

- 告诉宝宝将要进行的游戏。邀请宝宝来看看"建筑工人如何盖房子"，示范使用乐高进行互锁接插，然后，鼓励宝宝进行尝试。过程中，可以对宝宝的建构过程进行描述，如"变高变长"等。

　　宝宝，我们一起玩"盖楼房"游戏。你知道建筑工人如何用砖头盖房子吗？

　　这乐高就像是一块块砖，加砖的时候，要注意上面的砖要把下面两块砖之间的缝隙盖住，这样房子就不容易倒塌啦！你要不要试试？

　　你看，如果不把这个缝隙盖住，墙体就会裂开，并且晃动、不稳固。所以，我们再加砖上去的时候，是不是要把这个缝隙盖住？

活动建议：室内　　**时长**：3—5分钟　　**人数**：1—4人

温馨提示

- 可以通过给宝宝准备建筑工人的安全帽，来增加宝宝参与活动的兴趣度和情境感。

PD-16 平面围合：游泳池

宝宝能
用线条材料完成简单形状平面建构

环境准备
准备彩色木棒（可用长条形积木或者彩色雪糕棒代替，每个宝宝至少8根），蓝色或者白色卡纸。把彩色木棒放在托盘或者小筐里。

玩法
- 和宝宝聊聊和游泳相关的事，发起搭建泳池的游戏。示范围着卡纸四周搭建一个方形游泳池，可以一边搭一边数一数用了多少根。然后，鼓励宝宝尝试，也可以尝试搭建其他基本形状。

  宝宝，你会游泳吗？有没有看见过泳池？它是什么样的？
  我们一起来搭一个游泳池吧。
  如果我要搭建一个方形的游泳池，一共要用几根？我们边搭边一起数一数。
  你想搭什么形状的游泳池？你来试试看。

活动建议：室内　　**时长**：3—5分钟　　**人数**：1—4人

观察要点
- 对平面围合感兴趣吗？
- 在游戏过程中有哪些表达和表现？
- 是否能用线条材料完成简单形状平面围合？

温馨提示
- 确保木棒无尖角、无破损。
- 可以准备一些小贴纸或者小人偶，可以放在游泳池里，增加情境感，让宝宝进一步游戏。

PD-17 平面建构：欢乐的儿童节

宝宝能
用各种几何形状片进行简单平面造型；为作品命名

环境准备
准备基本形状（圆形、方形、三角形等）的形状片或形状贴纸（每个宝宝至少 20 片），两张卡纸。把形状材料放在小碗里或者盘子里。

观察要点
- 对平面建构游戏感兴趣吗？
- 在游戏过程中有哪些表达和表现？
- 是否能用各种几何形状片进行简单的平面造型？会为作品命名吗？

玩法
- 一边和宝宝聊关于儿童节发生的事情，一边根据讲述内容用 2—4 片形状片拼搭对应的造型，比如用三角形和长方形搭一个跷跷板，两边放两个正方形表示小朋友在玩跷跷板。随后，鼓励宝宝尝试，可以模仿成人的作品，也可以自己搭建造型。

    你喜欢六一儿童节吗？在这一天，发生了哪些开心的事？

    我把两个形状放在一起，你觉得像什么？这是一个滑梯，六一节我和好朋友在玩滑滑梯。

活动建议：室内　　**时长**：3—5 分钟　　**人数**：1—2 人

温馨提示
- 及时把宝宝的作品拍下来，把宝宝对作品的描述也记录下来。
- 可以根据季节、节日、生活事件等灵活确定拼搭主题。

PD-18 立体建构：我喜欢的幼儿园

宝宝能

用各种形状的积木进行简单的立体造型；为作品命名

环境准备

准备各种颜色、各种基本形状（立方体、长方体、圆柱体、三角等）的积木（每个宝宝至少20块）。将积木放在小筐里，摆放在桌子上。

玩法

- 告诉宝宝将要进行的游戏。示范用 2—4 块积木搭建一些简单的幼儿园设施，如，用两三块积木搭建一个房子，在房子前面延长建构一条小路。然后，鼓励宝宝一起来搭建，并引导宝宝用语言描述自己的作品。

  我现在搭建一个房子，这里是幼儿园，幼儿园前面有一条小路，通向门口。

  你喜欢什么样的幼儿园？是不是有一个大大的滑梯？你可以用积木搭建出来，快来试试吧！

  这里是一个跷跷板吗？你能跟我说说吗？

活动建议：室内　　**时长**：3—5 分钟　　**人数**：1—4 人

观察要点

- 是否对使用积木建构立体造型感兴趣？
- 在游戏过程中出现了哪些表达和表现？
- 是否会用各种形状的积木进行简单的立体造型？会为作品命名吗？

温馨提示

- 及时把宝宝的作品拍下来，把宝宝对作品的描述也记录下来。
- 可以根据季节、节日、生活事件等灵活确定拼搭主题。

第二部分 月、周保育计划参考样例

9月

本月重点关注

— 熟悉活动室的环境，熟悉机构的一日生活内容和安排，逐步适应。

— 缓解入园分离焦虑，与保育人员建立依恋关系。

— 初步了解中秋节。

— 发展理解日常用语、说自己名字、辨认照片及标识、使用勺子/夹子等工具、认知颜色、执笔涂鸦、作品表达、垒高6—7块、上下楼梯、朝目标扔球；原地双足并跳、玩简单乐器、踮脚站立、奔跑等能力，建立阅读兴趣。

对于大部分宝宝来说，这是他们第一次离开自己的安全港湾"家庭"，进入一个全新的世界"托育机构"，是多么大的挑战！很多宝宝会被强烈的"陌生感"和"分离感"所包裹，从而感到不安、伤心甚至愤怒，同时表现出哭泣、尖叫、想要逃离、不配合、不友好等行为。

面对多数宝宝可能存在情绪不稳的情况，保育人员除了在生活上要悉心照料，让宝宝们感到亲切舒适，更要时刻关注这些宝宝的情绪状态。而且，不仅仅是关注，更重要的是，尽量站在宝宝的角度去理解他们、说出他们的心声（比如，对亲人的想念，对陌生人的恐惧等），并在心理上给予最大的接纳和包容。同时，保育人员需要通过日常生活的各个环节，支持宝宝慢慢熟悉园所的环境和作息安排，让他们慢慢适应。

在环境创设上，活动室可以摆放宝宝及家庭的照片、制作方便宝宝识别的清晰的标识，让宝宝更有归属感，同时将宝宝熟悉的、喜欢的游戏材料，放在方便取放的位置，让他们感到自由。

本月也将迎来中国传统节日"中秋节"，保育人员可在环境和活动中利用与中秋节相关的元素，让宝宝们体验这个节日的清雅之美与团圆之乐。

生活照料

环境创设要点

★ 在门口及活动室里营造欢迎家庭的氛围：在矮墙、矮柜上摆放家庭的全家福、宝宝活动照片。
★ 通过公示栏等方式公布宝宝在园的一日作息、显示保育人员照片等。
★ 为新生做好个人标记，为其融入做好准备，如，在衣物储物柜等家具上贴上宝宝的头像。
★ 在进餐区提供便于使用的餐具，如，提供粗柄的勺子等。
★ 在生活区域内创设与中秋节有关的环境，如在玄关或装扮活动区挂上与中秋节有关的装饰。

内　容

SH-01　自主吃点心
SH-02　愿意自主进餐
SH-10　会使用坐便器
SH-22　适应每日作息
SH-33　建立依恋关系
SH-36　熟悉园所环境
SH-37　认识自己的标记
SH-38　认识自己的物品
SH-39　将自己的物品放置在固定位置
SH-40　认识常用物品
SH-42　自己收玩具
SH-45　听懂日常用语
SH-48　会说自己的名字
SH-53　和成人打招呼
SH-62　了解基本规则

游戏活动

环境创设要点

感统运动区： 提供滑滑梯、皮球、呼啦圈、泡泡水、雨鞋等材料，促进宝宝上下台阶、朝目标投球、原地并足跳、踮脚站立、奔跑等能力的发展。

益智操作区： 提供沙箱、玩沙工具、三色海洋球、容器等，促进宝宝使用工具、颜色分类等能力的发展。

装扮活动区： 提供勺子/夹子等进餐工具、娃娃等材料，促进宝宝使用工具及假想能力发展。

创意表现区： 提供大蜡笔、颜料、画纸等材料，促进宝宝握笔涂鸦能力的发展。

语言阅读区： 提供保育人员及宝宝的生活照、活动室区域图片、习惯养成类图画书，促进宝宝辨认、表达的能力，建立归属感，培养阅读兴趣。

建构活动区： 提供木质积木、图画书等材料，促进宝宝的垒高能力发展。

音乐活动区： 准备音乐《小星星》，提供碰铃、小鼓等小乐器，提供宝宝感受音乐、摆弄小乐器的机会。

内 容

健康与运动：
ZW-01 自由玩沙
CT-03 抓泡泡
CT-14 抛球
CT-23 跳水洼

ZW-11 夹食物吃
CT-09 上下滑滑梯
CT-21 听指令玩球
CT-38 照镜子

情绪与社会：
TS-03 认识老师
TS-05 介绍自己的名字

TS-04 学习使用"这是我的……"句式

感觉与认知：
ZW-24 喂娃娃吃饭

ZW-34 颜色分类

语言与沟通：
TS-01 认认说说活动区域
TS-24 问好歌
TS-28 读图画书《大声回答"哎"》

TS-02 认识活动区域标识物
TS-30 读图画书《我吃啦！》
TS-29 读图画书《你好吗？》

习惯与品质：
CT-52 小星星
TH-02 说说画了什么
PD-02 纸砖垒高：够月亮

TH-01 用蜡笔涂鸦
PD-01 积木垒高

家长工作

- ★ 开学前，通过电话、面谈等方式了解家庭基本信息。提示家庭为宝宝准备好在园期间的常备物料（替换衣物等）并做好标记。
- ★ 利用来、离园等时间与家长沟通宝宝在园情况，在餐点、如厕、睡眠、整理等方面，协商帮助宝宝适应机构生活的方法。
- ★ 提示家长日常多呼唤宝宝名字，通过成人主动示范和他人打招呼、向宝宝描述正在发生的事等方式，增加宝宝熟悉自己姓名、倾听和理解语言的机会。
- ★ 通过赏月、讲故事等方式，和宝宝一起过中秋、了解中秋节的习俗。

9月第一周内容安排

本周关注	·熟悉环境与作息　·建立依恋关系　·认识自己的标记
本周环境要点	·在门口及活动室里营造欢迎家庭的氛围：张贴向家庭表示欢迎的文字等；在宝宝易见的地方摆放每个家庭的全家福、宝宝活动照片 ·通过公示栏等方式公布宝宝在园的一日作息、展示保育人员照片 ·为新生做好个人标记，为其融入做好准备，如，在衣物储物柜、小床等家具上贴上宝宝的头像 ·在游戏区域提供沙箱、玩沙工具、仿真厨具、保育人员照片、游戏区域标签、大蜡笔、画纸、滑滑梯、吹泡泡材料，以及图画书《大声回答"哎"》、宝宝的照片等材料
家园共育要点	·宝宝入园前： ——家访（如电话、面谈、上门等），了解宝宝的兴趣、习惯、发展等情况，家庭带养理念 ——提示家长做好心理和物料准备，向家庭介绍入园生活，为宝宝准备好在园期间的常备物料（替换衣物等）并做好标记 ·宝宝入园后： ——宝宝在园的适应情况，缓解家长的焦虑情绪，协商帮助宝宝适应机构生活的方法

活动安排			周一	周二	周三	周四	周五
生活			\multicolumn{5}{c}{SH-33 建立依恋关系　　SH-36 熟悉园所环境　　SH-37 认识自己的标记　　SH-22 适应每日作息　　SH-10 会使用坐便器}				
游戏	自由游戏		\multicolumn{5}{c}{挖沙子、装倒沙子；听成人读图画书、翻阅图书、认认说说照片内容；用蜡笔涂鸦；滑滑梯、跑跑跳跳、抓泡泡等}				
	圆圈活动	常规	\multicolumn{5}{c}{CT-03 抓泡泡}				
		新游戏	TS-03 认识老师	TS-01 认认说说活动区域	TS-28 读图画书《大声回答"哎"》	ZW-01 自由玩沙	TH-01 用蜡笔涂鸦
	插入式活动		\multicolumn{5}{c}{TS-03 认识老师、CT-09 上下滑滑梯、TS-28 读图画书《大声回答"哎"》、TS-01 认认说说活动区域、ZW-01 自由玩沙、TH-01 用蜡笔涂鸦、CT-03 抓泡泡等}				
调整与反馈							

9月第二周内容安排

本周关注	·认识常用物品　·自己吃点心　·听懂日常用语　·会说自己的名字
本周环境要点	·根据上周宝宝的活动情况调整活动室环境布局，生活用品、玩具材料的摆放位置要固定 ·在游戏区域提供食物夹、宝宝生活照、游戏区域标签、颜料、皮球、吹泡泡材料、碰铃、音乐《照镜子》《小星星》，以及图画书《圆圆的真好吃》等材料
家园共育要点	·沟通宝宝在园进餐、睡眠等情况，向家庭介绍机构中的做法，与个别家庭协商，运用"少量多次"、图画书阅读等方式提高宝宝自主进食的兴趣 ·鼓励家庭在散步、做家务等生活环节中，向宝宝描述正在发生的事，增加宝宝倾听和理解语言的机会 ·日常和宝宝互动时，养成先呼唤宝宝名字再进行互动的习惯，帮助宝宝熟悉自己的名字

活动安排			周一	周二	周三	周四	周五
生活			SH-40 认识常用物品　SH-01 自主吃点心　SH-45 听懂日常用语　SH-48 会说自己的名字				
游戏	自由游戏		认认看看照片；自由涂抹颜料；扔球、踢球、抓泡泡、原地跳；摆弄夹子；感受音乐旋律、跟着音乐拍手、摆弄小乐器等				
	圆圈活动	常规	CT-38 照镜子　CT-03 抓泡泡（重复）　CT-52 小星星				
		新游戏	TS-01 认认说说活动区域（重复）	CT-14 抛球	TS-05 介绍自己的名字	ZW-11 夹食物吃	TH-02 说说画了什么
	插入式活动		TS-01 认认说说活动区域、CT-14 抛球、TS-05 介绍自己的名字、ZW-11 夹食物吃、ZW-01 自由玩沙、TH-02 说说画了什么、CT-38 照镜子、CT-03 抓泡泡、CT-52 小星星、TS-03 认识老师等				
调整与反馈							

9月第三周内容安排

本周关注	·愿意自主进餐　·认识自己的物品　·了解基本规则　·了解中秋节
本周环境要点	·在进餐区，为还不会自主进餐的宝宝提供便于使用的餐具，如：提供粗柄的勺子等 ·在活动室内创设与中秋节有关的环境，如：在创意表现区提供泥巴（模拟做"月饼"）、在玄关或装扮活动区挂上花灯等 ·在活动区域张贴一些与宝宝相关、易懂的活动规则的图片 ·在游戏区域提供娃娃、勺子小碗等餐具、仿真食物、沙水材料、雨裤雨鞋、积木、皮球、碰铃、沙锤、音乐《照镜子》《小星星》，以及图画书《我吃啦！》《月亮的味道》等材料
家园共育要点	·沟通宝宝在园的自主进餐情况，与个别家庭协商家园协同培养宝宝相关能力和习惯的方法，鼓励家庭多提供宝宝自主进餐机会、通过日常小游戏等提高宝宝手眼协调、手腕灵活性 ·沟通宝宝在园的如厕情况，协助家庭了解宝宝如厕能力发展的生理基础，日常多观察宝宝发出的如厕"信号"，顺势引导 ·利用日常进餐、洗晒、收纳等生活环节，多和宝宝玩辨认自己物品的小游戏 ·通过赏月、讲故事等方式，和宝宝一起过中秋、了解中秋节的习俗

活动安排			周一	周二	周三	周四	周五
生活			SH-02 愿意自主进餐　　SH-38 认识自己的物品　　SH-62 了解基本规则				
游戏	自由游戏		喂娃娃喝奶、吃东西、模仿洗菜洗碗；听成人读图画书、翻阅图书、指认画面；垒高/推倒积木；扔球、踢球；跟着音乐做动作、用乐器伴奏等				
	圆圈活动	常规	CT-38 照镜子（重复）　　　CT-21 听指令玩球　　　CT-52 小星星（重复）				
		新游戏	TS-30 读图画书《我吃啦！》	CT-23 跳水洼	TS-04 学习使用"这是我的……"句式	ZW-24 喂娃娃吃饭	PD-01 积木垒高
	插入式活动		TS-30 读图画书《我吃啦！》　　　CT-23 跳水洼　　　TS-04 学习使用"这是我的……"句式 ZW-24 喂娃娃吃饭　　CT-14 抛球　　PD-01 积木垒高　　CT-38 照镜子 CT-21 听指令玩球　　CT-52 小星星　　TH-02 说说画了什么				
调整与反馈							

9月第四周内容安排

本周关注	·将自己的物品放置在固定位置　·与成人打招呼　·自己收玩具
本周环境要点	·常用的玩具材料和生活用物品固定摆放位置,在橱柜上张贴便于宝宝辨认的标记,以便于宝宝收放 ·在游戏区域提供红黄蓝三色海洋球、容器、纸砖、宝宝照片、皮球、碰铃、沙锤、铃鼓、音乐《照镜子》《小星星》,以及图画书《你好吗?》《收起来》,区域标识图片等材料
家园共育要点	·沟通宝宝在园的整理、收纳习惯,鼓励家庭提供宝宝更多自主收拾玩具、摆放自己的物品的机会 ·带宝宝外出时,成人主动示范和他人打招呼,让宝宝在生活场景中聆听、理解礼貌用语

活动安排			周一	周二	周三	周四	周五
生活			SH-39 将自己的物品放置在固定位置		SH-53 和成人打招呼		SH-42 自己收玩具
游戏	自由游戏		扔球，踢球，给海洋球分类；指认图画书中的内容，辨认图片内容；垒高 / 推倒积木、排列积木；跟着音乐做动作，用乐器演奏等				
	圆圈活动	常规	CT-38 照镜子（重复）		CT—21 听指令玩球（重复）		TS-24 问好歌
		新游戏	TS-29 读图画书《你好吗？》	CT-52 小星星（重复）	TS-02 认识活动区域标识物	ZW-34 颜色分类	PD-02 纸砖垒高：够月亮
	插入式活动		TS-29 读图画书《你好吗？》　　CT-52 小星星　　TS-02 认识活动区域标识物 ZW-34 颜色分类　　CT—23 跳水洼　　PD-02 纸砖垒高：够月亮 CT-38 照镜子　　CT-21 听指令玩球　　TS-24 问好歌 TS-04 学习使用"这是我的……"句式				
调整与反馈							

10 月

本月重点关注

- 初步养成饭前便后洗手等卫生习惯。
- 逐渐适应机构生活，愿意与大家一起游戏。
- 初步了解国庆节。
- 感知秋天的主要特征。
- 发展应答、说自己名字、常见物品及身体部位认知、颜色认知、用颜料涂鸦、垒高8—9块小方木、朝目标踢球、倒走或侧走、能持重物步行、奔跑、唱做童谣、记住并遵从一些简单的规则等能力。

通过一个月的时间，新入园的宝宝大都开始适应园所的一日作息了，对园所的环境也越来越熟悉。对于已经适应的宝宝来说，他们还需要学习更多日常的习惯、规则，以更好地融入集体，体会大家在一起活动的快乐。同时，我们也要关注到，依然有一些宝宝还无法较好地适应园所生活，保育人员需要继续耐心照护他们，继续和他们建立安全依恋关系，取得宝宝的信任，帮助他们度过这段焦虑的时期。

在环境创设上，保育人员可以在活动室及生活区域固定放置一些宝宝方便使用的卫生用品、工具，张贴直观、生动的生活环节步骤图等，以便宝宝在生活中使用和了解。

本月，迎来了祖国妈妈的生日——"国庆节"，这是一个让宝宝们感受爱国情怀、了解祖国、培养爱国之情的好机会。金秋十月，也是让宝宝了解、感受秋天、四季变化的时节。保育人员可以在环境和活动中融入国庆节以及秋天的元素。

生活照料

环境创设要点

★ 在活动室、盥洗室、创意表现区等容易产生垃圾的活动区域放置方便宝宝使用的垃圾桶，创设支持宝宝形成扔垃圾好习惯的环境。

★ 创设适合宝宝自主洗手的环境，如，在洗手池附近张贴洗手步骤的图片、提供方便宝宝使用的洗手液、小毛巾等。

★ 在活动室内创设与国庆节有关的环境，如，在活动室内悬挂国旗等。

★ 检查玩具橱、材料架上的储物标记是否便于宝宝观察、理解，必要时进行适当调整。

内　容

SH-13　自己洗手
SH-14　饭前便后会洗手
SH-35　愿意参与活动
SH-41　把物品放在固定的地方
SH-61　不乱扔垃圾

游戏活动

环境创设要点

感统运动区： 提供各种球、小推车、彩色丝巾、球等材料，促进宝宝朝目标踢球、倒走或侧走、持重物走、奔跑、记忆并遵守简单规则等能力发展。

益智操作区： 提供红黄两色的各种生活物品等材料促进宝宝颜色分类能力发展；提供国旗、国庆特征的照片等帮助宝宝感受国庆节日文化。

装扮活动区： 提供娃娃、盥洗用品等，促进宝宝对身体部位的认知以及假想能力发展。

创意表现区： 提供颜料、画纸等满足自由玩色、涂鸦的材料，促进创意表达表现能力的发展。

语言阅读区： 提供国庆特征的街景照片、《拉粑粑》等习惯养成类图画书，激发阅读兴趣，促进理解并回答简单问题等能力。

建构活动区： 提供纸砖、大块轻质积木、小推车等材料，促进宝宝与同伴相处能力及垒高能力的发展。

音乐活动区： 准备音乐《打气》《头发肩膀膝盖脚》、宝宝照片等，促进宝宝唱简单的歌曲、节奏和手指童谣、知道身体部位的用途、说自己名字等能力。

内 容

健康与运动：	CT-05 运纸砖造房子	CT-07 奔奔跑跑玩丝巾
	CT-20 踢球	CT-32 开火车
	CT-39 打气	
情绪与社会：	TS-03 认识老师（重复）	TS-34 读图画书《好朋友》
感觉与认知：	ZW-25 给娃娃洗澡	ZW-26 给娃娃洗手
	ZW-33 和颜色宝宝做游戏	
语言与沟通：	TS-06 说说身体部位的名称和用途	TS-21 聊聊季节特征
	TS-22 了解节日（国庆节）	TS-24 问好歌（重复）
	TS-31 读图画书《拉粑粑》	
习惯与品质：	CT-48 点点碰碰	CT-49 头发肩膀膝盖脚
	TH-03 感知色彩的变化	TH-09 用小手涂鸦
	PD-02 纸砖垒高"够月亮"	PD-03 一起盖房子

家长工作

- ★ 沟通宝宝在园的生活习惯,与家庭协商培养宝宝不乱丢垃圾、饭前便前便后洗手、物归原处等习惯的方法。
- ★ 沟通宝宝与同伴交往的情况,和家庭协商提供更多同伴游戏机会、提升宝宝社交能力的方法。
- ★ 通过看照片、视频等方式,与宝宝对话,回忆、描述国庆期间的见闻。
- ★ 鼓励家长多带宝宝走近自然,感知秋天植物的变化。

10月第二周内容安排

本周关注	·不乱扔垃圾　·愿意参与活动　·祖国妈妈过生日
本周环境要点	·在活动室入口、盥洗室、创意表现区等容易产生垃圾的区域放置方便宝宝使用的垃圾桶 ·在活动室内创设与国庆节有关的环境，如，在活动室内悬挂国旗、在游戏区摆放本地的典型建筑模型/图片等 ·在游戏区域提供材质安全的小国旗、黄色与红色的各种玩具材料及分类容器、保育人员照片、颜料、各种球、彩色丝巾、音乐《打气》、国庆特征的街景照片、宝宝照片等材料
家园共育要点	·与家庭沟通宝宝在园的卫生习惯，并协商通过提供合适清洁工具、假想游戏情节、图画书阅读等方式培养宝宝不乱丢垃圾的习惯 ·与个别家庭协商，通过调整家庭作息、创设轻松积极家庭氛围、安抚情绪等方式帮助宝宝适应机构生活 ·鼓励家长通过看照片、视频等方式，常与宝宝对话，回忆、描述国庆期间的见闻

活动安排			周一	周二	周三	周四	周五
生活			SH-61 不乱扔垃圾　　SH-35 愿意参与活动				
游戏	自由游戏		颜色分类、辨认物品；认认看看照片；玩颜料；朝目标扔球、滚球和踢球；跟着音乐做动作，哼唱熟悉的童谣；摆弄丝巾、扔丝巾等				
	圆圈活动	常规	CT-39 打气　　CT-07 奔奔跑跑玩丝巾　　TS-24 问好歌（重复）				
		新游戏	TS-22 了解节日（国庆节）	CT-20 踢球	TS-03 认识老师（重复）	ZW-33 和颜色宝宝做游戏	TH-09 用小手涂鸦
	插入式活动		TS-22 了解节日（国庆节）　　CT-20 踢球　　TS-03 认识老师 ZW-33 和颜色宝宝做游戏　　TH-09 用小手涂鸦　　CT-39 打气 CT-07 奔奔跑跑玩丝巾　　TS-24 问好歌　　PD-02 纸砖垒高"够月亮"				
调整与反馈							

10月第三周内容安排

本周关注	·自己洗手　·与大家一起游戏　·秋天来了
本周环境要点	·创设适合宝宝自主洗手的环境，并根据宝宝日常的使用情况调整物品的摆放位置 ·在洗手区域张贴宝宝洗手的照片 ·在照片墙或阅读区张贴宝宝们在一起游戏、活动的照片 ·在游戏区域提供娃娃、脸盆、洗手液空瓶、毛巾、小推车、纸砖、宝宝照片、丝巾、音乐《打气》，以及图画书《好朋友》、反映秋天季节特征的照片等材料
家园共育要点	·了解宝宝在家中的洗手习惯，和家庭协商，通过耐心等待宝宝自己尝试、唱念洗手儿歌、假想故事情节等方式培养宝宝饭前便后洗手的习惯和能力 ·沟通宝宝在园与同伴交往的情况，和家庭协商，提供宝宝更多同伴游戏机会、积累社交经验 ·鼓励家长多带宝宝走进自然，感知秋天植物的变化，品尝秋天的美食

活动安排			周一	周二	周三	周四	周五
生活			SH-13 自己洗手				
游戏	自由游戏		给娃娃洗手、喂饭；听成人读故事书、翻阅图书，认认说说秋天的照片；推/拉小车，垒高纸砖；跟着音乐仿做动作，玩丝巾等				
	圆圈活动	常规	CT-39 打气（重复）		CT-07 奔奔跑跑玩丝巾（重复）		TS-24 问好歌（重复）
		新游戏	TS-21 聊聊季节特征	CT-05 运纸砖造房子	TS-34 读图画书《好朋友》	ZW-26 给娃娃洗手	PD-03 一起盖房子
	插入式活动		TS-21 聊聊季节特征　　CT-05 运纸砖造房子　　TS-34 读图画书《好朋友》 ZW-26 给娃娃洗手　　CT-20 踢球　　PD-03 一起盖房子　　CT-39 打气 CT-07 奔奔跑跑玩丝巾　　TS-24 问好歌				
调整与反馈							

10月第四周内容安排

本周关注	·饭前便后会洗手　·将物品放在固定的地方　·认识自己的五官
本周环境要点	·检查玩具橱、材料架上的储物标记是否便于宝宝观察、理解，必要时进行适当调整 ·在游戏区域提供娃娃、娃娃的替换衣物、浴盆、沐浴露空瓶、毛巾、彩窗积木、石头、树叶等自然类材料、音乐《头发肩膀膝盖脚》《打气》，以及图画书《拉粑粑》、五官及身体其他部位的图片
家园共育要点	·了解宝宝在家中的洗手习惯，继续和家庭协商培养宝宝饭前便后洗手的习惯，对宝宝的尝试及时给予鼓励 ·日常，多提供宝宝参与收放物品的机会，如，鼓励宝宝自己收玩具、协助家长拿东西等 ·推荐认识身体、五官的亲子小游戏，鼓励家长和宝宝常玩，促进宝宝自我认知

活动安排			周一	周二	周三	周四	周五
生活				SH-14 饭前便后会洗手　SH-41 把物品放在固定的地方			
游戏	自由游戏			给娃娃洗澡、穿脱衣服；翻阅图书，仿说书中的词或短句，认认说说身体部位，辨认颜色；垒高、排列积木；跟着音乐仿做动作、哼唱童谣等			
	圆圈活动	常规		CT-39 打气（重复）　　CT-32 开火车　　CT-48 点点碰碰			
		新游戏	TS-31 读图画书《拉粑粑》	CT-49 头发肩膀膝盖脚	TS-06 说说身体部位的名称和用途	ZW-25 给娃娃洗澡	TH-03 感知色彩的变化
	插入式活动			TS-31 读图画书《拉粑粑》　CT-49 头发肩膀膝盖脚 TS-06 说说身体部位的名称和用途　ZW-25 给娃娃洗澡 TH-03 感知色彩的变化　CT-39 打气　CT-32 开火车 CT-48 点点碰碰　PD-03 一起盖房子			
调整与反馈							

11月

本月重点关注

- 学习更多生活自理技能，逐步学会脱简单衣物、会向成人表达自己的需要。
- 开始熟悉身边的小伙伴。
- 了解秋天常见的果实，愿意亲近自然。
- 发展对话、使用形容词及方位词、插放、剥折撕等手部动作技能、辨识声音、使用工具涂鸦、直线延长排列、单脚站立、踮脚够物、跳、知道常见物品/身体部位的用途等能力。

宝宝们基本上已经适应园所的集体生活了。相信班级里的宝宝各种能力也在逐渐形成、慢慢进步。宝宝在原有自我服务能力的基础之上，可以逐步形成更多的自理能力，比如脱简单衣物。保育人员需要给他们更多耐心，有步骤有方法地支持他们慢慢掌握这些新技能。

宝宝对于周围的人和事物也已经熟悉，并且感到安全。他们会尝试向他人主动表达自己的需求，提出问题，发出邀请，甚至用一些比较特别的方式去靠近他人、引起他人的注意。保育人员应该给宝宝提供展示自己的机会，让宝宝之间更加熟悉、亲密。保育人员也需要带着敏感的心，去观察、理解宝宝的这些行为信号，及时回应并且尊重他们的意愿。

在环境创设上，需要给宝宝提供更加丰富的支持其自我服务的环境材料。本月依然处于秋天季节，可以和家庭协作，带着宝宝去捡落叶，去果园、农场或者市场里看看、摸摸、尝尝各种水果、蔬菜……感受丰富多彩的秋天。

生活照料

环境创设要点

★ 给宝宝提供更加丰富的自我服务的环境材料，包括在洗手处放置小毛巾、在就餐处放置适合自己取放的餐具及擦脸毛巾、在活动室的固定位置放置清洁工具等。

★ 在环境中提供真实的蔬菜、水果，如小橘子、午餐的蔬菜等，在游戏区域放置真实的蔬菜、蔬菜照片。

★ 创设促进宝宝之间相互熟悉、了解的环境，如在墙上放置全体宝宝的照片等。

内 容

SH-08　自己擦脸/擦嘴巴

SH-09　收拾自己的餐具

SH-11　主动如厕

SH-25　解开纽扣

SH-26　脱简单衣物

SH-43　和老师一起收玩具

SH-49　会进行日常生活对话

SH-51　关注周围的宝宝

游戏活动

环境创设要点

感统运动区： 提供平衡木、皮球、软球/沙包/可捏响的动物玩具等材料，促进宝宝单足站立、踮脚站立、奔跑、跳跃、蹲起等能力发展。

益智操作区： 提供珠钉玩具、鼓槌、自制乐器、可敲击的生活物品等材料，锻炼宝宝手眼协调能力的同时，促进他们对周围声音的感知和辨认能力。

装扮活动区： 提供娃娃、娃娃的替换衣物、浴盆、洗浴用品、餐具、切切乐玩具、仿真水果等材料，促进宝宝对物品功能的认知与表达。

创意表现区： 提供颜料、落叶、笔刷、胶棒等材料，促进使用工具涂鸦玩色、使用工具粘贴的能力。

语言阅读区： 提供《收起来》《水果水果捉迷藏》等生活习惯类图画书、隐含"藏找"游戏的图画书，以及水果卡片等，培养宝宝阅读兴趣，促进其对话、理解及使用形容词、方位词的能力。

建构活动区： 提供仿真水果等材料，促进宝宝的延长能力发展。

音乐活动区： 准备音乐《小猫操》《我爱我的小动物》《点点碰碰》等，提供自制小乐器，鼓励宝宝唱简单的歌曲、手指童谣等。

内 容

健康与运动： CT-01 踮脚站立摘果子　　CT-06 追逐跑
　　　　　　　CT-07 奔奔跑跑玩丝巾（重复）　CT-10 跨越障碍
　　　　　　　CT-15 抛落叶　　　　　　　CT-21 听指令玩球（重复）
　　　　　　　CT-29 拉小车捡树叶　　　　CT-32 开火车（重复）
　　　　　　　CT-44 小猫操　　　　　　　ZW-06 插放小珠钉
　　　　　　　ZW-07 插放吸管　　　　　　ZW-13 剥橘子
　　　　　　　ZW-18 洗菜择菜做家务

情绪与社会： TS-05 介绍自己的名字（重复）

感觉与认知： CT-26 跳跳踩踩玩落叶　　ZW-20 切水果做三明治
　　　　　　　ZW-32 听听周围的声音

语言与沟通： TS-08 认认说说常见食材　　TS-10 对话常见物品及用途
　　　　　　　TS-31 读图画书《拉粑粑》（重复）　TS-31 读图画书《收起来》（举一反三）
　　　　　　　TS-37 读图画书《水果水果捉迷藏》　TS-38 水果捉迷藏
　　　　　　　TS-47 听方位词找落叶

习惯与品质： CT-48 点点碰碰（重复）　　CT-57 我爱我的小动物
　　　　　　　CT-60 小小演奏家　　　　　TH-11 在树叶上涂鸦
　　　　　　　TH-18 落叶拼贴　　　　　　PD-04 水果排排队
　　　　　　　PD-05 玩具排整齐

家长工作

- ★ 让宝宝在家中继续丰富自我服务的内容,如自己擦嘴擦脸、自己脱衣服、自己收餐具、自主大小便等。
- ★ 了解宝宝对蔬菜的喜爱情况,鼓励宝宝参与进餐的各项准备,比如参与买菜、洗菜、烹饪等。
- ★ 在家中给宝宝自己表达需要的机会。
- ★ 和宝宝一起去继续感受秋天,找找属于秋天的水果,和落叶游戏,倾听大自然的声音等。
- ★ 通过和宝宝聊天,激发宝宝对同伴的关注和喜爱。

11月第一周内容安排

本周关注	·自己擦脸　·收拾自己的餐具　·好吃的蔬菜
本周环境要点	·在进餐、运动、盥洗等环节中，给宝宝提供可以擦嘴擦脸的小毛巾，并便于宝宝取放的地方。 ·提供适合宝宝自己端拿、取放的餐具，并在就餐区域附近设置适合宝宝回收餐具的设施 ·在环境中提供真实的蔬菜，供宝宝看看、摸摸、闻闻 ·在游戏区域提供平衡木、皮球、宝宝午餐时吃的蔬菜、番茄和鸡蛋、洗菜盆、垃圾桶、一次性餐布、宝宝反穿衣、扫帚和拖把等清洁工具、娃娃家仿真水果等玩具、提供各种蔬菜的图片及相关图画书、音乐《小猫操》等材料
家园共育要点	·建议在家中提供宝宝有自己擦嘴、自己擦脸的机会。给宝宝提供适合的餐具，饭后让宝宝负责收拾自己的餐具 ·了解宝宝在家中都喜欢吃什么蔬菜，给宝宝机会参与到烹饪蔬菜的各个环节中，比如参与买菜、洗菜等 ·多和宝宝说说、聊聊蔬菜的各种味道、对身体的好处，鼓励宝宝爱吃、多吃蔬菜

活动安排			周一	周二	周三	周四	周五
生活			\multicolumn{5}{l}{SH-08 自己擦脸/擦嘴巴　　SH-09 收拾自己的餐具}				
游戏	自由游戏		\multicolumn{5}{l}{摸摸闻闻蔬菜、洗菜、择菜叶；给娃娃洗手、洗脸、煮饭、喂娃娃；迈过低矮障碍物；跟着音乐做操；给玩具排队、给水果分类}				
	圆圈活动	常规	\multicolumn{5}{l}{CT-44 小猫操　　CT-32 开火车（重复）　　CT-48 点点碰碰（重复）}				
		新游戏	TS-10 对话常见物品及用途	CT-10 跨越障碍	TS-08 认认说说常见食材	ZW-18 洗菜择菜做家务	PD-04 水果排排队
	插入式活动		\multicolumn{5}{l}{TS-10 对话常见物品及用途　　CT-10 跨越障碍　　TS-08 认认说说常见食材 ZW-18 洗菜择菜做家务　　PD-04 水果排排队　　CT-44 小猫操　　CT-32 开火车 CT-48 点点碰碰　　PD-05 玩具排整齐　　ZW-20 切水果做三明治}				
调整与反馈							

11月第二周内容安排

本周关注	·解开纽扣　·会进行日常生活对话　·了解秋天的水果
本周环境要点	·提供练习解开纽扣的玩具材料或者实物衣服 ·在进餐区域提供小橘子、垃圾桶、小盘子、一次性餐布等 ·在游戏区域提供高处挂绳与可悬挂的布艺水果、切切乐玩具、秋天的水果（仿真）及卡片、落叶、胶棒、自制乐器、音乐《小猫操》，以及图画书《水果水果捉迷藏》等、宝宝照片等材料
家园共育要点	·在家中提供宝宝自己解开纽扣、穿脱衣物的机会，并多鼓励、肯定宝宝的尝试 ·了解宝宝日常在家里是否会表达自己的需要，表达的方式是怎样的，在家中多提供宝宝表达需要的机会 ·和宝宝一起去超市/果园等，找找属于秋天的水果，并一起品尝 ·和宝宝一起探索声音，给宝宝提供在家里敲敲打打各种生活物品的机会

活动安排			周一	周二	周三	周四	周五
生活			\multicolumn{5}{c}{SH-25 解开纽扣　　SH-49 会进行日常生活对话}
游戏	自由游戏		翻阅图书、看看认认照片、认认说说水果卡片；感知落叶、自由粘贴；踮脚或者跳起够物；装倒水果、给水果分类；摆弄自制小乐器；跟着音乐做动作；用自制的鞋盒小车玩假想游戏等				
	圆圈活动	常规	CT-44 小猫操（重复）		CT-29 拉小车捡树叶		CT-60 小小演奏家
		新游戏	TS-37 读图画书《水果水果捉迷藏》	CT-01 踮脚站立摘果子	TS-05 介绍自己的名字（重复）	ZW-13 剥橘子	TH-18 落叶拼贴
	插入式活动		CT-44 小猫操　　CT-29 拉小车捡树叶　　CT-60 小小演奏家 TS-37 读图画书《水果水果捉迷藏》　　CT-01 踮脚站立"摘果子" TS-05 介绍自己的名字　　ZW-13 剥橘子　　TH-18 落叶拼贴　　CT-21 听指令玩球				
调整与反馈							

11月第三周内容安排

本周关注	·脱简单衣物　·关注周围的宝宝　·和落叶做游戏
本周环境要点	·户外活动时，将置衣架／篮放置在便于宝宝使用的位置 ·在宝宝易见的地方，放置全体宝宝的合影照片 ·在游戏区域提供软球／沙包／可捏响的动物玩具等软性玩具材料、小珠钉玩具、颜料、笔刷、干净的落叶、和落叶有关的绘本、自制乐器、音乐《小猫操》，以及图画书《拉粑粑》《收起来》等材料
家园共育要点	·日常生活中多提供宝宝自己动手脱衣服的机会 ·外出散步时，引导宝宝关注周围的同伴，多和宝宝说说周围的小朋友在做什么 ·带宝宝去捡拾落叶、踩树叶、用落叶下雨等，多亲近自然，感受秋天

活动安排			周一	周二	周三	周四	周五
生活				SH-26 脱简单衣物　　SH-51 关注周围的宝宝			
游戏	自由游戏		插放小物件、颜色分类、数数；感知落叶、在叶子上涂鸦、把落叶抛起来、踩落叶；跟着音乐做动作；追着球跑、蹲下捡球、扔球等				
	圆圈活动	常规	CT-44 小猫操（重复）　　CT-15 抛落叶　　CT-60 小小演奏家（重复）				
		新游戏	TS-47 听方位词找落叶	CT-06 追逐跑	TS-38 水果捉迷藏	ZW-06 插放小珠钉	TH-11 在树叶上涂鸦
	插入式活动		CT-44 小猫操　　CT-15 抛落叶　　CT-60 小小演奏家　　TS-47 听方位词找落叶 CT-06 追逐跑　　TS-38 水果捉迷藏　　ZW-06 插放小珠钉　　TH-11 在树叶上涂鸦 CT-07 奔奔跑跑玩丝巾　　ZW-07 插放吸管				
调整与反馈							

11月第四周内容安排

本周关注	·主动如厕　·自己收玩具　·听听周围的声音
本周环境要点	·根据宝宝的兴趣、需要调整玩具,及时做好玩具标签的更换,方便宝宝收放玩具 ·在游戏区域放置可以制造出各种声音的材料、鼓槌、自制乐器、可敲击的生活物品、落叶、音乐《我爱我的小动物》《小猫操》,以及图画书《拉粑粑》《收起来》等材料
家园共育要点	·日常生活中给宝宝自己主动如厕的机会,不必过多提醒,放松心态,让宝宝自己感觉便意。对于穿尿片的宝宝,和家长协商方法,在尊重宝宝生理发展情况的基础上,引导宝宝感受如何控制大小便 ·了解宝宝在家中收玩具的情况,请家长给宝宝机会自己收玩具,或者带着宝宝一起收玩具 ·有意识地请家长经常和宝宝聊聊周围的声音,利用听觉去探索、发现身边的事物

活动安排			周一	周二	周三	周四	周五
生活			SH-11 主动如厕　SH-43 和老师一起收玩具			
哟游戏	自由游戏		翻阅图书；把玩具延长排列；感知、观察落叶、踩落叶、扔/捡落叶；跟着音乐模仿做动作；拿自制乐器跟着音乐表演、敲敲打打听声音；假想演奏音乐会；给玩具排队等				
	圆圈活动	常规	CT-44 小猫操（重复）　　CT-26 跳跳踩玩落叶　　CT-57 我爱我的小动物				
		新游戏	TS-31 读图画书《拉粑粑》（重复）	CT-60 小小演奏家（重复）	TS-31 读图画书《收起来》（举一反三）	ZW-32 听听周围的声音	PD-05 玩具排整齐（重复）
	插入式活动		CT-44 小猫操　　CT-26 跳跳踩玩落叶　　CT-57 我爱我的小动物 TS-31 读图画书《拉粑粑》　　CT-60 小小演奏家　　TS-31 读图画书《收起来》 ZW-32 听听周围的声音　　PD-05 玩具排整齐　　PD-04 水果排排队 CT-15 抛落叶				
调整与反馈							

12 月

本月重点关注

- 进一步提高生活自理能力。
- 遵守轮流、排队等基本规则，愿意和其他宝宝一起使用共用物品。
- 喜欢小动物，模仿常见动物的本领。
- 感受冬天的主要特征。
- 发展跳、投掷、骑三轮车、使用工具、形状认知、拼贴、涂画、曲线延长排列、使用简单句、唱简单童谣等能力。

宝宝们越来越喜欢在机构的一日生活了，也越来越能干了，可以在原有能力的基础之上，逐步形成更多的自理能力、更关注同伴、更会交往……比如他们会独立如厕、独立入睡、学会轮流和等待、学会交换的策略等等。而且，宝宝们探索世界的兴趣和能力也在增强，可以了解、认识更多种类的小动物，并且可以更加深入地观察、模仿、探究神奇的动物世界。

在这些过程中，宝宝们依然需要保育人员有耐心、有智慧地去理解宝宝，针对不同宝宝的具体情况进行引导。多提供宝宝自主探索的机会和材料，多带领宝宝们观察、思考、讨论，模仿小动物的行为。在生活环境创设上，给宝宝创设方便独立如厕、漱口及刷牙、自己穿鞋的环境。

本月将迎来寒冷的冬季，可以在活动区域的墙面上贴和季节变换以及冬天有关的图片或收集相关图片视频。还可以和宝宝们一起，走近自然，感受风、感受冷、感受冬雨的萧瑟与冬雪的浪漫，细细体会大自然的力量和美妙。

生活照料

环境创设要点

★ 给宝宝创设方便独立如厕、漱口及刷牙、自己穿鞋的环境，如在漱口处放置宝宝方便取放的漱口杯、牙刷、牙膏等。
★ 在盥洗室布置展示独立如厕、漱口、刷牙等步骤的图片。
★ 创设温馨、安全、舒适的睡眠环境，并在方便取拿的地方提供睡醒之后或者洗完脸之后宝宝可以自己涂抹的润肤乳。
★ 环境中张贴提醒宝宝轮流和等待的标识。
★ 在活动区域的墙面上创设和季节变换以及冬天有关的图片（视频）。

内 容

SH-12　独立如厕
SH-17　自己抹香香
SH-18　会漱口会刷牙
SH-23　独立入睡
SH-29　自己穿鞋
SH-52　会说小伙伴的名字
SH-55　学着轮流和等待
SH-56　和同伴交换玩具

游戏活动

环境创设要点

感统运动区： 提供气泡膜、小鼓、小块方形地垫、大纸箱、兔子头饰/胸饰、三轮童车、报纸、胶带、落叶等材料，促进宝宝跳跃、朝目标扔球、骑三轮车、模仿用脚尖走路等能力发展。

益智操作区： 提供夹捏玩具、各种大小口径带螺纹的罐子瓶子，促进宝宝手指力量、使用工具、旋拧技能发展；提供圆形、方形和三角形的积木及配套图片、形状嵌板、基本图形的物品等，促进宝宝图形认知能力发展；提供各种宝宝感兴趣的小动物图片（或真实的小动物），满足宝宝对事物的观察和好奇心等。

装扮活动区： 小床、娃娃、奶瓶、可穿脱的娃娃衣服，满足宝宝假想游戏需要，锻炼其生活自理能力。

创意表现区： 提供颜料、信封、手工纸、白色毛球、胶棒等，满足宝宝涂鸦游戏的需求，促进创意表达表现。

语言阅读区： 提供《莎娜的雪火车》等情节图画书、习惯养成类图画书，以及体现天气特征的图片，促进理解故事情节、观察图片、使用简单句表达的能力。

建构活动区： 提供仿真小人、积木、不同材质的地垫、绘本《排好队一个接一个》等材料，促进宝宝的建构（延长）能力发展。

音乐活动区： 准备音乐《模仿小动物走路》《我爱我的小动物》等，提供自制小乐器，促进宝宝唱简单的歌曲、节奏和手指童谣的能力。

内 容

健康与运动：
- CT-01 踮脚站立"摘果子"（重复）
- CT-06 追逐跑
- CT-15 抛落叶（重复）
- CT-16 投报纸雪球
- CT-24 像小兔子一样跳起来
- CT-26 跳跳踩踩玩落叶（重复）
- CT-28 骑小车
- CT-37 从头动到脚
- CT-45 模仿小动物走路
- ZW-08 配对拧盖子
- ZW-11 夹食物吃（重复）
- ZW-12 使用夹子夹捏
- ZW-25 给娃娃洗澡（重复）

情绪与社会：
- TS-34 读图画书《换换吧，鼠小弟的小背心》（举一反三）

感觉与认知：
- ZW-27 照顾娃娃睡觉
- ZW-30 听指令找形状

语言与沟通：
- TS-20 说说天气
- TS-21 看看说说：冬天来了（举一反三）
- TS-31 读图画书《刷牙啦》（举一反三）
- TS-31 读图画书《睡觉》（举一反三）
- TS-40 读图画书《莎娜的雪火车》（举一反三）
- TS-49 听指令找、放动物卡片

习惯与品质：
- CT-50 捏拢放开
- CT-57 我爱我的小动物（重复）
- CT-58 小宝宝学动物
- TH-05 拓印"小雪人"
- TH-19 制作信封手偶
- PD-04 水果排排队（重复）
- PD-05 玩具排整齐（重复）
- PD-06 玩偶排队
- PD-07 铺小路

家长工作

★ 了解宝宝在家中如厕、漱口刷牙、睡眠、擦香香等习惯的情况,请家长给宝宝足够的机会锻炼自我服务能力。

★ 多带宝宝到动物园、农场、小区里去观察、接触小动物。如果有可能,也可以自己在家里饲养小动物,请宝宝参与日常照料。

★ 和宝宝也玩一些需要轮流的游戏,提供机会让宝宝体验交换。

★ 和宝宝经常聊聊班级的小朋友,多带宝宝和小朋友交往,并且关注其他宝宝在做什么。

★ 平时和宝宝聊聊季节的变化、冬天的特点,和宝宝一起说说、聊聊各种感受、影响和原因等。

12月第一周内容安排

本周关注	·独立如厕　　·会漱口会刷牙　　·喜欢小动物
本周环境要点	·创设方便宝宝独立如厕、便于保育人员观察、照护的环境，为还在使用尿布的宝宝创设便于独立更换尿布的环境，包括方便拿取的尿布等。 ·在就餐或卫生间区域设置漱口及刷牙的区域，并放置方便宝宝取放漱口杯、牙刷、牙膏的空间。提供讲解漱口的好处、刷牙步骤等内容的图片等 ·在环境中提供气泡膜、小鼓、夹捏玩具、信封、胶棒、手工纸、兔子头饰/胸饰、音乐《模仿小动物走路》《我爱我的小动物》，以及图画书《刷牙》、各种宝宝感兴趣的小动物图片（也可以饲养真实的小动物）等材料
家园共育要点	·了解宝宝在家中的习惯的情况，请家长给宝宝循序渐进地提供独立如厕的机会，促进宝宝如厕能力 ·了解宝宝在家中漱口刷牙的情况，根据具体情况，请家长通过歌曲、阅读、游戏、带宝宝一起漱口刷牙等方式，激发宝宝主动漱口刷牙的兴趣、学习正确的方法 ·多带宝宝到动物园、农场、小区里去观察、接触小动物。如果家中饲养了小动物，鼓励宝宝参与日常照料

活动安排			周一	周二	周三	周四	周五
生活				SH-12 独立如厕　　SH-18 会漱口会刷牙			
游戏	自由游戏			夹捏、摆弄夹子；翻阅图书、认认说说卡片内容；自由粘贴；模仿小动物走路；摆弄胶棒；踩捏气泡膜听声响、敲鼓等			
	圆圈活动	常规	CT-45 模仿小动物走路		CT-15 抛落叶（重复）		CT-57 我爱我的小动物（重复）
		新游戏	TS-31 读图画书《刷牙啦》（举一反三）	CT-24 像小兔子一样跳起来	TS-49 听指令找、放动物卡片	ZW-12 使用夹子夹捏	TH-19 制作信封手偶
	插入式活动			CT-45 模仿小动物走路　　CT-15 抛落叶　　CT-57 我爱我的小动物 TS-31 读图画书《刷牙啦》（举一反三）　　CT-24 像小兔子一样跳起来 TS-49 听指令找、放动物卡片　　ZW-12 使用夹子夹捏　　TH-19 制作信封手偶 ZW-11 夹食物吃　　CT-01 踮脚站立摘果子			
调整与反馈							

12月第二周内容安排

本周关注	·独立入睡　　·学着轮流与等待　　·模仿小动物
本周环境要点	·创设温馨、安全、舒适的睡眠环境，可以播放舒缓的助眠音乐、在有需要的宝宝的小床上放置依恋物、张贴提醒宝宝摆放衣服、鞋子的标记等 ·在游戏区域张贴提醒宝宝轮流和等待的标识、提供一些适合宝宝轮流玩的玩具材料 ·在活动室里提供动物图片或相关视频（也可以饲养真实的小动物），给宝宝足够的观察时间 ·在游戏区域提供小床、娃娃、奶瓶、可穿脱的娃娃衣服、积木、仿真小人／动物、音乐《小宝宝学动物》《我爱我的小动物》《模仿小动物走路》，以及图画书《睡觉》《刷牙》《从头动到脚》等材料
家园共育要点	·了解宝宝在家中的睡眠情况，与家庭协商逐步培养宝宝独立午睡的习惯 ·在家中和宝宝玩一些需要轮流的游戏，同时，在生活中给宝宝创造机会，让宝宝体会适当的等待，而不是急于满足宝宝的各种需求 ·和宝宝在观察小动物的时候，用语言描述小动物的动作，然后也试着一起模仿动物的动作、声音等

活动安排	周一	周二	周三	周四	周五
生活		SH-23 独立入睡　　SH-55 学着轮流和等待			
游戏 — 自由游戏	给娃娃喂奶、穿脱衣服；翻阅图书、自言自语、描述熟悉的画面；将积木延长、摆弄小人、用积木和小人玩假想游戏等				
游戏 — 圆圈活动 — 常规	CT-45 模仿小动物走路（重复）		CT-37 从头动到脚		CT-58 小宝宝学动物
游戏 — 圆圈活动 — 新游戏	TS-31 读图画书《睡觉》（举一反三）（重复）	CT-57 我爱我的小动物（重复）	TS-31 读图画书《刷牙啦》（举一反三）（重复）	ZW-27 照顾娃娃睡觉	PD-06 玩偶排队
插入式活动	CT-45 模仿小动物走路　　CT-37 从头动到脚　　CT-58 小宝宝学动物 CT-57 我爱我的小动物　　TS-31 读图画书《刷牙啦》（举一反三） TS-31 读图画书《睡觉》　　ZW-27 照顾娃娃睡觉　　PD-06 玩偶排队 PD-04 水果排排队　　PD-05 玩具排整齐　　ZW-25 给娃娃洗澡				
调整与反馈					

12月第三周内容安排

本周关注	·自己抹香香　·会说小伙伴的名字　·冬天来了
本周环境要点	·将宝宝涂抹的香香放在开放的、方便宝宝取拿的矮柜中 ·在环境中增加和季节变换以及冬天有关的图片或视频 ·在游戏区域提供各种口径带螺纹的瓶子/罐子、可以塞放在瓶子中的小物品、图画书《莎娜的雪火车》《从头动到脚》、反映冬天季节特征的图片、白色毛球、白色颜料、胶棒、报纸、胶带、大纸箱、音乐《模仿小动物走路》《小宝宝学动物》等材料
家园共育要点	·在日常生活中给宝宝自己抹香香的机会，家长可以和宝宝一起抹，给宝宝做示范 ·经常和宝宝聊聊班级的小朋友，多带宝宝和小朋友交往，鼓励合作、交换玩具，并且关注其他宝宝在做什么 ·多带宝宝走进自然，和宝宝一起感受天气的变化，说说聊聊冬天的特点等

活动安排			周一	周二	周三	周四	周五
生活			\multicolumn{5}{c}{SH-17 自己抹香香　　SH-52 会说小伙伴的名字}				
游戏	自由游戏		\multicolumn{5}{c}{旋拧瓶盖、往瓶子里塞放物品、配盖子；翻阅图书，认认说说卡片内容；自由涂鸦、玩色、拓印、摆弄胶棒、假想、展示自己的作品；翻看、撕扔报纸、朝目标物投掷、把胶带贴在报纸或者其他东西上；跟着熟悉的音乐做动作等}				
	圆圈活动	常规	\multicolumn{5}{l}{CT-45 模仿小动物走路（重复）　　CT-37 从头动到脚（重复） CT-58 小宝宝学动物（重复）}				
		新游戏	TS-40 读图画书：《莎娜的雪火车》（举一反三）	CT-16 投报纸雪球	TS-21 看看说说：冬天来了（举一反三）	ZW-08 配对拧盖子	TH-05 拓印"小雪人"
插入式活动			\multicolumn{5}{l}{CT-45 模仿小动物走路　　CT-37 从头动到脚　　CT-58 小宝宝学动物 TS-40 读图画书《莎娜的雪火车》（举一反三）　　CT-16 投报纸雪球 TS-21 看看说说：冬天来了（举一反三）　　ZW-08 配对拧盖子 TH-05 拓印"小雪人"　　CT-06 追逐跑}				
调整与反馈							

12月第四周内容安排

本周关注	·自己穿鞋　　·和同伴交换玩具　　·感受天气变化
本周环境要点	·提供方便宝宝自己拿鞋、穿鞋的环境，比如合适高度的鞋凳 ·有意识地提供一些"唯一的"或者"少量的"宝宝们都比较喜欢的玩具，给予宝宝相互交换使用、轮流使用的机会 ·在游戏区域中提供圆形、方形和三角形的积木及配套图片、天气变化的对比的图片或者图画书或者视频、三轮童车、小块方形地垫、音乐《捏拢放开》《模仿小动物走路》，以及图画书《换换吧，鼠小弟的小背心》
家园共育要点	·在日常生活中充分给予宝宝自己穿鞋的机会，并且用适合的方式给予宝宝示范和支持 ·在家中提供一些机会，让宝宝感受什么叫作"交换"，比如交换帽子戴一戴、交换鞋子穿一穿等 ·和宝宝一起感受天气的变化，聊聊天气变化所带来的影响以及原因

活动安排			周一	周二	周三	周四	周五
生活			\multicolumn{5}{c}{SH-29 自己穿鞋　　SH-56 和同伴交换玩具}				
游戏	自由游戏		找形状、图形分类、图片与实物配对、说形状名称；翻阅图书、认认说说卡片内容；坐在车上滑行、把东西装在小车里、推着小车走，推小车上斜坡；搬地垫、拼接延长、垒高地垫、在地垫上走等				
	圆圈活动	常规	CT-45 模仿小动物走路（重复）　　CT-24 像小兔子一样跳起来（重复） CT-50 捏拢放开				
		新游戏	TS-20 说说天气	CT-28 骑小车	TS-34 读图画书《换换吧，鼠小弟的小背心》（举一反三）	ZW-30 听指令找形状	PD-07 铺小路
	插入式活动		CT-45 模仿小动物走路　　CT-24 像小兔子一样跳起来　　CT-50 捏拢放开 TS-20 说说天气　　CT-28 骑小车 TS-34 读图画书《换换吧，鼠小弟的小背心》（举一反三）　　ZW-30 听指令找形状 PD-07 铺小路　　PD-06 玩偶排队　　PD-05 玩具排整齐				
调整与反馈							

1月

本月重点关注

- 参与力所能及的家务劳动。
- 愿意在集体前介绍自己及家人。
- 初步了解中国传统年俗。
- 发展使用人称代词、介绍家人、分类、数字认知、性别认知、玩泥巴、作品欣赏、架空建构、会按停滚动的球；走较宽的平衡木；原地双足并跳，双脚连续向前跳；朝目标扔球；唱简单的歌曲、节奏和手指等能力。

宝贝们和学期初相比，真是成熟了许多。他们不仅在机构已经适应得很好，而且许多事情都可以自己完成，不再需要保育人员很多的帮助。甚至，宝宝们还可以当大人的小帮手。在机构，他们有能力参与收玩具、搬桌椅、擦桌子、收餐具……在家里，他们也可以成为家长的好助手，可以和家长一起买菜、做饭、做卫生、整理房间……

在这个阶段，保育人员可以退后一些，给宝宝更多自己做事以及当成人小帮手的机会。给宝宝们提供更多和同伴交往、向别人介绍自己的机会，让他们感受到集体生活的乐趣。

在环境创设上，可以在活动室中提供方便宝宝参与劳动的物品，布置一些宝宝和家人以及保育人员的合影。在这个美好学期的最后阶段，我们还将迎来中国人最重要的节日——春节。我们可以创设有新年气氛的温馨、喜庆的环境，和宝宝们一起，了解春节习俗、酝酿春节的喜庆、带着对春天美好的向往，迎接即将到来的春节！

生活照料

环境创设要点

★ 在活动室中提供方便宝宝参与劳动的物品，比如在涂鸦区域放置小扫帚、小拖把、小块抹布等。

★ 在活动室里布置一些宝宝和家人以及保育人员的合影，彰显宝宝和保育人员之间、和家人之间的良好关系，让宝宝感到亲切。

★ 室内提供让宝宝了解健康饮食的图画书或图片、张贴提醒宝宝使用礼貌用语的标识等。

★ 创设有新年气氛的温馨、喜庆的环境，如设置一面许愿墙，让宝宝把自己的心愿表达并且展示出来。

内容

SH-07 少吃零食

SH-34 亲近老师和同伴

SH-50 主动表达需求

SH-54 使用礼貌用语

SH-55 学着轮流和等待（重复）

SH-57 参与力所能及的家务劳动

SH-62 了解基本规则（重复）

游戏活动

环境创设要点

感统运动区： 提供球、平衡木、沙包、轮胎或废旧纸箱、报纸、胶带等材料，促进宝宝按停滚来的球、走平衡木等能力发展。

益智操作区： 提供金色和红色的福袋、可塞在福袋里的物品，锻炼宝宝双手配合、塞放等能力，感知节日文化。提供六型六色图板玩具及配套颜色的分类盒、带数字生活的物品，提高宝宝颜色和形状、数字感知和识别能力。

装扮活动区： 男孩和女孩娃娃、不同性别的装饰物品、家人生活照、仿真电话机等，促进宝宝性别认知能力发展。

创意表现区： 提供泥巴、艺术画作、宝宝自己的涂鸦作品等，满足自由玩泥的游戏需求及艺术作品欣赏的机会。

语言阅读区： 提供《换换吧，鼠小弟的小背心》等图画书、不同天气特征图片、娃娃家材料等，促进宝宝使用人称代词、介绍家人的能力。提供《我喜欢过年》等新年主题图画书，增进宝宝对节庆和传统文化的了解。

建构活动区： 提供仿真小人、小汽车、积木等材料，促进宝宝的架空能力发展。

音乐活动区： 准备音乐《小手小脚》《全家爱宝宝》《新年好》《捏拢放开》等，提供自制小乐器，促进宝宝唱简单的歌曲、节奏和手指童谣的能力。

内 容

健康与运动： CT-06 追逐跑（重复）　　　　　CT-11 走平衡木
　　　　　　　CT-16 投报纸雪球（重复）　　　CT-18 按停滚来的球
　　　　　　　CT-21 听指令玩球（重复）　　　CT-22 听指令玩沙包
　　　　　　　CT-42 小手小脚　　　　　　　　ZW-15 塞塞放放做福袋

情绪与社会： TS-34 读图画书《换换吧，鼠小弟的小背心》（举一反三）（重复）

感觉与认知： ZW-30 听指令找形状　　　　　ZW-31 形状和颜色分类
　　　　　　　ZW-37 找找数字宝宝　　　　　　ZW-49 认识性别

语言与沟通： TS-10 对话常见物品及用途（重复）　TS-11 理解、使用人称代词
　　　　　　　TS-15 边看边说"包饺子"　　　　TS-17 介绍家人
　　　　　　　TS-20 说说天气（重复）　　　　TS-27 读图画书《挠痒痒》
　　　　　　　TS-38 猜猜说说：交通工具捉迷藏（举一反三）
　　　　　　　TS-45 读图画书《我喜欢过年》

习惯与品质： CT-53 全家爱宝宝　　　　　　　CT-62 乐器演奏《新年好》
　　　　　　　CT-50 捏拢放开（重复）　　　　TH-13 用泥巴做简单造型
　　　　　　　TH-20 欣赏艺术作品　　　　　　PD-08 模仿架空：搭桥（重复）
　　　　　　　PD-09 模仿搭"高架桥"

家长工作

- ★ 了解宝宝在家中参与家务活动的情况,请家长给宝宝提供参与家务劳动的机会。
- ★ 经常与宝宝聊聊保育人员和宝宝的好朋友,聊聊自己的性别、家人的姓名等。
- ★ 生活中注意融入各种颜色、形状、数字的概念。
- ★ 了解宝宝在家中遵守规则、使用礼貌用语、主动表达需求的情况,请家长与保育人员一起协作促进宝宝这些能力发展和习惯养成。
- ★ 关注宝宝日常饮食健康,少吃零食。
- ★ 常和宝宝介绍春节,讲讲春节的习俗,带着宝宝一起迎接新年。

1月第一周内容安排

本周关注	·参与力所能及的家务劳动　·亲近老师和同伴　·感受形状和颜色
本周环境要点	·给宝宝参与简单劳动的机会，提供适合宝宝使用的劳动工具 ·给宝宝们拍摄合影或者一起做事的照片，将照片张贴在活动室里 ·在游戏区域提供皮球、六型六色图板及配套颜色的容器、和颜色形状有关的图画书、音乐等，宝宝涂鸦作品、艺术画作、报纸、胶带、音乐《小手小脚》，以及图画书《换换吧，鼠小弟的小背心》《挠痒痒》
家园共育要点	·了解宝宝在家中参与家务劳动的情况，给宝宝更多的机会、示范、支持宝宝参与更多的家务 ·了解宝宝对于保育人员以及周围小伙伴的感受，经常与宝宝聊聊保育人员和宝宝的好朋友 ·平时和宝宝互动的过程中，注意融入各种颜色和形状的概念，常带着宝宝一起发现、欣赏生活中美的事物

活动安排			周一	周二	周三	周四	周五
生活			\multicolumn{5}{c}{SH-57 参与力所能及的家务劳动　　SH-34 亲近老师和同伴}				
游戏	自由游戏		\multicolumn{5}{c}{拼拼摆摆图形、颜色和形状分类、垒高；翻阅图画书；滚皮球、用手按停球、踢球、扔球；跟着音乐做动作；团揉报纸、踢/扔纸球、尝试用胶带固定等}				
	圆圈活动	常规	\multicolumn{5}{l}{CT-42 小手小脚　　CT-16 投报纸雪球（重复）　　CT-50 捏拢放开（重复）}				
		新游戏	TS-27 读图画书《挠痒痒》	CT-18 按停滚来的球	TS-34 读图画书《换换吧，鼠小弟的小背心》（举一反三）(重复)	ZW-31 形状和颜色分类	TH-20 欣赏艺术作品
	插入式活动		\multicolumn{5}{l}{CT-42- 小手小脚　　CT-16 投报纸雪球　　CT-50 捏拢放开 TS-27 读图画书《挠痒痒》　　CT-18 按停滚来的球 TS-34 读图画书《换换吧，鼠小弟的小背心》（举一反三）　　ZW-31 形状和颜色分类 TH-20 欣赏艺术作品　　ZW-30 听指令找形状　　CT-06 追逐跑}				
调整与反馈							

1月第二周内容安排

本周关注	·遵守基本规则　·主动表达需求　·观察身边事物
本周环境要点	·在环境中张贴活动室基本规则的提示图 ·在游戏区域提供生活中带数字的物品、积木、沙包、轮胎或废旧纸箱、天气图片、交通工具图片、音乐《全家爱宝宝》《捏拢放开》《小手小脚》
家园共育要点	·了解宝宝在家中遵守规则的情况，请家长了解活动室的一些规则，并在家中支持宝宝熟悉、掌握这些规则 ·了解宝宝在家中主动表达需求的情况，给宝宝主动表达需求的机会，并对宝宝的需求和表达需求的方式保持敏感 ·和宝宝在一起时，多引导宝宝观察周围的事物，包括自然事物和生活事物，耐心倾听宝宝对这些事物的感受

活动安排			周一	周二	周三	周四	周五
生活			SH-55 学着轮流和等待（重复）　　SH-62 了解基本规则（重复） SH-50 主动表达需求				
游戏	自由游戏		认识数字、找出有数字的物品、说物品的名称、认认说说卡片内容；用积木搭建小桥、垒高；摆弄沙包、扔、投掷；跟着音乐做动作等				
	圆圈活动	常规	CT-42 小手小脚（重复）　　CT-22 听指令玩沙包　　CT-53 全家爱宝宝				
		新游戏	TS-38 猜猜说说：交通工具捉迷藏（举一反三）	CT-50 捏拢放开（重复）	TS-20 说说天气（重复）	ZW-37 找找数字宝宝	PD-08 模仿架空：搭桥
插入式活动			CT-42 小手小脚　　CT-22 听指令玩沙包　　CT-53 全家爱宝宝 TS-38 猜猜说说：交通工具捉迷藏（举一反三）　　CT-50 捏拢放开 TS-20 说说天气　　TS-38 猜猜说说：交通工具捉迷藏　　ZW-37 找找数字宝宝 PD-08 模仿架空：搭桥　　CT-21 听指令玩球				
调整与反馈							

1月第三周内容安排

本周关注	・使用礼貌用语　・知道男孩女孩　・介绍自己和家人
本周环境要点	・室内布置提醒宝宝使用礼貌用语的标识、摆放相关图画书等 ・环境中展示宝宝和家人的照片 ・在游戏区域提供：平衡木、男孩和女孩娃娃、不同性别的装饰物品、家人生活照、仿真电话机、泥巴、沙包、音乐《小手小脚》、音乐《全家爱宝宝》
家园共育要点	・了解宝宝在家中使用礼貌用语的情况，请家长做好示范，鼓励宝宝使用礼貌用语 ・和宝宝聊聊自己及家人的性别、名字、工作、成长小故事等，让宝宝更了解父母或家人，慢慢掌握性别的概念

活动安排			周一	周二	周三	周四	周五
生活			SH-54 使用礼貌用语				
游戏	自由游戏		摆弄娃娃、研究各种匹配性别的物品、按性别对物品进行分类；认认说说家人的照片、模仿打电话；自由玩泥；爬上攀登架；跟着音乐，尝试一边做动作一边唱；把沙包扔出去等				
	圆圈活动	常规	CT-42 小手小脚（重复）　　CT-22 听指令玩沙包（重复）　　CT-53 全家爱宝宝（重复）				
		新游戏	TS-17 介绍家人	CT-11 走平衡木	PD-08 模仿架空：搭桥（重复）	ZW-49 认识性别	TH-13 用泥巴做简单造型
插入式活动			CT-42 小手小脚　　CT-22 听指令玩沙包　　CT-53 全家爱宝宝　　TS-17 介绍家人 CT-11 走平衡木　　TS-11 理解、使用人称代词　　ZW-49 认识性别 TH-13 用泥巴做简单造型　　PD-08 模仿架空：搭桥				
调整与反馈							

1月第四周内容安排

本周关注	·少吃零食　　·了解新年的习俗
本周环境要点	·在环境中提供和健康饮食有关的图片等 ·和宝宝一起装扮环境,营造新年气氛,如挂灯笼、提供春节习俗有关的照片/图画书/音乐等。可在餐点展示区提供饺子等食物 ·在游戏区域提供沙包、纸箱、金色和红色的福袋、可塞在福袋中的物品(如红枣等)、娃娃家玩具、积木、音乐《新年好》《小手小脚》《全家爱宝宝》,以及图画书《我喜欢过年》、过新年的图片等材料
家园共育要点	·在日常生活中,特别是春节期间,尽量少给宝宝吃零食,保证三餐饮食的质量。 ·和宝宝聊一聊和春节有关的习俗,结合家庭文化,给宝宝看看照片、讲讲故事等。 ·了解宝宝对春节有什么期待,最喜欢在春节做什么事情等。

活动安排			周一	周二	周三	周四	周五
生活			\multicolumn{5}{c}{SH-07 少吃零食}				
游戏	自由游戏		塞放、摆弄福袋中的物品；翻阅图书、照顾娃娃；用积木搭建桥梁等造型；跟着音乐做动作、哼唱童谣等				
	圆圈活动	常规	CT-42 小手小脚（重复）		CT-22 听指令玩沙包（重复）		CT-62 乐器演奏《新年好》
		新游戏	TS-45 读图画书《我喜欢过年》	TS-15 边看边说"包饺子"	TS-10 对话常见物品及用途（重复）	ZW-15 塞塞放放做福袋	PD-09 模仿搭"高架桥"
	插入式活动		CT-42 小手小脚　　CT-22 听指令玩沙包　　CT-62 乐器演奏《新年好》 TS-15 边看边说"包饺子"　　TS-45 读图画书《我喜欢过年》　　CT-53 全家爱宝宝 TS-10 对话常见物品及用途　　ZW-15 塞塞放放做福袋　　PD-09 模仿搭"高架桥" TS-11 理解、使用人称代词				
调整与反馈							

2 月

本月重点关注

- 熟悉自己的物品及标记，较快适应机构的环境与作息。
- 认识新朋友，能关注他人的情绪。
- 知道自己长大一岁了，说说过年的事，了解元宵节。
- 发展回答简单提问、手指撕贴、搓捏技能、长短高矮比较、创意制作、乐高接长、踮脚站立取到高处物品、倒走或侧着走、唱简单歌曲、节奏和手指等能力。

新年过后，宝宝们重新回到托育机构，班里或许还有新生加入。宝宝们可能会再次出现分离焦虑的情绪，一些此前已经建立的作息与习惯也会有行为倒退的现象，宝宝们可能需要重新适应和学习。

保育人员在全日活动中需要多关注宝宝的情绪状态，在生活上给予更多照料，帮助宝宝重新适应、建立作息和习惯。面对新加入集体的宝宝，保育人员更是要付出更多的耐心和关注来帮助他们适应新环境和新生活。

在环境创设上，可以在活动室门口添加对家庭表示欢迎的文字、图片，做好新生标记，为有特殊需要的宝宝提供差异性的生活用品，提供与习惯养成相关的图画书及活动材料。

另外，本月也将迎来中国传统的元宵佳节，保育人员可在环境和活动中融入元宵元素，让宝宝们体验传统年俗，感受成长和归属感。

生活照料

环境创设要点

★ 添加对家庭表示欢迎的文字、图片、新年全家福等，让家庭更有归属感。

★ 为新生做好标记，如，在橱柜、小床、杯子架等处贴上他们的大头照。根据新生自理能力的发展情况提供便于其自主操作的生活材料，如粗柄餐勺等。

★ 提供大小适宜宝宝使用的劳动工具，如拖把、扫帚、抹布，摆放位置固定、便于宝宝拿取。

★ 在语言阅读区提供《睡觉》《谁哭了》等习惯养成类图画书以及情绪情感类图画书。

★ 在装扮游戏区提供娃娃及可替换的开衫、仿真食物等材料，方便宝宝在游戏中练习生活自理能力。

内 容

SH-02 愿意自主进餐（重复）

SH-12 独立如厕（重复）

SH-22 适应每日作息（重复）

SH-23 独立入睡（重复）

SH-26 脱简单衣物（重复）

SH-33 建立依恋关系（重复）

SH-35 愿意参与活动（重复）

SH-37 认识自己的标记（重复）

SH-46 能听懂并执行两个连续动作的指令

SH-53 和成人打招呼（重复）

游戏活动

环境创设要点

感统运动区： 提供悬吊球、攀登架、吹泡泡等材料，促进宝宝踮脚站立、攀爬、跳跃、倒走等能力的发展。

益智操作区： 提供彩色贴纸、红色灯笼底图，锻炼宝宝手指撕贴的能力，感受中国节日文化。提供高矮、长短不同的物品，锻炼宝宝比较长短的认知能力。

装扮活动区： 提供仿真灶具、勺子小碗、彩色皱纹纸等材料，锻炼宝宝手指团揉搓捏的能力。

创意表现区： 提供手工纸、剪刀、泥巴等材料，提供创意制作、表达表现的机会。

语言阅读区： 提供《克莱奥上学啦》等情节图画书、过年期间的生活照、宝宝及同伴的照片，促进宝宝回答简单提问、回忆讲述近期发生的事的语言能力。

建构活动区： 提供乐高、插塑等材料，促进宝宝插塑接长的能力。

音乐活动区： 准备音乐《草地舞》《新年好》、宝宝照片、小乐器等，促进宝宝仿做动作、唱简单的歌曲、拍打节奏和手指童谣的能力。

内 容

健康与运动： CT-02 拍悬吊球　　　　　　CT-03 抓泡泡（重复）
CT-27 爬攀登架　　　　　　CT-35 吹泡泡
CT-41 草地舞　　　　　　　ZW-16 粘贴装饰小灯笼
ZW-17 搓捏纸团做"汤圆"

情绪与社会： TS-05 介绍自己的名字（重复）　TS-25 找找同伴在哪里
TS-27 读图画书《抱一抱》（举一反三）　TS-33 读图画书《克莱奥上学啦》
TS-45 读图画书《我喜欢过年》（重复）

感觉与认知： ZW-41 比较高矮

语言与沟通： TS-12 说说同伴的名字　　　　TS-19 回忆近期发生的事
TS-29 读图画书《你好吗？》（重复）

习惯与品质： CT-62 乐器演奏《新年好》（重复）　TH-14 玩泥巴，做"元宵"
TH-17 剪纸条，"放烟花"　　PD-10 插塑接长

家长工作

★ 做好开学前做好家园沟通,尤其是新生家访(电话、上门等),了解宝宝近期发展情况及家庭带养信息。
★ 及时与个别家庭沟通宝宝在园情况,协商缓解宝宝分离焦虑、提高自理能力的方法。
★ 鼓励家庭多提供宝宝协助成人做事、倾听语言指令的机会,多和宝宝对话姓名、成长小故事,帮助宝宝体验成长。
★ 通过做元宵、逛灯会等,和宝宝一起体验元宵节。
★ 向家庭征集:过年期间的生活素材(照片、物品等)。

2月第一周内容安排

本周关注	·适应集体生活　　·喜欢和别的孩子一起玩　　·辨认自己的物品与标记 ·说说过年的事
本周环境要点	·在进门处添加对家庭表示欢迎的文字、图片 ·活动环境中增加年俗元素，如，新年饰品、宝宝过年期间的生活照、全家福等 ·在储物柜等处为新生张贴个人标记，如，在衣物储物柜、小床上贴上宝宝照片等 ·在餐点区，为有特殊需要的宝宝提供粗柄的勺子、双耳杯等易于使用的餐具 ·在游戏区域提供彩色贴纸、各种灯笼的图片、拼图、小乐器、皮球、悬吊球、手工纸、剪刀、贴纸等材料，以及图画书《克莱奥上学啦》《抱一抱》等
家园共育要点	·宝宝入园前： 　——做好开学前的沟通，提示家长做好心理和物料准备 　——做好新生家访（电话、上门等），了解宝宝的发展情况、兴趣和习惯，家庭的带养理念和方法。向家庭介绍入园生活，为宝宝准备好在园期间的常备物料（替换衣物等）并做好标记 　——了解家庭的过年方式，向家长征集相关素材（生活照、年俗饰品等） ·幼儿入园后： 　——宝宝新年后第一周的适应情况，与家长协商，通过调整家庭作息、提高自理能力、积极倾听、安抚情绪等方式缓解宝宝分离焦虑、适应机构生活

活动安排			周一	周二	周三	周四	周五
生活			\multicolumn{5}{c}{SH-22 适应每日作息（重复）　　SH-23 独立入睡（重复）}			
			\multicolumn{5}{c}{SH-33 建立依恋关系（重复）　　SH-37 认识自己的标记（重复）}			
游戏	自由游戏		玩贴纸、装饰灯笼；翻阅图书、模仿说熟悉的词或短句；撕纸、剪纸；踮脚够球、奔奔跑跑；唱游熟悉的音乐、敲敲打打玩乐器等				
	圆圈活动	常规	CT-41 草地舞　　CT-03 抓泡泡（重复）　　CT-62 乐器演奏《新年好》（重复）				
		新游戏	TS-33 读图画书《克莱奥上学啦》	CT-02 拍悬吊球	TS-27 读图画书《抱一抱》（举一反三）	ZW-16 粘贴装饰小灯笼	TH-17 剪纸条，"放烟花"
	插入式活动		TS-33 读图画书《克莱奥上学啦》　　CT-02 拍悬吊球 TS-27 读图画书《抱一抱》（举一反三）　　ZW-16 粘贴装饰小灯笼 TH-17 剪纸条，"放烟花"　　CT-41 草地舞　　CT-03 抓泡泡 CT-62 乐器演奏《新年好》　　TS-45 读图画书《我喜欢过年》				
调整与反馈							

2月第二周内容安排

本周关注	·参与基本的生活自理活动　　·与熟悉的人打招呼　　·认识新朋友　　·过元宵
本周环境要点	·为自理能力不熟练的宝宝提供易操作的生活用具,如,粗柄的勺子、双耳杯等 ·在活动室添加元宵节习俗的元素,如,在娃娃家摆放兔子灯、元宵灯等 ·在游戏区域提供可穿脱衣物的娃娃、娃娃的替换衣物、小床、被子、仿真餐具灶具、泥巴、彩色皱纹纸、音乐《新年好》,以及图画书《拉粑粑》《你好吗?》、宝宝新年期间的生活照等
家园共育要点	·宝宝日常进餐、饮水等习惯的养成情况,协商培养宝宝相关能力的方法,多鼓励宝宝参与生活中力所能及的自理活动 ·家庭成员间养成使用礼貌用语的习惯,日常带宝宝外出、待人接物时,成人多主动示范使用礼貌用语,给宝宝更多在不同生活场景中观察和理解的机会 ·通过做元宵、逛灯会等活动,带宝宝一起感受元宵节,了解传统民俗

活动安排		周一	周二	周三	周四	周五
生活		SH-02 愿意自主进餐（重复）　SH-12 独立如厕（重复） SH-26 脱简单衣物（重复）　SH-53 和成人打招呼（重复）				
游戏	自由游戏	撕纸、搓/捏纸球、喂娃娃；认认说说照片内容、翻阅图书；按压、拍打、搓泥巴；奔奔跑跑追跑跑；童谣唱游、用乐器伴奏等				
游戏	圆圈活动 常规	CT-41 草地舞（重复）		CT-03 抓泡泡（重复）		TS-25 找找同伴在哪里
游戏	圆圈活动 新游戏	TS-19 回忆近期发生的事	CT-62 乐器演奏《新年好》（重复）	TS-29 读图画书《你好吗?》（重复）	ZW-17 搓捏纸团做"汤圆"	TH-14 玩泥巴，做"元宵"
游戏	插入式活动	TS-19 回忆近期发生的事　CT-62 乐器演奏《新年好》 TS-29 读图画书《你好吗?》　ZW-17 搓捏纸团做"汤圆" TH-14 玩泥巴，做"元宵"　CT-41 体操：草地舞　CT-03 抓泡泡 TS-25 找找同伴在哪里　ZW-16 粘贴装饰小灯笼				
调整与反馈						

2月第三周内容安排

本周关注	·能听懂两个以上连续动作的指令　·和小朋友一起玩　·长大一岁了
本周环境要点	·拍摄并张贴一些宝宝近期参与生活活动的照片 ·提供适宜宝宝使用的劳动工具，如，拖把、扫帚，摆放的位置固定，便于宝宝取放 ·在游戏区域提供各种长短、高矮不同的物品、乐高或其他插塑、攀登架等材料，以及图画书《好朋友》、身体部位图片等
家园共育要点	·与家庭协商为宝宝提供听语言指令、参与简单家务的机会及培养相关能力的方法，多鼓励宝宝协助家人做事 ·与家庭协商积累宝宝交往经验的方法，在安全的前提下，多退后、少替代，让宝宝有更多与同伴相处的体验。 ·日常和宝宝聊聊自己的名字、成长小故事，让宝宝多了解自己。

活动安排			周一	周二	周三	周四	周五
生活			SH-46 能听懂并执行两个连续动作的指令　　SH-35 愿意参与活动（重复）				
游戏	自由游戏		认识物品、比较物品的长短；认认同伴照片、说说同伴名字；攀爬；插塑接长、插塑拆解和堆叠；跟着音乐仿做动作等				
	圆圈活动	常规	CT-41 草地舞（重复）　　CT-35 吹泡泡　　TS-25 找找同伴在哪里（重复）				
		新游戏	TS-12 说说同伴的名字	CT-27 爬攀登架	TS-05 介绍自己的名字（重复）	ZW-41 比较高矮	PD-10 插塑接长
	插入式活动		TS-12 说说同伴的名字　　CT-27 爬攀登架　　TS-05 介绍自己的名字 ZW-41 比较高矮　　CT-02 拍悬吊球　　PD-10 插塑接长　　CT-41 草地舞 CT-35 吹泡泡　　TS-25 找找同伴在哪里　　TS-19 回忆近期发生的事				
调整与反馈							

3 月

本月重点关注

- 样样东西都爱吃,作息有规律。
- 会穿简单的衣物,乐于参与收纳整理。
- 感受妈妈对自己的关爱,为妈妈制作礼物。
- 感受春天的主要特征,用多种方式认识身边的植物。
- 发展理解及仿说动词、手眼协调、触觉感知、使用工具、分类、假想、创意美工、拓印、圆形形状组合、持重物步行、朝目标扔球、奔跑、单足站立、玩简单的乐器等能力。

在经历了短暂的适应期后,宝宝们重新回归有序的集体生活,自理能力有了进一步提升,可以尝试更为复杂的自我服务内容,对周围的事物和现象的探究意愿也变得越来越强烈。

保育人员在生活上可有意识地培养宝宝多样化的饮食习惯、有规律的作息习惯,促进宝宝的生长发育。在环境创设上,可以为宝宝创设舒适、轻松、愉悦的进餐环境和氛围,提供满足不同收纳需要的用具。

春天是万物复苏的季节,柳绿花红,春意盎然,宝宝的身边蕴含了丰富多元的感官体验元素。

伴随着春天的来临,可以利用周边的社区、自然等资源,在自然角养殖一些春天常见的蔬菜或动、植物,为宝宝创设多样的活动机会,调动宝宝的各种感官,探究、了解、照料身边的植物。

本月还会迎来国际劳动妇女节,借此机会可以创设一些以妈妈为主题的游戏活动,让宝宝感受妈妈对自己的关爱。

生活照料

环境创设要点

★ 保持进餐区域光线充足、明亮整洁，通过照片等创设舒适、轻松、愉悦的进餐环境和氛围。

★ 在自然角种植一些春天常见的蔬菜或植物，提供便于宝宝使用的养护工具，让宝宝有更多机会观察、照护春天的植物。

★ 在语言阅读区、装扮游戏区等提供图画书《蔬菜蔬菜，切一切》、仿真食物、餐具等材料，引发宝宝对食物的喜爱。

★ 在语言阅读区、装扮游戏区等提供图画书《换衣服》、可穿脱的衣物等材料，便于宝宝在游戏中练习穿衣扣扣。

★ 检查活动室的收纳标签、容器等，看看是否需要新增、调整，以便宝宝使用。

内容

SH-03　喜欢吃蔬菜

SH-04　样样东西都爱吃

SH-09　收拾自己的餐具（重复）

SH-24　有规律的作息

SH-27　扣上衣服上的大纽扣

SH-30　自己穿裤子

SH-31　自己穿袜子

SH-42　自己收玩具（重复）

SH-58　使用工具浇灌花草

游戏活动

环境创设要点

感统运动区： 提供瑜伽大球、自制保龄球、丝巾等材料，促进宝宝持重物走、朝目标扔球、倒走侧走、奔跑等能力发展。

益智操作区： 提供种花材料、穿珠子的游戏材料、种植工具及花种等，促进宝宝手眼协调、使用工具的能力发展；提供放大镜、各种质地的生活物品，激发宝宝的好奇心；提供触摸袋、触觉特征敏感的水果，锻炼宝宝用触觉感知、辨认物品的能力。

装扮活动区： 提供衣橱、妈妈的各种装饰物品等，促进宝宝的角色意识和装扮游戏能力的发展。

创意表现区： 提供贴纸、拓印工具、颜料等材料，提供宝宝创意制作、玩拓印画的机会。

语言阅读区： 提供习惯养成类图画书、生活照片等，促进宝宝理解及仿说动词。

建构活动区： 提供切切乐材料、长短不同的宽冰棍棒等材料，促进宝宝的圆形形状组合能力及根据序列建构能力发展。

音乐活动区： 准备《不要妈妈抱》《拉个圆圈走走》等音乐，提供沙蛋、沙锤等小乐器、促进宝宝仿表演手指童谣、唱简单的歌曲、拍打节奏、玩小乐器的能力。

内 容

健康与运动： CT-04 搬大球走　　　　　　　　CT-07 奔奔跑跑玩丝巾（重复）
CT-12 单脚站立　　　　　　　　CT-19 掷保龄球
CT-35 吹泡泡（重复）　　　　　CT-43 不要妈妈抱
ZW-07 插放吸管（重复）　　　　ZW-10 穿大珠
ZW-21 种植活动

情绪与社会： CT-36 拉个圆圈走走

感觉与认知： ZW-18 洗菜择菜做家务（重复）　ZW-28 装扮妈妈
ZW-32 听听周围的声音（重复）　ZW-35 摸摸猜猜
ZW-43 认识花园里的事物　　　　ZW-44 用放大镜观察
ZW-45 蔬菜分一分

语言与沟通： TS-14 运用动词，理解"先、后"　TS-17 介绍家人（重复）
TS-18 对话和时间有关的事情　　TS-21 看看说说：春天来了（举一反三）
TS-23 哼唱童谣《摇啊摇》
TS-30 读图画书《我会穿短裤啦》（举一反三）　TS-30 读图画书《我吃啦！》（重复）
TS-31 读图画书《睡觉》（举一反三）（重复）　TS-39 读图画书《我妈妈》

习惯与品质： CT-61 乐器演奏《我的好妈妈》　TH-02 说说画了什么（重复）
TH-04 拓印"胡萝卜"　　　　　 TH-15 制作贺卡
PD-10 插塑接长（重复）　　　　PD-11 半圆形组合
PD-13 序列建构：美丽的山坡

家长工作

- ★ 注意做好季节交替时,宝宝早晚的衣物保暖,日常保持室内空气的流通。
- ★ 与家庭沟通、协商宝宝饮食多样化的目标及方法。
- ★ 利用社区花园等周边资源,用多种方式带宝宝感知春天的季节特征,了解春天的植物。
- ★ 多让宝宝参与家庭的收纳整理,学着管理自己的玩具柜或小衣柜,协助收纳家人的物品。
- ★ 运用看成长视频、对话交流等方式引导宝宝感受妈妈对自己的关爱,能对妈妈的付出表示感谢。
- ★ 向家庭征集:妈妈的照片及常用物品;家庭的旧相机。

3月第一周内容安排

本周关注	·扣上衣服上的大纽扣　　·喜欢吃蔬菜　　·感受妈妈的爱
本周环境要点	·在班级自然角中放置水培的芹菜、洋葱等蔬菜或豆类,提供旧相机供宝宝拍摄植物。 ·在园内种植春天常见的蔬菜,或利用社区菜场等周边设施,为宝宝创设观察春天蔬菜的机会 ·在游戏区域提供有大纽扣的衣物、医生的装扮服、贴纸、实物蔬菜、落叶、胶棒、卡纸、瑜伽球、音乐《不要妈妈抱》、小乐器,妈妈的工作或生活照、常用物品(如鞋子、帽子、背包)、音乐《我的好妈妈》,以及图画书《我妈妈》《蔬菜蔬菜,切一切》《换衣服》,常见蔬菜的图卡等
家园共育要点	·本周前: ——向家庭收集妈妈的工作或生活照、常用物品(如,鞋子、帽子、背包、饰品等);家庭中的旧相机 ·家园沟通: ——季节交替,注意做好宝宝早晚的衣物保暖,鼓励宝宝自己扣纽扣,日常保持室内空气的流通 ——和宝宝培植蔬菜,或去附近的大卖场、菜场逛一逛、认一认蔬菜 ——和宝宝一起聊聊妈妈,看看妈妈照料、陪伴宝宝的照片或视频,鼓励宝宝用亲亲妈妈、乐器演奏等方式对妈妈的付出表示感谢

活动安排			周一	周二	周三	周四	周五
生活				SH-27 扣上衣服上的大纽扣		SH-03 喜欢吃蔬菜	
游戏	自由游戏		穿戴宝宝的衣物、模仿妈妈；认认说说自己的妈妈、翻阅图书；自由涂鸦、粘粘贴贴；推、滚大球、抱球走、踢大球；音乐唱游、摆弄小乐器等				
	圆圈活动	常规	CT-43 不要妈妈抱		CT-35 吹泡泡（重复）		CT-61 乐器演奏《我的好妈妈》
		新游戏	TS-39 读图画书《我妈妈》	CT-04 搬大球走	TS-17 介绍家人（重复）	ZW-45 蔬菜分一分	TH-15 制作贺卡
	插入式活动		TS-39 读图画书《我妈妈》　CT-04 搬大球走　TS-17 介绍家人 ZW-28 假想游戏：装扮妈妈　ZW-45 蔬菜分一分　ZW-18 洗菜择菜做家务 TH-15 制作贺卡　CT-43 不要妈妈抱　CT-35 吹泡泡 CT-61 乐器演奏《我的好妈妈》　PD-10 插塑接长				
调整与反馈							

3月第二周内容安排

本周关注	・自己穿裤子　　・样样东西都爱吃　　・用多种感官感知事物
本周环境要点	・在餐点区域，准备勺子、夹子等工具，支持宝宝自主添加食物；保持用餐区域光线明亮，物品摆放整洁，创设舒适、轻松、愉悦的进餐环境和氛围 ・在生活区摆放宝宝近期生活自理活动的照片 ・在游戏区域提供触摸袋、3—4种水果、配套图片、放大镜、各种质地的材料、圆形水果切切乐玩具、自制保龄球瓶、皮球、丝巾、音乐《不要妈妈抱》，以及图画书《我妈妈》《我会穿短裤啦》《我吃啦！》等
家园共育要点	・在家中，鼓励宝宝自己穿裤子，注意做好宝宝的腹部保暖，日常及睡眠时协助宝宝将上衣包好小肚子 ・宝宝的饮食偏好，对有挑食、偏食情况的宝宝，家园协商，通过饮食多样化、调整烹饪方式等鼓励宝宝样样东西都爱吃 ・鼓励宝宝用多种感官感知事物，常和宝宝玩"听听、摸摸、闻闻猜物品"的游戏

活动安排			周一	周二	周三	周四	周五
生活			SH-30 自己穿裤子　　SH-04 样样东西都爱吃				
游戏	自由游戏		摆弄放大镜、摸摸看看；认认水果和图片、翻阅图画书、仿说书中的词或短句；玩保龄球瓶、排列瓶子；玩切切乐玩具；童谣唱游、摆弄丝巾等				
	圆圈活动	常规	CT-43 不要妈妈抱（重复）　　CT-07 奔奔跑跑玩丝巾（重复） CT-61 乐器演奏《我的好妈妈》（重复）				
		新游戏	TS-30 读图画书《我会穿短裤啦》（举一反三）	CT-19 掷保龄球	TS-30 读图画书《我吃啦！》重复	ZW-35 摸摸猜猜	PD-11 半圆形组合
	插入式活动		TS-39 读图画书《我妈妈》　　TS-30 读图画书《我会穿短裤啦》（举一反三） CT-19 掷保龄球　　TS-30 读图画书《我吃啦！》　　CT-07 奔奔跑跑玩丝巾 ZW-35 摸摸猜猜　　ZW-44 用放大镜观察　　PD-11 半圆形组合 CT-43 不要妈妈抱　　CT-61 乐器演奏《我的好妈妈》　　ZW-32 听听周围的声音				
调整与反馈							

3月第三周内容安排

本周关注	・自己穿袜子　　・使用工具浇灌花草　　・了解春天的植物
本周环境要点	・在自然角里准备便于宝宝使用的种植工具,如,小水壶、抹布等 ・利用机构内的植物角、社区绿化带、小花园等场所,带宝宝观察春天的植物 ・在游戏区域提供晾衣夹、不同大小和质地的袜子、"种花"玩具、宽冰棍棒、丝巾、音乐《摇啊摇》《不要妈妈抱》《我的好妈妈》,以及反映春天季节特征的图片、宝宝参与种植及自理活动的照片等
家园共育要点	・科学"春捂",注意做好宝宝足部的保暖 ・经常带宝宝亲近自然,认认、说说周围的植物,如,它们的名称、观察比较外形的异同等 ・鼓励宝宝参与照护家里的植物,观察它们的生长变化

活动安排			周一	周二	周三	周四	周五
生活				SH-31 自己穿袜子　SH-58 使用工具浇灌花草			
游戏	自由游戏			用吸管插放放、颜色配对；指认、描述照片内容；哄娃娃睡觉、给娃娃穿脱衣服；平铺搭建、玩小乐器；随音乐跳舞、玩丝巾等			
	圆圈活动	常规		CT-43 不要妈妈抱（重复）　　CT-07 奔奔跑跑玩丝巾（重复） TS-23 哼唱童谣《摇啊摇》			
		新游戏	TS-21 看看说说：春天来了（举一反三）	CT-61 乐器演奏《我的好妈妈》（重复）	TS-14 运用动词，理解"先、后"	ZW-43 认识花园里的事物	PD-13 序列建构：美丽的山坡
	插入式活动			TS-21 看看说说：春天来了（举一反三）　　CT-61 乐器演奏《我的好妈妈》 TS-14 运用动词，理解"先、后"　　ZW-07 插放吸管　　ZW-43 认识花园里的事物 CT-43 不要妈妈抱　　CT-07 奔奔跑跑玩丝巾　　TS-23 哼唱童谣《摇啊摇》 CT-04 搬大球走			
调整与反馈							

3月第四周内容安排

本周关注	·参与收纳整理　·作息有规律　·参与艺术活动
本周环境要点	·在生活区、娃娃家提供收纳用具，如，衣架、收纳筐、带抽屉的矮柜 ·在活动室矮墙上张贴便于宝宝理解的简易作息表 ·将反映自然角里植物生长变化、宝宝日常参与照料的照片不断丰富到环境中 ·在矮墙、矮柜等处设置专门的作品展示区，高度适合宝宝摆放、观察 ·在游戏区域提供穿珠玩具、种植工具、营养土、向日葵种子、勺子、小花盆、浇花壶、白天和晚上的照片、拓印工具、颜料、音乐《拉个圆圈走走》《摇啊摇》《不要妈妈抱》，以及图画书《睡觉》等
家园共育要点	·了解宝宝双休日的作息安排，逐步调整家庭作息，养成宝宝科学、规律的作息 ·鼓励宝宝参与收纳整理，让宝宝管理自己的玩具柜或小抽屉，协助收纳家人的物品 ·注意留存宝宝的艺术作品，将它们布置、展示在生活环境中

活动安排			周一	周二	周三	周四	周五
生活			SH-09 收拾自己的餐具（重复）		SH-42 自己收玩具		SH-24 有规律的作息
游戏	自由游戏		穿珠子、玩珠子、装装倒倒；看看说说照片内容、翻阅图画书；自由涂鸦、玩拓印画；踩踩小脚印、跟着熟悉的音乐唱唱跳跳等				
	圆圈活动	常规	CT-43 不要妈妈抱（重复）　　CT-36 拉个圆圈走走 TS-23 哼唱童谣《摇啊摇》（重复）				
		新游戏	TS-31 读图画书《睡觉》（举一反三） （重复）	CT-12 单脚站立	TS-18 对话和时间有关的事情	ZW-21 种植活动	TH-4 拓印"胡萝卜"
	插入式活动		TS-31 读图画书《睡觉》（举一反三）　　CT-12 单脚站立 TS-18 对话和时间有关的事情　　ZW-21 种植活动　　ZW-10 穿大珠 TH-4 拓印"胡萝卜"　　CT-43 不要妈妈抱　　CT-36 拉个圆圈走走 TS-23 哼唱童谣《摇啊摇》　　PD-13 序列建构：美丽的山坡　　TH-02 说说画了什么				
调整与反馈							

4月

本月重点关注

- 注意个人卫生，预防春季疾病。
- 知道并能远离一些常见的危险。
- 喜欢大自然，初步感受动物的生长变化。
- 发展学说数量词、空间方位词、使用工具涂鸦、随意折纸、形状组合拼搭、双足并跳及向前连续跳、唱数、遵从基本规则、唱简单童谣、倒走或侧走等能力。

　　春风送暖，4月是踏青的好时节，在前期的活动中，宝宝积累了常见植物的相关经验，本月，保育人员可以通过多种形式，增加宝宝与大自然接触的机会，让宝宝亲近大自然、喜欢大自然。也可以在安全的前提下，增加宝宝观察、照料小动物的机会，开展早期的生命教育，让宝宝初步感受动物的生长变化。

　　春季也是感冒和传染病多发期，在环境创设上，提供可供宝宝取用的卫生、清洁用品，添加与卫生习惯、安全规则建立的图画书、标识等。在生活环节中，保育人员应有意识培养宝宝良好的卫生习惯以预防疾病。在做好安全防护的前提下，带着宝宝在雨天散步、活动，丰富其感官体验，同时，提高宝宝对环境的适应能力，增强身体抵抗力。

　　此外，宝宝的安全意识需要从小建立。2—3岁的宝宝经过提醒后，能知道并远离一些常见的危险，能记住并遵守简单的规则，包括居家、与同伴游戏、外出时的安全规则等。保育人员可以有意识地在各类活动中引导宝宝了解、遵守基本的安全常识。

生活照料

环境创设要点

★ 将活动室、盥洗室等处的宝宝卫生、清洁用品放置在易见、易取处。

★ 在运动区、走廊等处增加一些常见、便于宝宝理解的安全、规则标识。

★ 在户外游戏区，设置休息、整理区，提供毛巾、水壶、储物筐、矮凳等材料供宝宝自主取用。

★ 在阅读区提供与安全规则相关的图画书，如《小蚂蚁怕烫》等，以及有助于宝宝卫生习惯养成的图画书，如《小猪害我打喷嚏》等。

★ 在装扮活动区提供可穿脱衣物的娃娃、娃娃的替换衣物、手帕等，便于宝宝在游戏中模拟练习生活自理技能，养成卫生习惯。

内容

SH-15 勤洗手讲卫生
SH-20 愿意配合成人剪指甲
SH-21 打喷嚏时遮住口鼻
SH-28 会穿简单的衣物
SH-63 运动时有基本的自我保护意识
SH-64 远离常见危险

游戏活动

环境创设要点

感统运动区： 提供呼啦圈、仿真方向盘、仿真红绿灯、小推车等材料，促进宝宝跳跃、记住并遵守简单规则等能力发展。

益智操作区： 提供圆形贴纸及毛毛虫图案底板、仿真动物模型及底图、2—3块装动物拼图、数字小汽车的制作材料等，促进宝宝手眼协调、整体和部分认知、数概念的发展；提供雨伞、雨衣及玩水工具等，激发宝宝对季节、天气的探索兴趣；提供金鱼、蝌蚪的实物和图片，激发宝宝观察、了解小动物的兴趣。

装扮活动区： 提供穿脱衣服的娃娃、小床等材料，促进宝宝进行角色扮演、模拟哄睡等简单情节的能力。

创意表现区： 提供颜料、拓印工具、画纸等材料，满足宝宝玩涂鸦、拓印游戏的机会，感受拓印画、对折画带来的乐趣。

语言阅读区： 提供《好饿的毛毛虫》《我的后面是谁呢》等含有数字、方位的图画书，在阅读过程中学说数量词、空间方位词；提供《汤姆走丢了》等图画书，在看看、说说的过程中，帮助宝宝积累外出时的基本安全常识。

建构活动区： 提供纸巾筒、小球、即时贴、自制三角形安全标识拼图等材料，促进宝宝搭建隧道结构以及三角形形状组合建构能力发展。

音乐活动区： 准备音乐《小花猫》《两只小鸟》《拉个圆圈走走》《我有小手搓搓搓》等，促进宝宝仿做动作、唱简单的歌曲、节奏和手指童谣的能力。

内　容

健康与运动： CT-05 运纸砖造房子（重复）　　CT-12 单脚站立（重复）
　　　　　　　CT-25 连续跳圈圈　　　　　　　CT-33 我是小司机
　　　　　　　CT-40 小花猫　　　　　　　　　ZW-14 撕粘贴纸
　　　　　　　ZW-26 给娃娃洗手（重复）

情绪与社会： CT-36 拉个圆圈走走（重复）

感觉与认知： ZW-04 在雨天散步玩水　　　　ZW-09 玩动物拼图
　　　　　　　ZW-38 数字纸盘小汽车　　　　ZW-43 认识花园里的事物（重复）
　　　　　　　ZW-46 看看找找玩配对　　　　ZW-48 观察金鱼和蝌蚪
　　　　　　　CT-30 躲猫猫

语言与沟通： TS-23 哼唱童谣《摇啊摇》（重复）　TS-28 读图画书《在这儿哪！》（举一反三）
　　　　　　　TS-32 读图画书《去散步　去散步》（举一反三）
　　　　　　　TS-41 读图画书《好饿的毛毛虫》　TS-44 读图画书《汤姆走丢了》
　　　　　　　TS-46 读图画书《我的后面是谁呢》　TS-48 我问你答方位词
　　　　　　　TS-49 听指令找，放动物卡片（重复）

习惯与品质： CT-51 我有小手搓搓搓　　　　　CT-56 两只小鸟
　　　　　　　TH-03 感知色彩的变化（重复）　TH-06 拓印"毛毛虫"
　　　　　　　TH-07 拓印蝴蝶　　　　　　　　PD-12 三角形组合
　　　　　　　PD-14 搭建隧道：小蚂蚁的家

家长工作

- ★ 家园协商从饮食、睡眠、运动、卫生、着装等方面着手，预防小儿春季疾病，培养宝宝的良好生活习惯。
- ★ 关注过敏体质宝宝的健康与照护。
- ★ 多带宝宝走进自然，多和宝宝玩雨天小游戏、藏找游戏、亲近小动物。
- ★ 经常开展家庭环境、玩具、材料的安全自检，家园协商提高宝宝安全意识的方法。
- ★ 为宝宝准备一套合适的雨具带来园。

4月第一周内容安排

本周关注	·打喷嚏时遮住口鼻　·感受雨天　·观察小动物
本周环境要点	·纸巾、垃圾桶等放置在便于宝宝取用的地方，位置固定 ·经常带宝宝在户外活动，多利用户外场地为宝宝创设各类生活、游戏空间 ·在活动室入口处准备便于宝宝摆放及晾晒雨具的低矮置物架 ·在自然角里饲养蝌蚪、金鱼、蚕宝宝等小动物，将它们放置在低矮置物架上 ·在游戏区域提供可穿脱衣物的娃娃、娃娃的替换衣物、透明雨伞、雨衣、雨鞋、玩水工具、纸巾筒、小球、即时贴，音乐《小花猫》、音乐《我有小手搓搓搓》《摇啊摇》，以及图画书《小猪害我打喷嚏》《衣服衣服捉迷藏》《换衣服》《去散步　去散步》和动物卡片
家园共育要点	·本周前： ——为宝宝准备一套合适的雨具（包括雨衣、雨鞋、雨伞）带来园 ·家园沟通： ——宝宝日常的健康情况，家园协商如何从饮食、锻炼、睡眠、卫生等方面预防春季感冒 ——关注过敏体质宝宝的健康与照护，如果发现宝宝经常打喷嚏、揉鼻子等，及时提醒家长留意 ——推荐雨天的亲子游戏，鼓励家长在小雨的天气与宝宝开展各类游戏，感受季节特征

活动安排			周一	周二	周三	周四	周五
生活			SH-21 打喷嚏时遮住口鼻　　SH-28 会穿简单的衣物				
游戏	自由游戏		跳跳、踩踩水塘、玩水；观察小动物、翻阅图书、认认说说动物卡片；塞放小球、扔球、随音乐唱歌词、哄娃娃等				
	圆圈活动	常规	CT-40 小花猫	CT-36 拉个圆圈走走（重复）		CT-51 我有小手搓搓搓	
		新游戏	TS-32 读图画书《去散步　去散步》（举一反三）	TS-23 哼唱童谣《摇啊摇》（重复）	TS-49 听指令找、放动物卡片（重复）	ZW-04 在雨天散步玩水	PD-14 搭建隧道：小蚂蚁的家
	插入式活动		TS-32 读图画书《去散步　去散步》（举一反三）　　TS-23 哼唱童谣《摇啊摇》 TS-49 听指令找、放动物卡片　　ZW-48 观察金鱼和蝌蚪　　CT-12 单脚站立 ZW-04 在雨天散步玩水　　PD-14 搭建隧道：小蚂蚁的家　　CT-40 小花猫 CT-36 拉个圆圈走走　　CT-51 我有小手搓搓搓				
调整与反馈							

4月第二周内容安排

本周关注	·运动时有基本的自我保护意识　　·感受动物的生长变化
本周环境要点	·在户外游戏时，设置休息、整理区，提供毛巾、水壶、储物筐、矮凳 ·为自然角中的小动物拍摄生长过程的照片，并打印张贴在语言阅读区或自然角 ·在游戏区域提供圆点贴纸、毛毛虫图案底板、拓印工具、颜料、呼啦圈、音乐《小花猫》，以及图画书《好饿的毛毛虫》《我的后面是谁呢》
家园共育要点	·带宝宝去户外活动前后，关注宝宝衣物的增减，引导宝宝学习基本的自我保护方法 ·宝宝对动物的认知经验，协商提供宝宝观察身边动物、了解动物生长变化的机会和方法

活动安排		周一	周二	周三	周四	周五
生活		SH-63 运动时有基本的自我保护意识				
游戏	自由游戏	撕贴纸；认认说说、翻阅图书；自由涂鸦、用工具拓印；跨越障碍、跳圈圈、跨越障碍；哼唱熟悉的歌曲、听音乐做动作等				
游戏	圆圈活动 常规	CT-40 小花猫（重复）　　CT-30 躲猫猫　　CT-51 我有小手搓搓搓（重复）				
游戏	圆圈活动 新游戏	TS-41 读图画书《好饿的毛毛虫》	CT-25 连续跳圆圈	TS-46 读图画书《我的后面是谁呢》	ZW-14 撕粘贴纸	TH-06 拓印"毛毛虫"
游戏	插入式活动	TS-41 读图画书《好饿的毛毛虫》　　CT-25 连续跳圆圈 TS-46 读图画书《我的后面是谁呢》　　ZW-14 撕粘贴纸　　TH-06 拓印"毛毛虫" CT-40 小花猫　　CT-30 躲猫猫　　CT-51 我有小手搓搓搓 ZW-48 观察金鱼和蝌蚪　　PD-14 搭建隧道：小蚂蚁的家 ZW-04 在雨天散步玩水				
调整与反馈						

4月第三周内容安排

本周关注	·勤洗手讲卫生　　·感知空间方位
本周环境要点	·将洗手液、擦手巾放置在宝宝容易取放的地方，位置固定 ·在盥洗室，张贴宝宝易懂、体现盥洗步骤的生活照 ·在游戏区域提供毛巾、洗手盆、仿真动物模型及配套底图、2—3块状动物拼图、颜料、拓印工具、画纸、音乐《两只小鸟》《小花猫》，以及图画书《我的后面是谁呢》等
家园共育要点	·宝宝洗手等卫生习惯的养成情况，通过及时提醒、鼓励宝宝自己清洁、娃娃家假想游戏情节等方式培养宝宝相关习惯和意识 ·常和宝宝玩藏找游戏，引导宝宝聆听并执行含方位词的家务指令

活动安排			周一	周二	周三	周四	周五
生活			SH-15 勤洗手讲卫生				
游戏	自由游戏		摆摆放放动物模型、将动物和底图配对、玩拼图；翻阅图书、摆弄/藏找小动物；自由涂鸦、玩颜料；跟着音乐做动作、哼唱童谣、摆弄指偶等				
	圆圈活动	常规	CT-40 小花猫（重复）		CT-30 躲猫猫（重复）		CT-56 两只小鸟
		新游戏	TS-46 读图画书《我的后面是谁呢》（重复）	CT-51 我有小手搓搓搓（重复）	TS-48 我问你答方位词	ZW-46 看看找找玩配对	TH-07 拓印蝴蝶
	插入式活动		TS-46 读图画书《我的后面是谁呢》　　CT-51 我有小手搓搓搓 TS-48 我问你答方位词　　ZW-09 玩动物拼图　　CT-25 连续跳圆圈 ZW-46 看看找找玩配对　　TH-07 拓印蝴蝶　　CT-40 小花猫　　CT-30 躲猫猫 CT-56 两只小鸟　　ZW-26 给娃娃洗手				
调整与反馈							

4月第四周内容安排

本周关注	·愿意配合成人剪指甲　　·远离常见危险　　·喜欢大自然
本周环境要点	·利用社区绿地、周边花园，带宝宝更多地走进自然 ·在活动通道等处张贴宝宝易懂的安全规则标识 ·在游戏区域提供纸盘、自制数字卡片、黑色卡纸、胶棒、安全标识拼图、仿真方向盘、仿真红绿灯、音乐《小花猫》，以及图画书《在这儿哪！》《汤姆走丢了》等
家园共育要点	·经常检查宝宝指甲的卫生情况，日常通过成人示范、念唱儿歌童谣等方式帮助宝宝养成良好卫生习惯 ·推荐大自然中的小游戏，鼓励家长多带宝宝走进自然、开展各类游戏活动 ·经常开展家庭环境、玩具、材料的安全自检，带宝宝外出时，认识基本的安全标识，说说安全常识，引导宝宝远离常见危险

活动安排			周一	周二	周三	周四	周五
生活			SH-20 愿意配合成人剪指甲　　SH-64 远离常见危险				
游戏	自由游戏		玩纸盘、摆弄胶棒、摆弄纸盘小汽车；仿说书中的词或句；玩拼图、认认说说安全标识；模仿小司机、跟着节奏唱唱跳跳、跟随童谣摆弄指偶等				
游戏	圆圈活动	常规	CT-40 小花猫（重复）		CT-33 我是小司机	CT-56 两只小鸟（重复）	
游戏	圆圈活动	新游戏	TS-28 读图画书《在这儿哪！》（举一反三）	CT-05 运纸砖造房子（重复）	TS-44 读图画书《汤姆走丢了》	ZW-38 数字纸盘小汽车	PD-12 三角形组合
游戏	插入式活动		TS-28 读图画书《在这儿哪！》（举一反三）　　CT-05 运纸砖造房子 TS-44 读图画书《汤姆走丢了》　　ZW-38 数字纸盘小汽车 TH-03 感知色彩的变化　　PD-12 三角形组合　　CT-40 小花猫 CT-33 我是小司机　　CT-56 两只小鸟　　TS-48 我问你答方位词 ZW-43 认识花园里的事物				
调整与反馈							

5月

本月重点关注

- 关心周围的人，了解常见的职业。

- 生活中，学习防晒、护眼的基本方法。

- 了解夏天的主要特征，喜欢玩沙水游戏、规则游戏。

- 发展词汇积累、仿说或复述简单句、使用工具、假想、配对、按数取物、辨别"相同"与"不同"、有控制地画线、乐高互锁、围合简单形状、绕过障碍物、朝目标投球、走平衡木、攀爬、唱简单的童谣、记住并遵从规则等能力。

　　宝宝喜欢关注周围的人，同伴间会相互模仿，也开始有模糊的角色装扮意识，喜欢模仿生活中的活动，这是宝宝认知和社会性不断发展的表现。本月，结合"国际劳动节"，保育人员可以通过环境、材料的创设，让宝宝在日常生活情境及游戏中了解常见的职业，模仿叔叔阿姨工作时的样子，参与简单的清洁、收纳，学着尊重他人的劳动。

　　沙水游戏是宝宝最喜欢的游戏之一。在游戏中，宝宝会获得许多科学的体验和发现，发展手部精细动作。在初夏的季节里，保育人员可以多为宝宝安排玩沙、玩水游戏，户外活动时利用树荫等空间创设宝宝游戏与休息区域，过程中有意识地培养宝宝防晒及用眼卫生习惯。

　　对于即将进入小班的宝宝来说，保育人员可以安排一些简单的规则游戏，让宝宝有机会理解、体验、遵守简单规则，在游戏中提高身体控制能力。

生活照料

环境创设要点

★ 利用树荫、廊架设置户外运动和休息区域，放置宝宝的水壶、毛巾、置衣架、储物筐等，供宝宝户外活动休息时使用。

★ 在盥洗室或靠近水源处，提供适宜宝宝使用的拖把、抹布、海绵块等清洁用品，摆放的位置固定，高度便于宝宝取放。

★ 在饮水区张贴易于宝宝了解的饮水提示，准备一些小贴纸，直观记录宝宝的喝水情况。

内 容

SH-05 口渴了会喝水

SH-16 热了擦汗脱衣服

SH-59 参与简单的洗晒

SH-60 尊重他人的劳动

SH-65 户外活动要防晒

SH-66 爱护小眼睛

游戏活动

环境创设要点

感统运动区： 提供障碍物、彩虹伞、各种球、大箱子、平衡木、攀爬架、仿真方向盘、仿真红绿灯等材料，促进宝宝单足站立、奔跑、朝目标投球、平衡走、攀爬、记住并遵守简单规则等能力的发展。

益智操作区： 提供敲钉子玩具促进宝宝手眼协调、使用工具、图形认知等能力发展；提供不同表情图片、沙水玩具等，促进宝宝表情识别、触觉感知能力，同时满足宝宝玩沙玩水的兴趣。

装扮活动区： 提供医生玩具、小床和娃娃，促进宝宝装扮能力发展；提供晾晒架、袜子等物品，在促进宝宝假想能力发展的同时锻炼宝宝整理收纳能力的发展；提供手推车、仿真水果及配套水果数量图片、购物袋等物品，促进宝宝假想能力、数概念的发展。

创意表现区： 提供海绵、笔刷、水桶等材料，体验用水画画、用颜料涂鸦，促进手眼协调、有控制地画线及创意表达表现。

语言阅读区： 提供常见职业工作场景的照片、职业服饰、情节故事书《小毯子哪儿去了》等，在阅读过程中，促进宝宝词汇积累、仿说或复述简单句的能力。

建构活动区： 提供纸砖、条状积木等材料，促进宝宝的插塑垒高、平面建构能力发展。

音乐活动区： 准备音乐《太阳眯眯笑》《去郊游》《两只小鸟》等，促进宝宝侧着走、蹲下、记住并遵守简单规则、跟随音乐仿做动作的能力，体验与同伴共同游戏。

内　容

健康与运动： CT-08 在彩虹伞下穿行　　　　CT-11 走平衡木（重复）
　　　　　　　CT-17 投球比赛　　　　　　　CT-27 爬攀登架（重复）
　　　　　　　CT-31 绕障碍"去郊游"　　　　CT-33 我是小司机（重复）
　　　　　　　CT-46 太阳眯眯笑　　　　　　ZW-20 切水果做三明治（重复）
　　　　　　　ZW-22 用锤子敲击

情绪与社会： TS-13 指认或说出"他们在做什么？"
　　　　　　　TS-32 读图画书《我来给你撑伞吧》（举一反三）
　　　　　　　TS-43 读图画书《小毯子哪儿去了》　　ZW-47 表情配对

感觉与认知： ZW-02 湿沙造型　　　　　　　ZW-03 摸摸猜猜水里有什么
　　　　　　　ZW-29 小医生　　　　　　　　ZW-35 摸摸猜猜（重复）
　　　　　　　ZW-36 找到相同的物品　　　　ZW-39 按数取物

语言与沟通： TS-09 认认说说常见水果　　　TS-16 说说常见职业
　　　　　　　TS-32 读图画书《干杯！咕嘟咕嘟》　TS-40 读图画书《神奇的蓝色水桶》
　　　　　　　TS-44 读图画书《汤姆走丢了》（重复）

习惯与品质： CT-56 两只小鸟（重复）　　　CT-59 预备——起
　　　　　　　TH-08 用海绵涂鸦　　　　　　TH-12 用水画画
　　　　　　　PD-15 插塑垒高：建筑工人盖楼房　　PD-16 平面围合：游泳池

家长工作

★ 引导宝宝关注周围的人，看看家人是如何做家务的，说说家人的职业，丰富宝宝对劳动和常见职业的认知经验。
★ 共同关注宝宝夏季防晒、擦汗、饮水习惯及用眼卫生习惯的养成，做好日常提示和照护。
★ 为宝宝准备玩沙水游戏的服饰（如，雨衣、雨鞋等）、干净的替换衣物、防晒用品并带来园，生活中常与宝宝玩沙水游戏。
★ 通过邀请同伴做客等方式，增加同伴交往的机会、丰富交往经验。
★ 向家庭征集常见职业的工作照或道具服饰。

5月第一周内容安排

本周关注	·尊重他人的劳动　·关注周围的人　·了解常见的职业
本周环境要点	·提供大小适宜的劳动工具,如,拖把、扫帚、抹布,摆放位置固定,便于宝宝取放 ·设置一个作品角,用来展示宝宝的各种作品,如,建构作品、涂鸦作品、摄影作品等 ·在游戏区域提供职业特征明显的服饰、道具、敲钉子玩具、小医生玩具箱、娃娃、小床、乐高或其他插塑、仿真方向盘、仿真红绿灯,音乐《太阳眯眯笑》《两只小鸟》,以及日常家人做家务、常见职业工作场景的照片等
家园共育要点	·本周前: ——向家庭征集常见职业的工作照或服饰。 ·家园沟通: ——引导宝宝关注周围的人,看看家人是如何做家务的,说说家人的职业,丰富宝宝对劳动和常见职业的认知经验。 ——与家庭协商,通过提供小任务、亲子共同参与等方式鼓励宝宝参与简单家务劳动。

活动安排			周一	周二	周三	周四	周五
生活			SH-60 尊重他人的劳动				
游戏	自由游戏		敲钉子、图形颜色配对、拼摆图形、图形垒高、给娃娃打针喂药、认认说说职业图片、模仿常见职业、用乐高互锁、跟随音乐唱唱跳跳等				
	圆圈活动	常规	CT-46 太阳眯眯笑		CT-33 我是小司机（重复）		CT-31 绕障碍"去郊游"
		新游戏	TS-16 说说常见职业	CT-56 两只小鸟（重复）	TS-13 指认或说出"他们在做什么？"	ZW-29 小医生	PD-15 插塑垒高：建筑工人盖楼房
	插入式活动		TS-16 说说常见职业　　CT-56 两只小鸟　　TS-13 指认或说出"他们在做什么？" ZW-22 使用锤子敲击　　ZW-29 小医生　　PD-15 插塑垒高：建筑工人盖楼房 CT-46 太阳眯眯笑　　CT-33 我是小司机　　CT-31 绕障碍"去郊游" TS-44 读图画书《汤姆走丢了》				
调整与反馈							

5月第二周内容安排

本周关注	·户外活动要防晒　·参与简单的洗晒　·关心小伙伴
本周环境要点	·利用树荫、廊架设置户外运动和休息区域，放置宝宝的水壶、毛巾、置衣架等，供宝宝户外活动休息时使用 ·在靠近水源处，提供适宜宝宝使用的抹布、海绵块、刷子、小盆，摆放的高度便于宝宝取放，位置固定 ·为宝宝拍摄并张贴同伴间相互合作的生活照 ·在游戏区域提供晾衣架、夹子、不同图案的袜子、洗衣盆或仿真洗衣机、海绵、颜料、彩虹伞、平衡木、音乐《太阳眯眯笑》《去郊游》，以及图画书《小毯子哪儿去了》《我来给你撑伞吧》、表情图片等
家园共育要点	·本周前： ——请家庭为宝宝准备防晒帽、防晒霜，并将它们带来园 ·家园沟通： ——使用宝宝专用的洗面奶或沐浴露，清洁残余在宝宝脸上和身上的防晒霜 ——宝宝与同伴的互动情况，协商通过邀请同伴做客等方式增加同伴交往机会、丰富交往经验

活动安排			周一	周二	周三	周四	周五
生活			SH-65 户外活动要防晒　　SH-59 参与简单的洗晒				
游戏	自由游戏		洗晒袜子、袜子配对；翻阅图画书；用海绵涂涂画画、玩颜料；模仿表情；走平衡木、跨越平衡木、在彩虹伞下钻爬等				
	圆圈活动	常规	CT-46 太阳眯眯笑(重复)　　CT-08 在彩虹伞下穿行　　CT-31 绕障碍"去郊游"(重复)				
		新游戏	TS-43 读图画书《小毯子哪儿去了》	CT-11 走平衡木（重复）	TS-32 读图画书《我来给你撑伞吧》（举一反三）	ZW-36 找到相同的物品	TH-08 用海绵涂鸦
	插入式活动		TS-43 读图画书《小毯子哪儿去了》　　CT-11 走平衡木 TS-32 读图画书《我来给你撑伞吧》（举一反三）　　ZW-36 找到相同的物品 ZW-47 表情配对　　TH-08 用海绵涂鸦　　CT-46 太阳眯眯笑 CT-08 在彩虹伞下穿行　　CT-31 绕障碍"去郊游" PD-15 插塑垒高：建筑工人盖楼房				
调整与反馈							

5月第三周内容安排

本周关注	·爱护小眼睛　　·喜欢玩沙玩水　　·玩规则游戏
本周环境要点	·准备低矮衣帽架，供宝宝放置、晾晒沙水游戏服饰 ·在游戏区域提供水池、泡泡沐浴露、仿真海洋动物、鹅卵石、沙水玩具、刷子、小桶、彩虹伞，音乐《预备——起》《太阳眯眯笑》《去郊游》，以及图画书《我来给你撑伞吧》《神奇的蓝色水桶》、五官/身体部位图片等
家园共育要点	·本周前： ——为宝宝准备适宜玩沙水游戏的服饰（如，雨衣、雨鞋等）、干净的替换衣物，并将它们带来园 ·家园沟通： ——宝宝阅读、游戏时的用眼卫生情况，协商通过及时提醒、鼓励肯定宝宝好的做法等方式培养宝宝相关习惯的方法 ——推荐家庭玩沙玩水小游戏，鼓励家长常和宝宝一起玩

活动安排			周一	周二	周三	周四	周五
生活			·SH-66 爱护小眼睛				
游戏	自由游戏		用工具舀水、摸摸猜猜水里的玩具、将水倒入沙子中、挖沙；仿说书中的词或短句、指认画面内容；玩水、用水画画；走走跑跑，跟随音乐仿做动作等				
	圆圈活动	常规	CT-46 太阳眯眯笑（重复）　　CT-08 在彩虹伞下穿行（重复） CT-59 预备——起				
		新游戏	TS-32 读图画书《我来给你撑伞吧》 （举一反三） （重复）	CT-31 绕障碍"去郊游"（重复）	TS-40 读图画书《神奇的蓝色水桶》	ZW-03 摸摸猜猜水里有什么	TH-12 用水画画
	插入式活动		TS-32 读图画书《我来给你撑伞吧》（举一反三）　　CT-31 绕障碍"去郊游" TS-40 读图画书《神奇的蓝色水桶》　　ZW-02 湿沙造型 ZW-03 摸摸猜猜水里有什么　　TH-12 用水画画　　CT-46 太阳眯眯笑 CT-08 在彩虹伞下穿行　　CT-59 预备——起				
调整与反馈							

5月第四周内容安排

本周关注	·热了擦汗脱衣服　·口渴了会喝水　·了解夏天的水果
本周环境要点	·在运动区域放置低矮的衣帽架、储物筐、小毛巾 ·在饮水区域张贴易于宝宝了解的饮水提示，准备一些小贴纸，直观记录宝宝的喝水情况 ·在游戏区域提供仿真水果及图卡、购物袋或手提包、购物小推车、长条积木、各种球、投球架或者大箱子、攀爬架、音乐《太阳眯眯笑》《预备——起》，以及图画书《干杯！咕嘟咕嘟》等
家园共育要点	·关注宝宝运动中脱衣、擦汗的习惯，协商通过及时提醒、鼓励尝试、成人耐心示范等方式培养宝宝相关能力的方法 ·关注宝宝日常的饮水情况，通过共同参与、娃娃家假想游戏情节等方式培养宝宝喝白开水的习惯

活动安排			周一	周二	周三	周四	周五
生活				SH-16 热了擦汗脱衣服		SH-05 口渴了会喝水	
游戏	自由游戏		摆弄仿真水果、分类、数数；翻阅图书、认认说说；排列积木、拼搭造型；投球、踢球、爬攀登架等				
	圆圈活动	常规	CT-46 太阳眯眯笑（重复）		CT-17 投球比赛		CT-59 预备——起（重复）
		新游戏	TS-32 读图画书《干杯！咕嘟咕嘟》	CT-27 爬攀登架（重复）	TS-09 认认说说常见水果	ZW-20 切水果做三明治	PD-16 平面围合：游泳池
	插入式活动		TS-32 读图画书《干杯！咕嘟咕嘟》　　CT-27 爬攀登架　　TS-09 认认说说常见水果　ZW-39 按数取物　　ZW-20 切水果做三明治　　PD-16 平面围合：游泳池　CT-46 太阳眯眯笑　　CT-17 投球比赛　　CT-59 预备——起　　ZW-35 摸摸猜猜　ZW-02 湿沙造型				
调整与反馈							

6月

本月重点关注

- 勤洗头理发，学做更多的事情。
- 感受爸爸对自己的关爱，为爸爸制作礼物。
- 过六一儿童节、端午节，愿意在集体前念童谣，听同伴讲话。
- 知道要上幼儿园了，与老师、小伙伴道别。
- 发展模仿或复述故事中的词或短句、手口一致点数、使用工具、探索物品功能、分类、创意装饰、拼搭简单造型、模仿用脚尖走路、记住并遵从一些简单的规则、唱简单童谣、朝目标扔球、骑三轮车等能力。

　　宝宝各方面的能力都在不断发展，他们正变得越来越能干，会协助成人完成简单的劳动，还会初步整理自己的物品。保育人员可以鼓励宝宝参与更多日常劳动，同时，关注宝宝夏季饮食健康、个人卫生清洁习惯的培养。

　　本月宝宝们将迎来六一国际儿童节和中国的传统节日端午节。保育人员可为宝宝创设简易的"小舞台"，提供宝宝在小伙伴面前念童谣、唱儿歌、大胆表达表现的机会。通过包粽子等活动，引导宝宝感受端午节的传统文化和习俗。

　　在环境创设上，保育人员可以添加班级合影、同伴合影等，让宝宝感受集体生活的快乐时光。同时，为即将进入小班的宝宝准备适应性活动。比如适当安排宝宝与园内其他教师一起进行一些小游戏，让宝宝体验与不同教师共同游戏，积累有益经验，为入园做准备。

生活照料

环境创设要点

★ 在照片墙、语言区等区域摆放宝宝不同时期的班级合影、同伴合影、张贴爸爸妈妈对宝宝的"成长寄语",让宝宝感受到自己的"成长"。

★ 在生活区、装扮活动区提供可收纳衣物的矮柜或储物盒。

★ 在语言区提供与宝宝清洁、卫生习惯养成相关的图画书,如,图画书《洗澡》。在装扮区提供娃娃、仿真洗浴用品等游戏材料,便于宝宝在游戏中模拟、练习日常洗浴清洁的情节。

★ 在靠近活动室门口处,为宝宝准备用于摆放书包的储物柜,并在柜子上为每个宝宝做好标记。

内 容

SH-06	少喝饮料
SH-19	愿意配合成人洗头理发
SH-32	折叠简单衣物
SH-44	整理小书包
SH-47	听别人说话

游戏活动

环境创设要点

感统运动区： 提供器械、各种球、保龄球瓶、三轮车等材料，促进宝宝用脚尖走路、记住并遵从一些简单的规则、朝目标扔球、滚球、骑三轮车等能力发展。

益智操作区： 提供捞鱼工具、海洋球等各种轻重不同的物品、冰块、仿真餐具、手电筒、仿真动物等，促进宝宝使用工具的能力发展，满足宝宝探索沉浮、感知冰块、感知光影等游戏兴趣。

装扮活动区： 提供娃娃、泥巴、吸管、餐具等，促进宝宝假想能力、数概念的发展；提供衣橱、宝宝和成人的衣物等，促进宝宝折叠技能、分类等能力发展。

创意表现区： 提供剃须泡、手工纸、贴纸、大蜡笔等材料，满足自由涂鸦、用材料进行创意装饰的游戏兴趣，促进表达表现。

语言阅读区： 提供拔萝卜手偶、爸爸生活照、《蚂蚁和西瓜》等情节故事书，通过阅读、参与手偶表演、实物观察等活动，感受故事情节，促进模仿或复述故事中的词或短句、模仿书中的情节、用简单句表达的语言能力。

建构活动区： 提供基本形状贴纸、多形状积木套组等材料，促进宝宝的平面建构及立体建构能力发展。

音乐活动区： 准备音乐《手指家庭》《去郊游》《许多小鱼游来了》、指偶等，促进宝宝记住并遵守简单规则、唱简单的歌曲、节奏和手指童谣的能力。

内 容

健康与运动： CT-13 用脚尖走路　　　　　　　　CT-17 投球比赛（重复）
CT-19 掷保龄球（重复）　　　　CT-28 骑小车（重复）
CT-34 许多小鱼游来了　　　　　CT-47 器械操
ZW-23 使用工具捞球

情绪与社会： TS-50 听"新老师"读图画书　　　CT-55 找朋友

感觉与认知： ZW-03 摸摸猜猜水里有什么（重复）　ZW-05 玩冰块
ZW-40 手口一致点数　　　　　　ZW-42 探索光影

语言与沟通： TS-07 理解、仿说、运用动词　　　TS-15 边看边说"包粽子"（举一反三）
TS-17 介绍家人（重复）　　　　　TS-32 读图画书《干杯！咕嘟咕嘟》（重复）
TS-35 读图画书《蚂蚁和西瓜》　　TS-36 看看说说小蚂蚁
TS-39 读图画书《我爸爸》（举一反三）　TS-42 手偶表演《拔萝卜》

习惯与品质： ZW-19 整理小衣柜　　　　　　　ZW-50 整理小书包
CT-54 手指家庭　　　　　　　　TS-26 在同伴面前念童谣（庆六一）
TH-16 装饰爸爸的"衬衫"　　　　TH-10 用剃须泡画画
PD-17 平面建构：欢乐的儿童节　　PD-18 立体建构：我喜欢的幼儿园

家长工作

- ★ 为宝宝创设体验、参与多种形式活动的机会，感受六一节、端午节的不同活动体验。
- ★ 向家庭征集爸爸生活照、常用的物品（衬衫、鞋子、帽子、背包）等，运用多种方式引导宝宝感受爸爸对自己的关爱，向爸爸的付出表示感谢。
- ★ 培养宝宝勤于洗头理发的习惯，协商培养宝宝相关习惯的方法。
- ★ 请家长为宝宝准备小书包、小水壶，请宝宝每天自己背着它们来园。
- ★ 交流宝宝在园的成长变化，协商做好宝宝入园准备的方法。
- ★ 征集家长对宝宝的"成长寄语／毕业祝福语"，为即将进入幼儿园的宝宝发放纪念册，完成宝宝园内物料的交接。

6月第一周内容安排

本周关注	·少喝饮料　·在同伴面前念童谣　·一起过宝宝的节日
本周环境要点	·用宝宝喜欢的玩偶、饰品、彩带等装饰活动室，营造"六一"节日氛围 ·用话筒、头饰、小乐器等为宝宝布置一个简易"小舞台" ·在游戏区域提供娃娃、泥巴（或彩泥）、吸管（或仿真蜡烛）、餐盘、餐具、各种球类、大纸箱、器械、《拔萝卜》故事的配套手偶、奶粉罐、饮料瓶、基本形状贴纸、音乐《找朋友》、宝宝熟悉的童谣音乐，以及图画书《干杯！咕嘟咕嘟》，宝宝的集体照、同伴合影、节日照
家园共育要点	·与个别家庭协商培养宝宝爱喝白开水的方法，尝试用绘本阅读、玩假想游戏等方式培养宝宝喝水的习惯 ·鼓励宝宝在家人面前唱童谣、念童谣等，为宝宝提供更多群体面前大胆表达表现的机会 ·协商通过邀请小伙伴到家里做客等方式，为宝宝提供更多与同伴交往的机会

活动安排			周一	周二	周三	周四	周五
生活			SH-06 少喝饮料				
自由游戏			手口一致点数、喂娃娃；摆弄手偶、翻阅图书、模仿书中的情节、对着玩偶自言自语；唱熟悉的童谣；贴贴纸；朝目标投掷/踢球等				
游戏	圆圈活动	常规	CT-47 器械操　　CT-17 投球比赛（重复）　　CT-55 找朋友 TS-26 在同伴面前念童谣（庆六一）				
		新游戏	TS-42 手偶表演《拔萝卜》	CT-19 掷保龄球 （重复）	TS-32 读图画书《干杯！咕嘟咕嘟》 （重复）	ZW-40 手口一致点数	ZW-23 使用工具捞球
插入式活动			TS-42 手偶表演《拔萝卜》　　CT-19 掷保龄球　　TS-32 读图画书《干杯！咕嘟咕嘟》 ZW-40 手口一致点数　　CT-47 器械操　　PD-17 平面建构：欢乐的儿童节 CT-17 投球比赛　　CT-55 找朋友　　TS-26 在同伴面前念童谣				
调整与反馈							

6月第二周内容安排

本周关注	·听别人说话　　·乐于探究和发现　　·了解端午节
本周环境要点	·通过在活动室挂艾草、香囊、摆放微型龙舟摆件等方式展现端午习俗 ·在游戏区域提供水盆、海洋球等各种轻重不同的物品、捞鱼工具、小水桶、手电筒、帐篷、仿真动物、剃须泡、器械、三轮车，音乐《许多小鱼游来了》、音乐《找朋友》，以及图画书《蚂蚁和西瓜》
家园共育要点	·推荐培养倾听能力的小游戏，鼓励家庭和宝宝常玩 ·推荐科学探究小游戏，协商培养宝宝相关兴趣及能力的方法

活动安排			周一	周二	周三	周四	周五
生活			SH-47 听别人说话				
游戏	自由游戏		捞球、玩水、玩手电筒、探索光影、钻帐篷、摆弄仿真动物；翻阅图书、模仿书中的情节；摆弄、涂抹剃须泡；骑三轮车、跟着音乐做动作等				
	圆圈活动	常规	CT-47 器械操（重复）		CT-34 许多小鱼游来了		CT-55 找朋友（重复）
		新游戏	TS-35 读图画书《蚂蚁和西瓜》	ZW-03 摸摸猜猜水里有什么（重复） TS-15 边看边说"包粽子"（举一反三）	TS-36 看看说说小蚂蚁	ZW-42 探索光影	TH-10 用剃须泡画画
	插入式活动		TS-35 读图画书《蚂蚁和西瓜》　　CT-28 骑小车　　TS-36 看看说说小蚂蚁 ZW-42 探索光影　　ZW-23 使用工具捞球　　ZW-03 摸摸猜猜水里有什么 TH-10 用剃须泡画画　　CT-47 器械操　　CT-34 许多小鱼游来了　　CT-55 找朋友 TS-15：边看边说"包粽子"（举一反三）				
调整与反馈							

6月第三周内容安排

本周关注	·折叠简单衣物　·愿意配合成人勤洗头理发　·感受爸爸的爱
本周环境要点	·在生活区、装扮活动区提供可收纳衣物的矮柜或储物盒 ·在游戏区域提供冰块、水池、桌子、勺子、小碗、衣橱、成人和宝宝的衣物（爸爸的衬衫、领带、帽子等）、手工纸、贴纸、大蜡笔、器械、音乐《手指家庭》《找朋友》《许多小鱼游来了》，以及图画书《我爸爸》《这样洗头最开心》、爸爸的生活照等
家园共育要点	·本周前： ——向家庭征集爸爸生活照、常用的物品（衬衫、鞋子、帽子、背包）等 ·家园沟通： ——宝宝折叠衣服的经验和能力、洗头理发的习惯，协商通过机会提供、观察成人示范等方式培养宝宝相关习惯的方法 ——和宝宝一起聊聊爸爸，看看爸爸照料、陪伴宝宝的照片或视频，鼓励宝宝用亲亲爸爸、乐器演奏等方式对爸爸的付出表示感谢

活动安排			周一	周二	周三	周四	周五
生活			SH-32 折叠简单衣物　　SH-19 愿意配合成人洗头理发			
游戏	自由游戏		玩冰块、将冰块装进容器、将衣物分类、折叠、穿戴爸爸的服饰、认认说说爸爸的照片、蜡笔涂鸦、玩贴纸、蜡笔涂鸦、摆弄指偶、摆弄器械等				
	圆圈活动	常规	CT-47 器械操（重复）		CT-34 许多小鱼游来了（重复）		CT-54 手指家庭
		新游戏	TS-39 读图画书：《我爸爸》（举一反三）	CT-55 找朋友（重复）	TS-17 介绍家人（重复）	ZW-05 玩冰块	TH-16 装饰爸爸的"衬衫"
	插入式活动		TS-39 读图画书：《我爸爸》（举一反三）　　CT-55 找朋友　　TS-17 介绍家人 ZW-19 整理小衣柜　　ZW-05 玩冰块　　TH-16 装饰爸爸的"衬衫" CT-47 器械操　　CT-34 许多小鱼游来了　　CT-54 手指家庭 TH-10 用剃须泡画画				
调整与反馈							

6月第四周内容安排

本周关注	·整理小书包　　·与"新老师"一起玩　　·与老师、小朋友说再见
本周环境要点	·在靠近活动室门口处，为宝宝准备用于摆放书包的储物柜，并在柜子上为每个宝宝做好标记 ·摆放宝宝不同时期的班级合影、同伴间的合影、家长对宝宝的"成长寄语" ·在活动区张贴一些周边幼儿园的园所及幼儿园小朋友活动的照片 ·在游戏区域提供多形状积木套组、器械、粘贴着胶带的场地、宝宝的小书包、音乐《手指家庭》《许多小鱼游来了》，宝宝从小到大的生活照等
家园共育要点	·本周前： ——收集家长对宝宝的"成长寄语" ——为宝宝准备一个小背包，用来放置水壶等物品，请宝宝每天自己背着它来园 ·家园沟通： ——与即将入园的宝宝家庭沟通，通过带宝宝了解即将去的幼儿园、说说入园后的生活等方式，在生理、心理等方面帮助宝宝做好入园准备 ——宝宝在园的成长变化，发放离园纪念册，完成宝宝的物料交接 ——常和宝宝聊聊老师、同伴，通过看照片、视频等方式说说宝宝的成长变化

活动安排	周一	周二	周三	周四	周五
生活	SH-44 整理小书包					
游戏 — 自由游戏	认认说说自己的照片；沿着直线走、踩直线；用多形状积木搭建；唱、玩手指童谣，随音乐做体操等				
游戏 — 圆圈活动 — 常规	CT-47 器械操（重复）		CT-34 许多小鱼游来了（重复）		CT-54 手指家庭（重复）
游戏 — 圆圈活动 — 新游戏	TS-50 听"新老师"读图画书	CT-13 用脚尖走路	TS-07 理解、仿说、运用动词	ZW-50 整理小书包	PD-18 立体建构：我喜欢的幼儿园
游戏 — 插入式活动	TS-50 听"新老师"读图画书　　CT-13 用脚尖走路　　TS-07 理解、仿说、运用动词 PD-18 立体建构：我喜欢的幼儿园　　ZW-50 整理小书包　　CT-47 器械操 CT-34 许多小鱼游来了　　CT-54 手指家庭　　ZW-19 整理小衣柜　　CT-55 找朋友				
调整与反馈					

第三部分
资源列表

体操 / 童谣歌词及动作参考

★ **CT-34　许多小鱼游来了**

许多小鱼游来了，	（两位保育人员面对面，双手拉起形成一个"渔网"，宝宝扮演小鱼，在"渔网"下游来游去）
游来了，游来了，	（"渔网"保持不动，小鱼继续在"渔网"下游来游去）
许多小鱼游来了，	（"渔网"保持不动，小鱼继续在"渔网"下游来游去）
快快捉住。	（"渔网"落下，"收网"抓住"小鱼"）

★ **CT-35　吹泡泡**

吹泡泡，吹泡泡，	（手拉手围成圆圈，按顺 / 逆时针方向侧走）
吹了一个小泡泡。	（一起向中心走，将圆圈变小）
吹泡泡，吹泡泡，	
吹了一个大泡泡。	（一起向后退，将圆圈变大）
泡泡飞起来了，	（踮起脚举臂）
泡泡落下来了，	（下蹲并落下手臂）
泡泡破掉了！	（松开小手，原地双足并跳，模仿"泡泡破掉了"）

★ **CT-36　拉个圆圈走走**

拉个圆圈走走，拉个圆圈走走，	（手拉手围圈，按顺 / 逆时针方向侧走）
走走走走，走走走走，	（继续围圈侧走）
看谁最先蹲下。	（蹲下）
拉个圆圈跑跑，拉个圆圈跑跑，	（继续围圈侧走）

跑跑跑跑，跑跑跑跑，　　　　　　　（动作同上，但步速加快）
看谁最先站好。　　　　　　　　　　（立正站稳）

★ **CT-38　照镜子**
我点头，点点头，大家点头，点点头，（双手叉腰，点头2次）
我伸手，伸伸手，大家伸手，伸伸手。（双手向上伸出再收回，反复2次）
我弯腰，弯弯腰，大家弯腰，弯弯腰。（双手叉腰，弯腰2次）
我跳跳，跳跳跳，大家跳跳，跳跳跳。（双手叉腰，双脚离地跳起，反复2次）

★ **CT-39　打气**
拉绳，嘿——嘿！　　　　　　　　　（双手握拳，手臂向外侧打开）
绕线，绕——绕！　　　　　　　　　（双手握拳，两臂胸前屈肘，做"绕圈"动作）
打气，气——气！　　　　　　　　　（双手握拳，两臂胸前屈肘弯腰，模仿"打气"）
兔跳，跳——跳！　　　　　　　　　（双手叉腰，向上跳起）

★ **CT-40　小花猫**
小花猫，喵喵喵。　　　　　　　　　（站立，双手放在脸上，模仿小猫"捋胡须"）
每天早上伸伸腰。　　　　　　　　　（双手握拳，双臂向上伸展）
左伸伸，右伸伸。　　　　　　　　　（双臂向左右各伸展1次）
最后还要扭扭腰。　　　　　　　　　（双手叉腰左右转体）
小花猫起床啦！　　　　　　　　　　（双脚原地并跳）

★ **CT-41　草地舞**
向上够天空，　　　　　　　　　　　（踮脚举臂向上伸展）
向下摸草地。　　　　　　　　　　　（蹲下用手摸地面）
向上够天空，　　　　　　　　　　　（踮脚举臂向上伸展）
向下摸草地。　　　　　　　　　　　（蹲下用手摸地面）
再转一个圈，　　　　　　　　　　　（站起来转个圈）
嗵——然后倒下去。　　　　　　　　（向后坐倒后躺下）

★ **CT-42　小手小脚**

小手小手拍拍，	（拍手）
我的小手举起来。	（双手上举）
小手小手拍拍，	（拍手）
我的小手抱起来。	（双手胸前交叉抱起）
小手小手拍拍，	（拍手）
我的小手转起来。	（手腕转动）
小手小手拍拍，	（拍手）
我的小手藏起来。	（双手藏到身后）
小脚小脚踏踏，	（原地踏步）
我的小脚踏起来。	（原地踏步）
小脚小脚踏踏，	（原地踏步）
我的小脚跷起来。	（双脚跷脚站立）
小脚小脚踏踏，	（原地踏步）
我的小脚踢起来。	（单脚站立，另一只脚抬起做踢腿动作）
小脚小脚踏踏，	（原地踏步）
我的小脚跳起来。	（双脚原地并跳）

★ **CT-43　不要妈妈抱**

小鸟自己飞，	（跷脚小碎步，双臂伸展上下舞动，模仿"扇动翅膀"两下）
小猫自己跑。	（轻手轻脚走路，模仿跑步动作）
我们都是好孩子，	（双臂胸前交叉轻拍双肩两下）
不要妈妈抱，	（双手在身前轻轻摆一摆，表示"不要"）
不要妈妈抱。	（重复1遍，双手在身前轻轻摆一摆，表示"不要"）

★ **CT-44　小猫操**

小猫小猫喵喵，	（双手放在脸上，模仿小猫"捋胡须"动作）

蹲在地上吃小鱼。	（蹲下模仿吃东西）
小猫小猫喵喵，	（双手放在脸上，模仿小猫"捋胡须"动作）
站起身来伸伸腰。	（学小猫捋胡须，站起来双手握拳向上伸直）
小猫小猫跳跳，	（跟节奏，双手叉腰，双脚原地并跳2次）
别让老鼠逃掉。	（同上）
小猫小猫弯弯腰，	（双手叉腰弯腰2次）
找找尾巴哪里去了。	（原地转圈1次）

★ **CT–45　模仿小动物走路**

小兔子走路跳跳跳跳，	（双手放于头上模仿"兔耳朵"，双脚跳跃）
小鸭子走路摇呀摇呀摇，	（双手撑在身旁模仿"小鸭翅膀"，模仿"左右摇摆走步"）
小乌龟走路爬呀爬呀爬，	（双手五指张开，屈肘放在胸前，模仿"爬行"状）
小花猫走路静悄悄。	（双手手指张开在脸旁，模仿小猫"捋胡须"，踮脚尖走路）

★ **CT–46　太阳眯眯笑**

太阳眯眯笑，小朋友起得早。	（站立，双手向上伸展）
一二一二做早操，做早操。	（原地踏步）
先学小鸟飞，飞呀飞呀飞。	（踮脚，双臂伸展上下舞动，模仿"扇动翅膀"）
再学小兔跳，跳呀跳呀跳。	（双手食指、中指伸出放置于耳侧模仿兔耳，双脚原地并跳）
骑着马儿跑一跑，天天锻炼身体好，	（双手握拳向前伸直，双膝微曲做蹲起动作，模仿"骑马"）
身体好！	（双手伸出大拇指）

★ **CT–47　器械操**

第一节"举臂"：1—8拍	（双臂向上伸直，在头顶跟随节拍晃动器械）
第二节"下摆"：1—8拍	（双臂下垂，在体侧跟随节拍晃动器械）

第三节"伸展"：1—8 拍　　　　　　　（双臂打开体侧平举，跟随节拍晃动器械）
第四节"下蹲"：1—8 拍　　　　　　　（下蹲，用器械跟随节奏轻敲地面）
第五节"转圈"：1—8 拍　　　　　　　（原地转圈，模仿原地跑步动作）
第六节"整理"：1—8 拍　　　　　　　（双臂交叉打开，从头顶模拟画圈至体侧）

★ **CT–48　点点碰碰**

点点点、点点点，点点你的小鼻子！　（伸出双手食指轻轻点鼻子）
摸摸摸、摸摸摸，摸摸你的小耳朵！　（双手手指轻轻摸两侧耳朵）
点点点、点点点，点点你的小嘴巴！　（伸出双手食指轻轻点嘴巴）
摸摸摸、摸摸摸，摸摸你的小眼睛！　（双手手指轻轻摸两侧眼皮）
碰碰碰、碰碰碰，碰碰你的大脑袋！　（双手轻轻摸脑袋两侧）

★ **CT–49　头发肩膀膝盖脚**

头发肩膀膝盖脚。　　　　　　　　　（双手依次摸头发、肩膀、膝盖、小脚）
膝盖脚、膝盖脚。　　　　　　　　　（双手依次摸膝盖、小脚，重复两次）
头发肩膀膝盖脚。　　　　　　　　　（双手依次摸头发、肩膀、膝盖、小脚）
眼睛耳朵鼻子嘴。　　　　　　　　　（双手依次轻轻触碰眼睛、耳朵、鼻子、嘴）

★ **CT–50　捏拢放开**

捏拢放开，　　　　　　　　　　　　（双手在胸前捏拳再放开）
捏拢放开，　　　　　　　　　　　　（双手屈肘，在两侧捏拳再放开）
小手拍一拍。　　　　　　　　　　　（双手在胸前拍两下手）
捏拢放开，　　　　　　　　　　　　（双手屈肘，在两侧捏拳再放开）
捏拢放开，　　　　　　　　　　　　（双手在胸前捏拳再放开）
小手放腿上。　　　　　　　　　　　（双手分别在膝盖上轻拍两下）
捏拢放开，　　　　　　　　　　　　（双手屈肘，在两侧捏拳再放开）
捏拢放开，　　　　　　　　　　　　（双手在胸前捏拳再放开）
小手放肩上。　　　　　　　　　　　（双手在两侧肩上跟随节奏轻拍两下）

爬呀爬呀爬呀爬呀， （两手手指从两侧肩膀顺着脖子、脸庞向上"爬"）
爬到头顶上。 （手指轻轻触碰头顶，举高庆祝）

★ **CT–51　我有小手搓搓搓**

我有小手我拍拍拍， （双手左右摇摆，拍三下手）
我有小手我拍拍拍， （同上）
我有小手我拍拍拍， （同上）
我有小手拍—— （双手左右摇摆，快速拍手）
我有小手我摸摸摸， （双手左右摇摆，摸三下脸）
我有小手我摸摸摸， （同上）
我有小手我摸摸摸， （同上）
我有小手摸—— （同上）
我有小手我搓搓搓， （双手左右摇摆，手心相对前后搓三下手）
我有小手我搓搓搓， （同上）
我有小手我搓搓搓， （同上）
我有小手搓—— （双手左右摇摆，小手放中间快速搓手）
我有小手我摇摇摇， （双手左右摇摆，加快速度左右摇三下）
我有小手我摇摇摇， （同上）
我有小手我摇摇摇， （同上）
我有小手摇—— （双手左右摇摆，模拟挥手动作）

★ **CT–52　小星星**

一闪一闪亮晶晶， （跟随节奏拍手）
满天都是小星星。 （双手边旋转边由胸前伸向上方并滑落）
挂在天空放光明， （双手拇指和四指反复捏合张开）
好像许多小眼睛。 （双手拇指和四指反复捏合张开）
一闪一闪亮晶晶， （跟随节奏拍手）

满天都是小星星。　　　　　　　　　　（双手边旋转边由胸前伸向上方并滑落）

★ **CT–53　全家爱宝宝**

妈妈好，妈妈好，　　　　　　　　　　（拍手两下）
妈妈爱宝宝。　　　　　　　　　　　　（轻拍胸部两下）
爸爸好，爸爸好，　　　　　　　　　　（拍手两下）
爸爸把我抱。　　　　　　　　　　　　（双手环抱拍肩两下）
奶奶好，奶奶好，　　　　　　　　　　（拍手两下）
奶奶眯眯笑。　　　　　　　　　　　　（双手食指轻点脸颊做"眯眯笑"）
爷爷好，爷爷好，　　　　　　　　　　（拍手两下）
爷爷把我举高高。　　　　　　　　　　（双手叉腰，原地并足跳两下）

★ **CT–54　手指家庭**

大拇指是爸爸，爸爸开汽车，　　　　　（双手握拳伸出大拇指，在胸前左右摇摆）
嘀嘀嘀——！　　　　　　　　　　　　（双手握拳伸出大拇指，模仿"按喇叭"）
挨着爸爸是妈妈，妈妈洗衣服，　　　　（双手握拳伸出食指，在胸前左右摇摆）
哗哗哗——！　　　　　　　　　　　　（双手握拳伸出食指，食指相对，上下交替）
个子最高是哥哥，哥哥打篮球，　　　　（大拇指和中指轻碰几下）
嘭嘭嘭——！　　　　　　　　　　　　（双手做拍球动作）
挨着哥哥是姐姐，姐姐学跳舞，　　　　（大拇指和无名指轻碰几下）
啦啦啦——！　　　　　　　　　　　　（双手转动手腕，模仿"跳舞"）
个子最小就是我，我爱敲小鼓，　　　　（双手握拳伸出小指，在胸前左右摇摆）
咚咚咚——！　　　　　　　　　　　　（双手握拳伸出小指，模仿"敲鼓"）

★ **CT–55　找朋友**

找呀找呀找朋友，　　　　　　　　　　（从圆圈的站位上边拍手边走向圈里走）
找到一个好朋友，　　　　　　　　　　（和好朋友面对面，手拉手）
敬个礼呀握握手，　　　　　　　　　　（互相点头握手）

你是我的好朋友。　　　　　　　　　　（拥抱好朋友）

★ **CT–56　两只小鸟**

两只小鸟坐在大树上，　　　　　　　（在大拇指上分别套上指偶，在胸前左右晃动）
它叫叮叮，它叫咚咚。　　　　　　　（双手逐一向前伸出）
叮叮飞走了，咚咚飞走了。　　　　　（将双手逐一藏到身后）
回来吧叮叮，回来吧咚咚。　　　　　（双手逐一重新放到胸前）

★ **CT–57　我爱我的小动物**

我爱我的小猫，小猫怎样叫？　　　　（双手胸前轻拍自己）
喵喵喵，喵喵喵，喵喵喵喵喵。　　　（手心向内，从嘴巴中间向两侧打开，模仿小猫"捋虎须"）

我爱我的小羊，小羊怎样叫？　　　　（双手胸前轻拍自己）
咩咩咩，咩咩咩，咩咩咩咩咩。　　　（双手食指伸出放在头顶两侧模拟"羊角"）
我爱我的小鸡，小鸡怎样叫？　　　　（双手胸前轻拍自己）
叽叽叽，叽叽叽，叽叽叽叽叽。　　　（双手拇指食指张开，放在嘴前模拟"小鸡嘴巴"）
我爱我的小鸭，小鸭怎样叫？　　　　（双手胸前轻拍自己）
嘎嘎嘎，嘎嘎嘎，嘎嘎嘎嘎嘎。　　　（双手手掌打开上下交叠放在嘴前模拟"小鸭嘴巴"）

★ **CT–58　小宝宝学动物**

宝宝宝宝学小猫："喵、喵、喵！"　（双手手心向内，从嘴前向右侧打开，模仿小猫"捋胡须"）
宝宝宝宝学小狗："汪、汪、汪！"　（双手大拇指分别放在额头两侧，四指并拢上下做开合）
宝宝宝宝学小鸡："叽叽、叽叽、叽！"（双手拇指食指张开，放在嘴前模拟小鸡嘴巴）
宝宝宝宝学小鸭："嘎嘎、嘎嘎、嘎！"（双手手掌打开上下交叠，放在嘴前模拟小鸭嘴巴）

★ **CT–59　预备——起**

我是小花猫，我会轻轻跑。　　　　　（双手五指张开，在脸上做"捋胡须"动作，双膝微曲，做蹲起动作两次）

我们一起来，预备——起！　　　　　（做预备跑步的姿势）

轻轻跑，轻轻跑，"喵！喵！"	（原地慢速跑）
我是小花狗，喜欢汪汪叫，	（双手放在头上，做"小狗摆动耳朵"的动作，双膝微曲，做蹲起动作两次）
我们一起来，预备——起！	（做预备跑步的姿势）
快快跑，快快跑，"汪汪！汪汪！"	（原地快速跑）
我是小黄鸭，摇摇摆摆走，	（双手手掌压平放身体两侧，做"小鸭"样子，双膝微曲，做蹲起动作两次）
我们一起来，预备——起！	（做预备跑步的姿势）
走呀走，走呀走，"嘎嘎！嘎嘎！"	（原地"摇摆走路"）
我是小绵羊，我会慢慢走，	（双手伸出食指，放头上，做"小羊角"，双膝微曲，做蹲起动作两次）
我们一起来，预备——起！	（做预备跑步的姿势）
慢慢走，慢慢走，"咩！咩！"	（原地慢慢走路）

★ **CT-61　乐器演奏《我的好妈妈》**

我的好妈妈，下班回到家。	（手持乐器，跟随音乐的旋律、节拍演奏）
劳动了一天，多么辛苦呀。	
妈妈、妈妈快坐下，妈妈、妈妈快坐下。	
请喝一杯茶，让我亲亲你吧。	
让我亲亲你吧，我的好妈妈！	

★ **CT-62　乐器演奏《新年好》**

新年好呀，新年好呀，	（手持乐器，跟随节奏敲击乐器）
祝贺大家新年好！	
我们唱歌，我们跳舞，	
祝贺大家新年好！	

- ★ **SH-13　自己洗手 / ZW-26　《给娃娃洗手》**

  卷起小袖口，　　　　　　　　　　（卷起衣袖）
  拧开水龙头。　　　　　　　　　　（轻轻打开水龙头，将小手淋湿）
  先和泡泡亲一亲，　　　　　　　　（挤上洗手液，掌心相对，手指并拢相互揉搓）
  手心手背搓一搓。　　　　　　　　（手心对手背沿指缝相互揉搓，双手交换进行）
  洗完用水冲一冲，　　　　　　　　（用流动水将手上的泡沫冲洗干净）
  摘下毛巾擦干手。　　　　　　　　（用毛巾擦干小手）

- ★ **TS-23　哼唱童谣《摇啊摇》**

  摇啊摇，摇啊摇，摇到外婆桥。　　（跟随童谣的旋律摇摆）
  外婆叫我好宝宝。一块馒头一块糕。

- ★ **TS-24　问好歌**

  宝宝好！宝宝好！　　　　　　　　（跟随节拍拍手、和宝宝握手）
  我们握握手问声好！
  宝宝好！宝宝好！
  我们握握手问声好！

- ★ **TS-25　找找同伴在哪里**

  xxx，xxx，你在哪里？
  他（她）在这里，他（她）在这里，（指向同伴）
  我们喜欢你！　　　　　　　　　　（并向同伴做一个"飞吻"）

观察要点与观察契机建议表（样例）

领域	观察与评价内容	对应活动	日常观察契机
健康与运动	踮脚站立，取到高处物品	CT-01	·物品摆放较高时，是否会踮脚够取 ·……
	……		
	……		
情绪与社会	在成人提示下，能记住并遵守简单的规则	CT-09	·在地毯区域游戏时是否会先脱鞋 ·晨检人多需等待时，是否会站在间隔标记上 ·……
	……		
	……		
感官与认知	能辨别生活中和自然界的各种声音	CT-60	·日常听见声音时是否好奇、能分辨 ·……
	……		
	……		
语言与沟通	使用简单的礼貌用语	TS-29	·来、离园时，是否会与熟悉的人打招呼 ·……
	……		
	……		

托育机构
课程纲要

　　托育服务的主要对象是 0—3 岁婴幼儿。婴幼儿是带着生命的密码来到人间的，是带着先天的成熟发展时间表降生的，婴幼儿的生长发育"是在生物学上现成地配置好，在出生前后经历成熟过程发展而来的"。早期教养要尊重婴幼儿生理成熟与心理发生、发展规律。

一、基本理念

　　为提高托育服务机构的服务质量，促进托育事业的发展，本纲要倡导以下理念。

（一）儿童为本

　　0—3 岁婴幼儿的健康与发展是早期教养的出发点和归宿。托育机构的照护和服务倡导尊重婴幼儿特有的生理成熟和心理发生、发展规律，关注婴幼儿发展速度和特点的个体差异，关注婴幼儿在发展过程中的关键期与典型行为；倡导站在儿童的视角看世界，注重在生活与游戏中观察、解读、尊重婴幼儿，强调在健康养护与照护中顺应婴幼儿的发展需求，给他们以选择；反映婴幼儿发展与教育研究的最新成果与趋势，坚持科学育儿的理念。

（二）关注长远

科学的早期教养倡导与婴幼儿建立安全且亲密的关系，强调保育人员在一日生活的各个环节都要关注婴幼儿看到的、正在做的和感受到的事，强调在尊重视角下的回应性照护的实施；倡导早期教养要注重提供婴幼儿成长不可或缺的关键经验，反对任何以牺牲婴幼儿幸福童年为代价的学习；强调早期教养要寓教于乐，用游戏的方式进行，用婴幼儿能理解的语言适时、适当地回应婴幼儿的提问，耐心对待和保护婴幼儿的好奇心和探索欲；早期教养要重视帮助婴幼儿养成良好的生活学习和交往习惯，逐渐形成专注、好奇、自信、独立、富有同情心等优秀品质。忽视婴幼儿个性品质培养、单纯追求知识技能训练的做法是短视而有害的。

（三）整合发展

婴幼儿教育的特殊性主要体现在养育中的渗透性，早期教养要以养融教，强调"生活即课程"，教育应当融于生活照料的方方面面；强调以成熟促发展，要允许婴幼儿按照自身的发展规律发展，成人应该学会尊重、理解和等待婴幼儿达到对新的学习产生接受能力的水平；认为婴幼儿的发展是整体的，在运动中感受、在感受中理解、在理解中产生情绪体验。因此，早期教养倡导多领域整合实施。绝不能进行单一目标的孤立训练，而要在关注某一核心经验的同时考虑相关经验的协同作用。

二、教养目标

0—3岁是婴幼儿生理、心理，特别是大脑发生于发展特别快速的时期，是以动作和游戏为主要方式来探索、理解和体验周围世界的时期。托育机构的早期教养是通过创设适宜环境，合理安排一日生活和活动，提供生活照料、安全看护、平衡膳食和早期学习机会，旨在托育机构、家庭和社区的关系中，通过全面、启蒙性的环境作用和体验促进儿童健康快乐成长，并为未来的幸福生活做好准备。因此，科学的早期教养应关注以下五个方面：健康的体能、积极的情感与友善的交往、聪慧的大脑与专注的探索、认真的倾听与礼貌的沟通、良好的习惯与品质。

（一）健康与运动

身体健康生长发育，掌握基本大运动技能和精细动作技能；

身体平衡能力和手部精细操作能力有序、协调发展。

（二）情绪与社会

具备初步的、积极的自我意识；

与重要带养人建立良好的依恋关系；

逐步适应并喜欢集体生活；

能听从保育人员的简单指令，遵守简单的游戏规则；

能关注他人情绪，敢于表达情绪情感，在游戏活动和社会交往中保持愉悦的情绪。

（三）感官与认知

能对周围的环境产生好奇心和探索的兴趣，能运用多种感官作用于客体；

通过一日生活中的各种感知、操作和探索，在时间、空间、形状、颜色、数等概念方面获得发展；

乐于发现、探究和思考因果关系、空间关系，获得在情境中解决简单问题的方法和经验。

（四）语言与沟通

喜欢倾听并能注视着保育人员讲话，能逐渐听懂越来越多的话并做出动作或语词的反应；

喜欢阅读；

敢于在同伴面前用较清楚响亮的声音表达。

（五）习惯与品质

具有良好的文明卫生行为习惯；

初步形成对艺术和生活中的色彩、线条、结构、旋律、节奏等审美要素的感受能力，乐于参加韵律、涂鸦等自由表现活动；

对周围世界有较强的好奇心和探索学习的兴趣，展现出想象力和创造性；

养成主动、自信、勇敢等良好的个性品质。

三、内容设置

托育机构早期教养活动内容设置应体现和反映纲要的理念和目标，内容涵盖纲要的所有要求。

遵循"一日活动皆课程"的理念，在早期教养目标的统领下，托育机构的教养活动内容分为"生活活动"和"游戏活动"两大类，每一类又包含若干模块。其中，"生活活动"渗透在一日在园生活的各个环节，如来离园、餐点、午睡、盥洗等，重在习惯养成，包括餐饮习惯、睡眠习惯与盥洗习惯的养成，主要包括吃吃睡睡模块。"游戏活动"重在落实动作、认知、语言、情感等方面的发展目标，包括"做做玩玩""听听说说""唱唱跳跳""涂涂画画""拼拼搭搭"五大模块。

（一）生活活动的具体内容

来离园活动：包含人际交往、情感适应等关键经验，在每日的来离园过程中养成物品整理、礼貌交往等良好习惯，内化交往、社会适应、安全等规则，锻炼社会适应能力。

餐饮活动：包含饮水、饭前洗手、饭后漱口、参与备餐、独自进餐等关键经验，在反复的日常饮食环节中养成良好的餐饮习惯，内化餐饮规则，锻炼独立进食技能。

睡眠活动：包含穿脱衣物、独立睡眠等关键经验，形成良好的睡眠习惯，锻炼自我服务能力。

盥洗活动：包含自主洗手、洗脸、刷牙、漱口、如厕等关键经验，通过模仿学习和反复的锻炼养成良好的盥洗习惯，锻炼盥洗的相关动作和自理能力。

此外，婴幼儿在与保育人员互动并解决一日生活里会遇到的各种问题的过程中蕴含了大量的认知和情感发展的机会，包括解决问题、亲密关系、社会交往、安全、规则礼仪等。因此，托育机构的一日生活活动也特别强调情感、认知、语言等的渗透。

（二）游戏活动的具体内容

1. 唱唱跳跳

包含爬行、摇晃、旋转、走独木桥或平衡木、荡秋千、单手取物等关键经验，通过有意识地创设锻炼身体平衡能力的运动环境或利用社区、公园等现成的活动资源，锻炼和提高身体平衡能力。

包含打、塞放、追逐、踢球、抛接球等手眼协调、手脚协调的关键经验，通过有意识地投放玩具材料和引导、支持婴幼儿利用相关设施设备进行游戏，锻炼和提高婴幼儿肢体协调运动能力。在肢体协调运动中，要特别关注游戏环境的安全性，也要避免婴幼儿在运动中脱离保育人员的视线。

包含音乐和律动中对于节奏的关键经验，为婴幼儿提供自我表现的机会，发展他们的听觉、节奏感和语言、音乐、情节记忆表现能力。

2. 做做玩玩

包含因果关系、空间关系、问题解决、模仿、记忆、数概念、分类、配对等关键经验，通过双手抓握、摆弄实物等手眼协调的动作，在锻炼婴幼儿灵巧双手的同时，保护和发展好奇心和探索欲，形成良好的学习方法和品质。

3. 涂涂画画

包含想象、创造、表征、表现等关键经验，通过涂鸦和前书写的方法进行表达，帮助婴幼儿初步养成审美情趣。

4. 拼拼搭搭

包含垒高、延长、架空、围合等关键经验，以积木为主要材料，在建构活动中综合运用已有的技能，激发婴幼儿的想象力和创造力，促进他们空间、数量、形状等认知概念以及分析、比较、判断等能力的发展。

5. 听听说说

包含倾听、表达、交流、阅读等关键经验，通过日常听说以及儿歌童谣、图画阅读和故事表演等活动，帮助婴幼儿养成清晰的口语表达能力与大胆表达的习惯。

四、实施建议

（一）创设高质量的托育环境

环境对婴幼儿的身心发展有着重要影响，只有在精心准备的环境中，婴幼儿才能以有意义的方式学习和探索，并与环境积极互动，从而发展自己的能力。

环境就是课程，环境就是教育，环境就是发展，婴幼儿在生活与游戏环境的互动中发展了各方面的能力。结合婴幼儿发展的特点和需要，托育机构环境创设应凸显如下特征：

1. 生活性

强调真实情境性与应用性。类似家庭的设置可以为婴幼儿带来熟识感和安全感。早期教养内容与活动环境不是刻意创造出来的，而是基于婴幼儿生活经验来设计的。

2. 安全性

机构的物资、设施设备及环境设计都应符合国家规定的安全标准，符合0—3岁婴幼儿的身心发展特点和需要。

3. 适宜性

环境应以儿童为本，与他们身心发展特点和需要相适宜，能满足日常基本活动需要。

4. 养成性

强调日常潜移默化的熏陶和渗透，环境要有秩序和规律性。

5. 便利性

便于工作人员照料，避免因操作不便对婴幼儿进行高控管理。

（二）与婴幼儿主动建立积极的回应式照护关系

婴幼儿与周围的人和物的关系是影响其学习和发展的重要因素之一，保育人员和父母与婴幼儿建立良好的关系，产生积极的互动行为，能更好地支持婴幼儿的身体和情感发展，并提供有效、优质的照顾。因此，保育人员要通过观察和倾听，及时、有效地回应婴幼儿的个体需要，努力与婴幼儿建立信任和依恋关系。

（三）制定科学适宜的一日作息

托育机构要能够根据婴幼儿的早期教养目标、年龄特点、本地季节变化和机构条件，科学、合理地安排和组织一日活动。一日作息时间安排应有相对的稳定性与灵活性，既有利于形成秩序，又能满足婴幼儿的合理需要，照顾到个体差异。要正确处理好分散与集中、室内与室外、个别与集体、动态与静态、生活与游戏、自选与指定活动等关系。

（四）选择和设计丰富的早期教养活动

婴幼儿自身在生活和游戏中所获得的经验，反映的往往是多种发展元素的整合，早期教养的阶段特征和外在要求是促进婴幼儿全面发展，不仅要遵循婴幼儿发展的一般规律和阶段特点，更要尊重个体婴幼儿的实际发展水平和需求，因此，托育服务从活动设计到组织实施都应当考虑以下三个方面：

1. 以养融教的生活课程

0—3岁婴幼儿正处于生长发育最迅速和最关键的年龄，对他们的生活照料和养育是首要任务。神经生理科学的研究成果证明，他们具有强大的学习能力，教育从出生就应当开始。因此3岁前的教育的特殊性就体现为它在养育中的渗透性。生活即课程，教育应当融于生活照料的方方面面。

2. 以成熟促发展的游戏课程

婴幼儿是带着先天的成熟时间表来到这个世界的，他们的发展是以成熟为前提的，什么时候会爬、什么时候会走、什么时候开口说话等等，都是建立在生理成熟的基础上。因此，3岁之前，婴幼儿是按照自己的大纲发展的，活动内容的设计与实施必须顺应他们的成熟规律。而游戏正是婴幼儿的自发性表现，是婴幼儿已有成熟水平的反映，托育机构一日活动应当以游戏的形式展开。

3. 以关键经验整合多领域发展的活动设计

一方面，婴幼儿的发展是整体的，在运动中感受、在感受中理解、在理解中产生情绪体验，同一活动往往涉及若干相关经验，因此对他们组织活动决不能进行单一目标的孤立训练，在考虑某一核心经验的同时，应考虑相关经验的协同作用。另一方面，要选择和制定适宜婴幼儿发展需要的活动内容。保育人员基于资料分析、观察评价以及必要的专业测评等，对婴幼儿发展水平进行分析，确立他们下一阶段的发展目标和早期教养活动目标。根据每个婴幼儿的需求、实际活动情况及时调整和优化活动设计。

（五）开展以婴幼儿需求为导向的多元活动的组织实施

根据婴幼儿的发展状况，托育机构应实施有针对性的个性化早期教养服务：对领域发展正常的婴幼儿，提供发展支持性服务；对领域发展轻度偏离常模水平的婴幼儿，提供发展改进性活动；对领域发展异常的婴幼儿，提供康复性活动。经过一段时期的个性化服务，对婴幼儿发展情况再次进行过程性诊断，并根据发展情况不断推进个性化托育服务。托育机构的早期教养应以成熟为导向，创设渗透教养目标的环境，组织开展个体分散活动、小组集中活动、插入式活动等灵活多样的活动。

（六）与家庭紧密协作

家庭和托育机构是影响婴幼儿发展的最主要的环境，父母和托育机构的照顾者分别是这两大环境的施教者。早期教养要对婴幼儿的健康快乐成长发挥持续、有效的影响，需要加强家园共育，形成家庭和机构、家长和保育人员的教养合力，提高家庭教育与机构教育的一致性。家园共育可以围绕家庭教育指导、育儿方法分享、在家与在园表现沟通、家长参与活动设计与实施等方面展开。托育机构可通过讲座、沙龙、接送时间互动、家长任务单、家长参助活动、微信（群）分享与交流等途径实施家园共育。

五、质量评价

评价是托育课程设计、开发和实施完整过程中的重要一环，它包括对婴幼儿发展的评价、对从业人员的评价、对活动实施情况的评价等。评价应立足于改进、立足于发展，要充分发挥评价的反馈调节功能，多渠道搜集有关课程实施、婴幼儿身心发展状况，以及从业人员保育行为等方面的信息和意见，并与改进措施相衔接，逐步形成通过评价促进婴幼儿发展、从业人员专业发展和保教质量提升的有效机制。

（一）婴幼儿发展评价

1. 测评法

测评法是指运用测量仪器或成长发育量表，对婴幼儿身心发展水平进行客观测量，并对照常模进行发展水平分析判断的一种方法。可依凭儿保部门对婴幼儿体格发育测评作为健康保育的依据。

2. 调查法

调查法是一种间接获取婴幼儿成长发育情况的评价方法，主要包括问卷调查法和访谈法。可根据日常保育中发现的问题设计问卷或访谈提纲，收集婴幼儿的生活经验和游戏经验等发展信息，并可结合访谈获得家庭养育方面更加深入、生动、真实的一手材料，为个性化保育提供依据。调查的对象可以是托育机构保育人员、婴幼儿家长等。

3. 表现性评价

表现性评价是一种在婴幼儿日常生活和游戏中进行的评价方法，由托育机构的保育人员和家长共同进行。表现性评价以自然观察为主，保育人员要搜集大量真实的、通过自然观察所获得的资料，提供丰富的反映婴幼儿发展状况的事实依据，以便有针对性地进行日常保育。

首先，根据表现性目标，按月龄段逐步设计社会性等各方面表现性评价任务并创设任务情境，明确任务目标、适用月龄、环境、材料、人物、提示语、过程刺激等要素，完成表现性任务设计。其次，实践中试用表现性任务，集体观察、记录、分析若干婴幼儿在表现性任务中的动作、语言、行为、互动等，完成表现性评价标准和工具的研制。完成表现性任务及配套标准、表单后，将其投入到托育照护过程中并验证其有效性，再根据试用结果进行修订完善。最后，根据开发和验证的工具对婴幼儿进行表现性评价。

4. 宝宝成长册

宝宝成长册类似于档案袋评价法，是一种综合性的评价方法。在全日制托育机构中，由保育人员为每个婴幼儿积累托育机构生活游戏中的表现和发展信息，向家长呈现婴幼儿在托育机构中的成长轨迹。与家庭协作，指导家长记录家庭生活中婴幼儿成长过程中的点点滴滴，积累一些过程性资料。保育人员和家长应当仔细品读成长记录，并作出恰当的回应。

（二）保育人员服务质量评价

评价的目的主要有两个，一是托育效能核定，即对保育人员专业素质进行鉴定；二是改进保育人员的工作，使其得到专业发展。日常对保育人员进行评价的内容包括活动准备、活动组织实施与活动效果等内容。

活动准备主要包括活动设计与环境创设，考察重点是活动目标与指导重点是否符合班级婴幼儿发展的基本规律和需求、是否基于对婴幼儿的观察和了解，活动内容是否体现目标与指导重点，环境创设和材料投放是否能有效地为活动内容服务，是否安全、便于保育人员开展活动、与班级婴幼儿发展水平相适宜等。

活动组织实施主要考察保育人员的现场观察能力、指导干预能力、场控能力和沟通交流能力，考察其是否能够围绕观察重点及时敏锐地捕捉生成性资源，是否能够有效处理、利用生成性资源和事件，是否能根据现场活动进展情况及出现的问题及时、灵活调控预设内容，互动的时机是否合适、方法是否恰当、是否注重与不同类型的家长沟通的技巧、语气是否亲切平实等。

活动效果主要考察活动组织过程、班级活动状态，考察活动能否有效落实托育重点，环境创设、材料投放、操作方法等是否符合安全、发展要求等。

保育人员评价强调自我反思，建立以自评为主的评价制度，及时分析、撰写活动案例和反思，在过程中不断调整和改进。同时，也要经常采用由专家、机构管理者、保育人员、家长等共同参与的评价方式，在托育活动观摩和研讨中沟通交流，提升专业水平。

（三）托育课程实施情况评价

应根据早期教养理念与目标要求，组织开展评价，充分发挥评价的反馈调节功能，不断提升托育课程的质量。

托育课程实施情况评价的考察重点：教养理念与目标是否得到落实，活动内容是否全面落实，活动组织形式是否符合婴幼儿年龄特点和个体差异，保教管理与保障机制是否有利于培育保育人员的婴幼儿发展意识，是否有促进保育人员专业的措施。

评价的信息采集途径：环境创设、材料提供、作息安排、活动计划、反思记录、一日活动组织、保研资料、保育人员个人发展记录等。

评价方式：

1. 日常自评

托育机构的管理人员和保育人员在日常工作反思的基础上诊断、发现活动设置与实施中的不足，及时反馈调整。

2. 幼儿评价

设计问题与婴幼儿对话，了解他们是否喜欢来托育机构，是否喜欢托育机构的环境创设等。

3. 家长评价

设计问卷，定期了解家长对正在进行的早期教养活动内容是否知晓、满意程度和意见建议。

4. 外部评价

不定期请有关专业人员到托育机构巡查早期教养环境、观摩教育器械、查看相关文本资料，作出评价和建议。

六、保障机制

（一）编制体系化、科学化的托育服务机构一日活动方案

托育机构应按照早期教养的总体目标，综合考虑 0—3 岁婴幼儿身心发展规律、家庭环境、带养人等因素，整体设计托育机构一日活动规划，托育机构在形成与教养目标相适应的一日照护方案后，提出活动实施和评价的要求，并提交上级主管部门备案，定期接受审查和指导。

上级主管部门要对机构的早期教养活动规划进行管理。机构也应向婴幼儿家长公开，吸纳社会和家长的合理建议，接受家长、社会的监督。

（二）加强托育活动内容资源建设

活动内容资源建设应遵循"积极开发、合理利用、形式多样、共建共享"的方针。托育机构应为婴幼儿一日在园生活提供丰富、多样的活动资源。要善于利用和开发机构的空间、设施设备、活动材料等多种多样的内容资源以支持婴幼儿的探索与游戏活动。应加强与社区、社团组织的联系，充分挖掘并利用社区和周边环境，如自然景观、小区街景、公园、少儿图书馆等，扩展婴幼儿的游戏空间，为婴幼儿的探索性学习创造条件。

（三）提升从业人员专业水平

上级主管部门或行业协会应制定托育从业人员入职标准，从业人员持证上岗，确保队伍的质量。

上级主管部门应制定优惠政策和激励措施，提升从业人员的社会地位和经济待遇，吸引专业人才进入托育机构。

上级主管部门应加强从业人员职前培养体系建设，建立和健全培训机制。托育机构要提高认识，加强组织领导与管理，开展内部研讨与学习，加强在职培训，创造多种研修机会以提高队伍的专业水平。

（四）完善政策保障

上级主管部门应定期巡检和评估，规范与优化托育机构的管理和服务。

应建立评估标准，建立定期评估制度。早期教养指导评估包括托育机构服务质量评估、从业人员专业素养评估、婴幼儿发展评估等。

《托育机构课程纲要》旨在为托育机构提供一个全面而系统的指导框架，以确保托育机构为婴幼儿提供高质量的托育服务，确保保育质量和服务水平能够满足家长和社会的期望，最终促进婴幼儿的发展和健康成长。

我们相信，婴幼儿是具有无限潜力和可能性的生命体，是有能力的学习者。婴幼儿有自己独特的学习方式和发展节奏，婴幼儿的早期教养对他们的未来有着深远的影响。通过实施纲要，我们将能够培养具有全面发展能力的婴幼儿，为他们的未来奠定坚实的基础！

我们坚信，每一个孩子都是未来的希望，我们的付出将会影响到一个又一个家庭，甚至整个社会的未来！

我们希望，婴幼儿家长、托育从业人员和社会各界能够共同支持和参与课程纲要的实施，让每个婴幼儿都能获得优质的保育和教育，获得全面发展，愿每个孩子都有良好的人生开端！

图书在版编目(CIP)数据

托育机构一日活动方案/茅红美,金荣慧主编.—上海:复旦大学出版社,2023.11(2025.1重印)
托育机构从业人员指导用书
ISBN 978-7-309-16095-6

Ⅰ.①托… Ⅱ.①茅… ②金… Ⅲ.①托儿所-活动课程-教学参考资料 Ⅳ.①G618

中国版本图书馆 CIP 数据核字(2022)第 007436 号

托育机构一日活动方案
茅红美　金荣慧　主编
责任编辑/谢少卿
版式设计/卢晓红

复旦大学出版社有限公司出版发行
上海市国权路 579 号　邮编:200433
网址:fupnet@fudanpress.com　http://www.fudanpress.com
门市零售:86-21-65102580　　团体订购:86-21-65104505
出版部电话:86-21-65642845
上海丽佳制版印刷有限公司

开本 890 毫米×1240 毫米　1/24　印张 19　字数 513 千字
2025 年 1 月第 1 版第 2 次印刷

ISBN 978-7-309-16095-6/G·2339
定价:88.00 元

如有印装质量问题,请向复旦大学出版社有限公司出版部调换。
版权所有　侵权必究